Hüttner/Klink

Industriekaufmann

Industriekaufmann

Betriebswirtschaft und Rechnungswesen
in Frage und Antwort

2., neubearbeitete Auflage

von

Dipl.-Hdl. Erich Hüttner

Dipl.-Hdl. Hans Klink

GABLER

CIP-Kurztitelaufnahme der Deutschen Bibliothek

Hüttner, Erich:

Industriekaufmann: Betriebswirtschaft u. Rechnungswesen in Frage u. Antwort / von Erich Hüttner; Hans Klink. – 2., neubearb. Aufl., Nachdr. – Wiesbaden: Gabler 1982.
ISBN 3-409-07201-3

NE: Klink, Hans:

1975 1. Auflage

Umschlaggestaltung: Horst Koblitz, Wiesbaden
Druck und Buchbinderei: IVD – Industrie- u. Verlagsdruck, 6229 Walluf

ISBN 3-409-97201-3

Vorwort zur 2. Auflage

Die Neuauflage wurde in einigen Teilen überarbeitet, erweitert und den augenblicklich gültigen Prüfungsnormen angepaßt.

Da sich seit Erscheinen der ersten Auflage die Kurse für Sorten und Devisen zum Teil erheblich geändert haben, wurde eine Anpassung der diesbezüglichen Aufgaben an den derzeitigen Stand vorgenommen.

Möge das Buch auch weiterhin eine gute Verbreitung finden und so mit dazu beitragen, den Auszubildenden nach gründlicher Durcharbeitung die Angst vor der Abschlußprüfung zu nehmen.

Dipl.-Hdl. Erich Hüttner

Vorwort zur 1. Auflage

Die Prüfung in programmierter Form, vor Jahren noch belächelt, ist inzwischen Selbstverständlichkeit geworden. So werden auch die Abschlußprüfungen für Industriekaufleute heutzutage von allen Industrie- und Handelskammern nur noch nach dem speziell für Prüfungen entwickelten Normtest-Electronic-System durchgeführt. Dabei werden zu jeder Frage mehrere Antworten vorgegeben; die richtigen sind anzukreuzen und werden durch einen Computer ausgewertet.

Von den Prüflingen wird dieses moderne Prüfungsverfahren durchweg begrüßt, wenngleich andererseits von ihnen bemängelt wird, daß entsprechendes Übungsmaterial nur spärlich zur Verfügung steht. Unsere Absicht war, diesem Mangel abzuhelfen.

Die hier zusammengestellten Aufgaben aus den Gebieten Betriebskunde, Rechnen und Buchführung entsprechen in Art und Schwierigkeit den Abschlußprüfungen. Sie wurden und werden in ähnlicher Form tatsächlich gestellt.

Zu jeder Frage werden mehrere Antworten vorgegeben; welche davon richtig sind, wird jeweils auf der folgenden Seite angegeben. Im Rechenteil ist dort auch der Lösungsweg in knapper, aber einprägsamer Form dargestellt. Der Prüfungskandidat sollte zunächst selbst den Versuch unternehmen, die zutreffenden Antworten zu finden. Erst danach sollte festgestellt werden, welche von den vorgegebenen Antworten richtig sind.

Um eine hohe Lernintensität zu erreichen, wird empfohlen, bei der ersten Durcharbeitung der Betriebskunde und der Buchführung die zutreffenden Antworten zu kennzeichnen und sich bei der zweiten und weiteren Durchsicht nur noch auf die richtigen Antworten zu konzentrieren.

Wir sind der Meinung, daß dieses Buch, recht benutzt, den Prüfling in die Lage versetzt, die in den Abschlußprüfungen gestellten Aufgaben ohne Schwierigkeiten und ohne Zeitverlust zu lösen.

Dipl.-Hdl. Erich Hüttner

Dipl.-Hdl. Hans Klink

INHALTSVERZEICHNIS

I. Wirtschaftslehre

1. Der Industriebetrieb

1. Was versteht man unter Industrie?

a) Unter Industrie versteht man die Automatisierung von Arbeitsabläufen mit dem Ziel, die dort eingesetzten Arbeiter einseitig auszubilden, um sie geringer als die qualifizierten Facharbeiter entlohnen zu können. O

b) Industrie bedeutet Arbeitsteilung. Sie erfordert einen geringeren Arbeitskräfteaufwand, was dazu führt, daß die Arbeitsleistung niedriger als z. B. im Handel oder in den Dienstleistungsbetrieben bewertet wird. O

c) Unter Industrie versteht man die mechanische bzw. chemische Be- oder Verarbeitung von Rohstoffen und Halbfabrikaten zur serienmäßigen Herstellung von Gütern bei weitgehender Verwendung von Maschinen sowie größtmöglicher Arbeitsteilung. O

2. Welche Aufgabe hat die Industrie?

a) Die Aufgabe der Industrie besteht darin, neue Güter zu produzieren oder vorhandene Güter durch Be- und/oder Verarbeitung zu verbessern. O

b) Aufgabe der Industrie ist es, den Markt mit neuen Produkten zu versorgen und den Bedarf danach zu wecken. O

c) Aufgabe der Industrie ist die Entwicklung neuer Produkte und die Verbesserung bestehender Produkte. O

3. Welchen Vorteil hat die Spezialisierung eines Industriebetriebes?

a) Unter Spezialisierung versteht man die Beschränkung des Fabrikationsprogramms. Sie hat den Vorteil, daß die Produktionsleitung eingespart werden kann. O

b) Die Spezialisierung eines Industriebetriebes bewirkt eine preisgünstigere Herstellung der Produkte infolge des geringeren Rohstoff- und Maschineneinsatzes sowie der verminderten Vorratshaltung. O

c) Die Spezialisierung bringt eine Marktbeherrschung mit sich. Ist sie erreicht, können die Preise ohne Rücksicht auf die Konkurrenz – die es ja dann kaum noch gibt – heraufgesetzt werden. O

4. Was versteht man unter Typisierung?

a) Hierunter versteht man die Bezeichnung der einzelnen Produkte eines Herstellers nach einheitlichen Richtlinien (Typenbezeichnung). O

b) Unter Typisierung versteht man die Vereinheitlichung der Fertigerzeugnisse (z. B. bei Küchenanbaumöbeln). Die Typisierung bewirkt eine Senkung der Herstellungs- und Lagerkosten. O

c) Als Typisierung bezeichnet man die Benennung von Produkten mit Phantasiebezeichnungen, wie z. B. R 6, dc-fix, K 2r. O

5. Was bezeichnet man als Fließbandarbeit?

a) Als Fließbandarbeit wird die Arbeitsmethode bezeichnet, bei der die Werkstücke mehrere einzelne hintereinanderliegende Werkstätten durchlaufen. O

b) Als Fließbandarbeit bezeichnet man eine rationalisierte Arbeitsmethode, bei der die Werkstücke mit gleichbleibender Geschwindigkeit von einem Arbeitsplatz zum anderen befördert werden. Die Arbeitsgänge sind während der Bewegung des Bandes auszuführen. O

c) Als Fließbandarbeit bezeichnet man eine erstmals in Amerika praktizierte Arbeitsmethode, bei der mehrere Bearbeitungsvorgänge in einem Raum von derselben Maschine vorgenommen werden. O

6. Welchem Zweck dient die Fließbandarbeit?

a) Ziel der Fließbandarbeit ist die „Entseelung der Arbeit", die dadurch entsteht, daß der Arbeiter immer die gleichen Arbeitsgriffe auszuführen hat. O

b) Der Zweck der Fließbandarbeit besteht darin, die notorischen Arbeitsunwilligen durch die Bewegung des Bandes zur Arbeit anzuhalten. O

c) Zweck der Fließbandarbeit ist die Beschleunigung der Fertigung durch Ausschaltung von Zeitverlusten und damit Verringerung der Kosten. O

7. Welches sind die Produktionsfaktoren?

a) Die Produktionsfaktoren sind das Kapital und die Arbeit, die zusammen erst die Produktion ermöglichen. O

b) Die Produktionsfaktoren sind: Rohstoffe, Maschinen, Geld und Arbeitsleistung. O

c) Als Produktionsfaktoren werden bezeichnet: 1. das Geldvermögen, 2. die Erfindungen und Gebrauchsmuster, 3. die Abnehmer. O

8. Wie wird der Produktionsfaktor Arbeit abgegolten?

a) Der Produktionsfaktor Arbeit wird ebenso wie der Produktionsfaktor Kapital abgegolten. O

b) Für den Produktionsfaktor Arbeit kennt man eine angemessene Abgeltung zur Zeit noch nicht. O

c) Arbeit wird durch Lohn in verschiedener Form abgegolten. O

9. Was versteht man unter Zeitlohn?

a) Unter Zeitlohn versteht man den Lohn, den die sogenannten Zeitarbeiter erhalten (Leasingkräfte). O

b) Zeitlohn ist der Lohn, der die individuelle Arbeitsleistung nicht berücksichtigt, sondern nach Stunden oder Tagen berechnet wird. O

c) Als Zeitlohn wird das Arbeitsentgelt einer Teilzeitkraft bezeichnet. O

10. Was bezeichnet man als Leistungslohn?

a) Als Leistungslohn bezeichnet man das Arbeitsentgelt, welches an Hand von Stechkarten ermittelt wird. O

b) Beim Leistungslohn wird die tatsächliche Arbeitsleistung zugrunde gelegt (Anzahl der in einer bestimmten Zeit gefertigten Stücke/Akkordlohn). O

c) Leistungslohn ist Prämienlohn, d. h., daß zu dem Grundlohn noch Zuschläge für die besonders exakte Arbeitsleistung gezahlt werden. O

11. Wie teilt man die Kosten nach den Kostenstellen ein?

a) Nach den Kostenstellen unterscheiden wir:
   1. Materialkosten,
   2. Fertigungskosten,
   3. Verwaltungskosten,
   4. Vertriebskosten. O

b) Wir unterscheiden:
   1. Einkaufskosten,
   2. Herstellungskosten,
   3. Verkaufskosten. O

c) Nach den Kostenstellen werden unterschieden:
   1. Kosten der Herstellung,
   2. Kosten des Vertriebs,
   3. Kosten des Zahlungsverkehrs. O

12. Wie setzen sich die Materialkosten zusammen?

a) Zu den Materialkosten zählen neben den Aufwendungen für das Material die hierauf entfallenden Steuern und die mit seiner Verarbeitung zusammenhängenden Löhne. O

b) Die Materialkosten setzen sich zusammen aus dem Einkaufspreis und den Kosten für die Materialbeschaffung, wie z. B. Fracht, Verpackung, Versicherung und Zoll. O

c) Zu den Materialkosten zählen die Aufwendungen für den Materialeinsatz ohne die mit seiner Beschaffung verbundenen Kosten. O

13. Welche Kosten zählen zu den Fertigungskosten?

a) Neben den Löhnen und Gehältern zählen die Aufwendungen für die Beschaffung des Rohmaterials zu den Fertigungskosten. O

b) Fertigungskosten sind: Löhne, Gehälter, Aufwendungen für den Vertrieb und die Versicherung. O

c) Zu den Fertigungskosten zählen die Löhne und Gehälter sowie die gesetzlichen und freiwilligen sozialen Leistungen. O

14. Was bezeichnet man als Verwaltungskosten?

a) Neben den Löhnen und Gehältern zählen hierzu die Aufwendungen für Lagerung, Vertrieb, Werbung und Versand. O

b) Zu den Verwaltungskosten zählen u. a. die Gehälter (soweit nicht zur Fertigung gehörend), Steuern, Abgaben, sowie die Aufwendungen für Versicherung, Heizung, Reinigung, Schreibmaterial. O

c) Verwaltungskosten sind: Löhne, Gehälter, Aufwendungen für den Vertrieb der Erzeugnisse u. ä. O

15. Was zählt man zu den Vertriebskosten?

a) Vertriebskosten sind u. a.: Aufwendungen für Lagerung, Werbung, Versand, Anzeigen und Vertreterprovision. O

b) Zu den Vertriebskosten zählen die Gehälter des Außendienstpersonals, die Aufwendungen für Strom, Wasser, Gas, Müllabfuhr, Reinigung u. ä. O

c) Neben den Vertreterprovisionen zählen hierzu die Abschreibungen auf die noch nicht verkauften Waren, Amortisationen, Kapitalzinsen u. ä. O

16. Was versteht man unter einem Angebot?

a) Ein Angebot ist ein Vertrag, in dem von einem Industrie-, Großhandels- oder Einzelhandelsunternehmen Waren angeboten werden. O

b) Unter einem Angebot versteht man eine an eine bestimmte Person gerichtete Willenserklärung, in der Waren oder Dienstleistungen mit fest umrissenem Leistungsversprechen angeboten werden. O

c) Das Feilbieten von Waren in Zeitungen, Zeitschriften und anderen Werbemitteln nennt man Angebot. O

17. Sind Prospekte und Zeitungsanzeigen Angebote?

a) Selbstverständlich sind auch die Anzeigen in Zeitungen und Zeitschriften sowie die Plakate an Litfaßsäulen und anderswo echte Angebote. O

b) Prospekte sowie Anzeigen in Zeitungen sind nur dann Angebote, wenn in ihnen auch Preise angegeben sind. O

c) Anzeigen in Zeitungen und Zeitschriften, Prospekte und Rundschreiben sind keine Angebote, weil sie nicht an eine bestimmte Person gerichtet sind. O

18. Welche Form ist für die Abgabe eines Angebots vorgeschrieben?

a) Für die Abgabe eines Angebots ist keine Form vorgeschrieben; es kann stillschweigend oder ausdrücklich abgegeben werden. O

b) Für alle Angebote, mit Ausnahme solcher, die Grundstücke und Gebäude betreffen, ist die mündliche Form zulässig. O

c) Das Handelsgesetzbuch schreibt für die Abgabe eines Angebots die Schriftform vor. O

19. Wie lange hat ein Angebot Gültigkeit?

a) Der Gesetzgeber hat die Gültigkeit eines Angebots auf sieben Kalendertage beschränkt (nicht Werk- oder Arbeitstage!). O

b) Das Angebot ist für den Anbietenden nur solange verbindlich, wie unter verkehrsüblichen Umständen die Antwort auf dem gleichen Wege erwartet werden kann. O

c) Der Anbietende ist bei schriftlichen Angeboten drei Tage, bei mündlichen Angeboten einen Tag an sein Angebot gebunden. O

20. Auf welche Weise wird die Verbindlichkeit des Angebots eingeschränkt?

a) Das Angebot hat nur noch einschränkend Gültigkeit für den Anbietenden, wenn in seinen wirtschaftlichen Verhältnissen eine wesentliche Änderung eingetreten ist. O

b) Die Verbindlichkeit des Angebots wird eingeschränkt, wenn der Anbietende erklärt, er könne die Ware nur noch zu einem höheren Preis abgeben. O

c) Der Anbietende kann die Verbindlichkeit des Angebots einschränken bzw. ausschließen durch die Klauseln „Solange der Vorrat reicht", „Freibleibend" oder „Unverbindlich". O

21. Wer trägt die Kosten für die Verpackung und Beförderung einer Ware?

a) Da die Warenschuld eine Bringschuld ist, gehen die Kosten für die Beförderung und Verpackung zu Lasten des Verkäufers. O

b) Sofern nichts anderes vereinbart worden ist, gehen die Kosten für Verpackung und Beförderung zu Lasten des Käufers. O

c) Gemäß gesetzlicher Regelung hat der Käufer die Kosten für die Beförderung zu tragen, der Verkäufer die Kosten für die Verpackung. O

22. Was heißt „Lieferung frei Haus"?

a) Hierunter versteht man die Anlieferung der Ware durch eigene Fahrzeuge des Verkäufers. O

b) „Lieferung frei Haus" heißt, daß der Verkäufer die Kosten für die Verpackung trägt. O

c) Bei der „Lieferung frei Haus" trägt der Verkäufer die Anfuhr-, Verlade-, Fracht-, Entlade- und Abfuhrkosten. O

23. Was versteht man unter Skonto, was unter Rabatt?

a) Als Skonto bezeichnet man den Abzug für die sofortige Bezahlung eines Rechnungsbetrages, als Rabatt den Abzug für Treue, Menge, Wiederverkäufer usw. O

b) Skonto ist die veraltete Bezeichnung für Rabatt, d. h. für den gewährten Abzug wegen sofortiger Bezahlung einer Rechnung. O

c) Als Skonto bezeichnet man den vereinbarten Nachlaß, als Rabatt die eigenmächtig vorgenommene Kürzung eines Rechnungsbetrages. O

24. Wie kommt ein Kaufvertrag zustande?

a) Ein Kaufvertrag kommt durch schriftliche Aufgabe einer Bestellung und Auftragsbestätigung zustande. O

b) Ein Kaufvertrag wird immer dann abgeschlossen, wenn Ratenzahlung vereinbart wird. Hierfür gilt nur die Schriftform. O

c) Ein Kaufvertrag kommt durch gegenseitige übereinstimmende Willenserklärung (Antrag und Annahme) von Käufer und Verkäufer zustande. O

25. Welche Form ist für den Kaufvertrag vorgeschrieben?

a) Der Kaufvertrag kann nur schriftlich abgeschlossen werden. Die mündliche Form ist nicht verbindlich. O

b) Der Kaufvertrag kann schriftlich oder mündlich, stillschweigend oder durch schlüssiges Handeln abgeschlossen werden (Ausnahme: Grundstückskauf). O

c) Der Kaufvertrag kann schriftlich oder mündlich abgeschlossen werden. Beim mündlichen Abschluß ist jedoch nur der Käufer an den Vertrag gebunden. O

26. Welche Arten des Kaufs sind in Hinsicht auf die beteiligten Personen zu unterscheiden?

a) Wir unterscheiden zwischen dem Laufkundschafts- und dem Stammkundschafts-Kauf. O

b) Wir unterscheiden den bürgerlichen Kauf und den Handelskauf. Der Handelskauf kann einseitig oder zweiseitig sein. O

c) Es werden unterschieden die Barzahlungs- von den Ratenkäufen. O

27. Was versteht man unter dem bürgerlichen Kauf?

a) Unter einem bürgerlichen Kauf versteht man den Abschluß eines Geschäftes zwischen zwei deutschen Staatsbürgern. O

b) Gegenstand des bürgerlichen Kaufs ist der Handel mit Waren des täglichen Bedarfs. O

c) Beim bürgerlichen Kauf sind beide Vertragspartner Nichtkaufleute. O

28. Was bezeichnet man als einseitigen Handelskauf, was als zweiseitigen?

a) Beim einseitigen Handelskauf ist ein Vertragspartner, beim zweiseitigen Handelskauf sind beide Vertragspartner Kaufleute. O

b) Beim einseitigen Handelskauf liefert nur ein Partner Waren, wogegen beim zweiseitigen Handelskauf auch der zweite Partner Waren zum Ausgleich liefert (Kompensationsgeschäft). O

c) Beim einseitigen Handelskauf handelt es sich um ein Inlandsgeschäft, beim zweiseitigen Handelskauf um ein grenzüberschreitendes Geschäft. O

29. Welche Pflichten hat der Verkäufer aus dem Kaufvertrag?

a) Der Verkäufer hat die Pflicht, die Ware zur Verfügung zu halten und die Zahlungen des Käufers anzunehmen. O

b) Der Verkäufer muß die gekauften Sachen liefern oder bis auf Abruf lagern. O

c) Der Verkäufer ist verpflichtet, die Sache termingerecht und frei von Mängeln zu übergeben und dem Käufer das Eigentum daran zu verschaffen. O

30. Welche Pflichten ergeben sich aus dem Kaufvertrag für den Käufer?

a) Der Käufer hat die Pflicht, die gekaufte Sache abzunehmen und den vereinbarten Kaufpreis zu zahlen. O

b) Der Käufer ist verpflichtet, die gekaufte Sache zu bezahlen oder aber die Lieferung sofort zu beanstanden. O

c) Der Käufer muß die gekaufte Sache abnehmen. O

31. Wie erwirbt der Käufer das Eigentum an beweglichen Sachen?

a) Das Eigentum an einer beweglichen Sache wird durch das sogenannte Besitzkonstitut beschafft. O

b) Eigentum an einer beweglichen Sache erwirbt man durch die Inbesitznahme. O

c) Der Käufer erwirbt das Eigentum an einer beweglichen Sache durch Einigung zwischen den Vertragsparteien und Übergabe der Sache. O

32. Welche Bedeutung hat der Erfüllungsort?

a) Der Erfüllungsort ist der Ort, an dem die gerichtlichen Streitigkeiten aus dem Kaufvertrag ausgetragen werden. O

b) Der Erfüllungsort ist der Ort, an dem Verkäufer und Käufer ihre Pflichten aus dem Kaufvertrag zu erfüllen haben. Er hat Bedeutung für den Gerichtsstand, den Gefahrenübergang und die Kostenverteilung. O

c) Erfüllungsort ist der Ort, an dem die Zahlung des Kaufpreises zu erfolgen hat (entweder an den Zahlungsempfänger selbst oder an die Bank des Zahlungsempfängers). O

33. Was versteht man unter dem gesetzlichen Erfüllungsort?

a) Hierunter versteht man den Ort, an dem die Ware zur Verfügung gestellt werden muß. Ab diesem Ort geht das Transportrisiko auf den Käufer über. O

b) Ist im Kaufvertrag über die Erfüllung des Kaufabschlusses nichts vereinbart worden, tritt die gesetzliche Regelung in Kraft. Danach ist Erfüllungsort für die Warenlieferung der Wohnsitz des Verkäufers und für die Zahlung des Kaufpreises der Wohnsitz des Käufers. O

c) Unter dem gesetzlichen Erfüllungsort versteht man den Ort, der gemäß gesetzlicher Regelung Gültigkeit hat für die Zahlung des Rechnungsbetrages. O

34. Was versteht man unter dem vertraglichen Erfüllungsort?

a) Unter dem vertraglichen Erfüllungsort versteht man den Ort, an dem der Verkäufer Angebote unterbreitet und Kaufverträge abschließt. O

b) Von einem vertraglichen Erfüllungsort ist die Rede, wenn bei Abschluß des Kaufvertrages die gesetzliche Regelung abgeändert wird; danach ist der Erfüllungsort für die Lieferung und Zahlung meistens der Wohnsitz des Verkäufers. O

c) Wenn ein anderer Ort als der gesetzlich vorgeschriebene Ort für die Beilegung von Streitigkeiten aus dem Kaufvertrag zuständig sein soll, spricht man von einem vertraglichen Erfüllungsort. O

35. Was ist das Wesen des Eigentumsvorbehalts?

a) Das Wesen des Eigentumsvorbehalts besteht darin, daß der Käufer zwar sofort Eigentümer wird, er jedoch die Sache weder verändern noch an andere weiterveräußern darf. O

b) Der Eigentumsvorbehalt ist eine Vereinbarung darüber, daß das Eigentumsrecht erst mit Bezahlung der Hälfte der vereinbarten Raten auf den Erwerber übergeht. O

c) Der Eigentumsvorbehalt ist eine Vereinbarung zwischen Käufer und Verkäufer, daß das Eigentum trotz Besitzübertragung auf den Erwerber bis zur Zahlung des ganzen Kaufpreises beim Verkäufer bleibt. O

36. Was wird mit dem Eigentumsvorbehalt bewirkt?

a) Der Eigentumsvorbehalt bewirkt, daß

1. der Verkäufer vom Vertrage zurücktreten kann, wenn der Käufer nicht zahlt;

2. die Freigabe der Ware durch Widerspruchsklage beantragt werden kann, wenn sie durch Dritte gepfändet wurde;

3. die Aussonderung beim Konkurs des Käufers verlangt werden kann. O

b) Der Eigentumsvorbehalt dient dazu:

1. die Rückgabe der Ware im Nichtzahlungsfalle zu verlangen;

2. die Einleitung eines gerichtlichen Mahn- und Klageverfahrens zu beantragen;

3. gegebenenfalls den Konkurs über das Vermögen des Käufers in die Wege zu leiten. O

c) Der Eigentumsvorbehalt dient dazu:

1. den Käufer zu zwingen, sorgsam mit den gekauften Sachen umzugehen;

2. schnellstens einen Pfändungs- und Überweisungsbeschluß zu erlangen, wenn dies nötig erscheint;

3. die Rückgabe der gelieferten Waren zu verlangen. O

37. Wodurch erlischt der Eigentumsvorbehalt?

a) Der Eigentumsvorbehalt erlischt durch Widerruf oder aber nach Ablauf von 6 Monaten, gerechnet vom Tage der Lieferung der Ware. O

b) Der Eigentumsvorbehalt verliert seine Gültigkeit, wenn die Ware nicht in der vereinbarten Qualität oder nicht zum vereinbarten Zeitpunkt oder nicht zum vereinbarten Preis geliefert wurde. O

c) Der Eigentumsvorbehalt erlischt durch vollständige Bezahlung des Kaufpreises, durch Verbrauch, Verarbeitung u. ä. sowie durch Verkauf oder Verpfändung an einen gutgläubigen Dritten. O

38. Was versteht man unter einem verlängerten Eigentumsvorbehalt?

a) Der verlängerte Eigentumsvorbehalt hat die Wirkung, daß

1. im Falle der Weiterverarbeitung das Eigentum auf die hergestellten Sachen übertragen wird, und

2. im Falle der Weiterveräußerung die Kaufpreisforderung übertragen wird. O

b) Unter dem verlängerten Eigentumsvorbehalt versteht man die gesetzliche Regelung, daß der Verkäufer auch dann noch Eigentümer der gelieferten Sache ist, wenn der Käufer sie voll bezahlt hat, die Garantiezeit jedoch noch läuft. O

c) Hierunter versteht man die Verfügungsgewalt, die dem Verkäufer aus der gelieferten Ware auch dann noch zusteht, wenn diese zwar bezahlt ist, andere dagegen noch nicht beglichen sind. O

39. Was versteht man unter dem Kontokorrentvorbehalt?

a) Hierunter versteht man die Eigentumsübertragung auf den Käufer, auch wenn er noch Zahlungsverpflichtungen aus der laufenden Geschäftsverbindung hat. O

b) Beim Kontokorrentvorbehalt hat der Verkäufer so lange ein Eigentumsrecht an den gelieferten Waren, bis sämtliche Ansprüche aus der laufenden Geschäftsverbindung erfüllt sind. O

c) Unter dem Kontokorrentvorbehalt versteht man den Vorbehalt der Richtigkeit des Kontoauszuges. Meistens lautet er „Irrtum vorbehalten". O

40. Was versteht man unter Verzug?

a) Hierunter versteht man die Annahme einer Warenlieferung unter Vorbehalt. O

b) Von Verzug spricht man, wenn ein Hersteller mit dem Angebot von Saisonartikeln im Rückstand ist (z. B. Sonnenschirmen im September). O

c) Unter Verzug versteht man die Nichterfüllung oder Verzögerung einer Leistung des Schuldners. O

41. Wann spricht man von einem Leistungsverzug?

a) Ein Leistungsverzug liegt vor, wenn eine Leistung mangelhaft erbracht wurde oder eine Sache durch unfachmännische Behandlung noch schlechter gemacht wurde, als sie vorher war. O

b) Von einem Leistungsverzug spricht man, wenn der Verkäufer nicht oder nicht rechtzeitig liefert (Lieferungsverzug) oder wenn der Käufer nicht oder nicht rechtzeitig zahlt (Zahlungsverzug). O

c) Als Leistungsverzug bezeichnet man das Fehlen von Voraussetzungen zum Erbringen einer Leistung. O

42. Was bezeichnet man als Annahmeverzug?

a) Wenn der Käufer die Ware oder der Verkäufer den Kaufpreis nicht oder nicht rechtzeitig annimmt, spricht man von Annahmeverzug (auch Gläubigerverzug genannt). O

b) Die Rückgabe einer unaufgefordert zugegangenen Ware oder Warenprobe nennt man Annahmeverzug. O

c) Als Annahmeverzug bezeichnet man die Annahme von Warensendungen unter dem ausdrücklichen Vorbehalt, sie erst dann zu bezahlen, wenn ein Käufer hierfür gefunden wurde. O

43. Welche Rechte hat der Verkäufer beim Annahmeverzug des Käufers?

a) Der Verkäufer hat das Recht, den Käufer zu verklagen und die Ware auf Kosten des Verkäufers bei einem Lagerhausunternehmen einzulagern. O

b) Der Verkäufer hat das Recht, die Ware zur Verfügung des Käufers bereitzuhalten und im Falle, daß sie zu verderben droht, einen Notverkauf vorzunehmen. O

c) Der Verkäufer kann vom Vertrag zurücktreten, d. h. die Ware zurücknehmen, oder den Käufer auf Abnahme der Ware verklagen oder auf die Klage verzichten und nach Androhung einen Selbsthilfeverkauf durchführen. O

44. Wann gerät der Verkäufer in Lieferungsverzug?

a) Der Verkäufer gerät in Lieferungsverzug, wenn er statt der bestellten Ware eine Austauschware nach seinem Ermessen liefert. O

b) Für den Verkäufer liegt Lieferungsverzug vor, wenn er vom Käufer auf das Fehlen der Warenbegleitpapiere hingewiesen wurde und er sich trotzdem nicht um deren Beschaffung bemüht. O

c) Der Verkäufer gerät in Lieferungsverzug, wenn die Lieferung fällig ist, er vorsätzlich oder fahrlässig nicht leistet und der Käufer ihn gemahnt hat. O

45. Welche Rechte hat der Käufer beim Lieferungsverzug?

a) Der Käufer hat das Recht,

1. auf die Lieferung der Ware zu verzichten,
2. die Geschäftsverbindung aufzukündigen,
3. auf Schadenersatz zu klagen, wenn es sich um einen Wiederholungsfall handelt. O

b) Der Käufer kann

1. auf Erfüllung des Vertrages bestehen und wegen verspäteter Lieferung Schadenersatz verlangen oder
2. nach angemessener Nachfrist unter Verzicht auf Schadenersatz vom Vertrag zurücktreten oder
3. auf die Lieferung verzichten und Schadenersatz wegen Nichterfüllung verlangen. O

c) Der Käufer hat wahlweise folgende Rechte:

1. Er kann auf die Lieferung verzichten oder
2. Schadenersatz fordern oder
3. die Lieferung annehmen und den Rechnungsbetrag um den entgangenen Gewinn kürzen. O

46. Wie berechnet man die Höhe des Schadens beim Lieferungsverzug?

a) Die Berechnung des Schadens kann erfolgen:

1. Wenn der Käufer sich die Ware anderweitig besorgt hat, ergibt sich die Schadenshöhe aus dem gezahlten Mehrpreis.
2. Nimmt der Käufer keinen Deckungskauf vor, ist für die Schadenshöhe der entgangene Gewinn maßgebend. O

b) Der Schaden wird auf folgende Weise berechnet:

1. Zunächst wird die Kalkulation des Käufers mit dem üblicherweise in dieser Branche angewendeten Kalkulationsprozentsatz verglichen und dann ein Mittelwert errechnet.
2. Auf der Grundlage dieses Mittelwertes wird der Schaden errechnet, wobei die Absatzziffern geschätzt werden. O

c) Die Schadenshöhe wird von einem bei der Industrie- und Handelskammer bestellten und vereidigten Sachverständigen auf Grund vergleichbarer Gewinnmöglichkeiten geschätzt. O

47. Wann muß der Käufer die gelieferte Ware prüfen?

a) Die Ware ist unverzüglich nach ihrem Eintreffen, d. h. ohne schuldhafte Verzögerung, zu prüfen, da sonst die gekaufte Sache als genehmigt gilt. ⊗

b) Der Käufer hat die Ware noch im Beisein des Überbringers (Boten, Postzustellers) zu prüfen. Spätere Reklamationen werden nicht mehr anerkannt. ○

c) Nach herrschender Meinung müssen alle gelieferten Waren innerhalb von 8 Tagen nach Zustellung auf Qualität und Quantität geprüft werden. ○

48. Was versteht man unter einer Mängelrüge?

a) Unter einer Mängelrüge versteht man die Benachrichtigung des Käufers an den Beförderer (Post, Bahn u. a.), daß die gelieferten Waren beschädigt angeliefert wurden. ○

b) Als Mängelrüge wird das Schreiben des Empfängers an die Lieferfirma bezeichnet, in dem der Empfang der Ware und ihre Beschaffenheit mitgeteilt werden. ○

c) Unter einer Mängelrüge versteht man die Mitteilung des Käufers an den Verkäufer, daß der gelieferten Ware Mängel anhaften. ⊗

49. Welche Mängel können zu einer Mängelrüge führen?

a) Folgende Mängel können zu einer Mängelrüge führen:
   1. Artmängel, d. h. die gelieferte Ware entspricht nicht der bestellten;
   2. Gütemängel, d. h. die Ware ist fehlerhaft, beschädigt oder verdorben;
   3. Quantitätsmängel, d. h. die Menge entspricht nicht der Bestellung;
   4. Rechtsmängel, d. h. die Ware ist gepfändet oder gar gestohlen. ⊗

b) Folgende Mängel führen zu einer Mängelrüge:
   1. Artmängel, d. h. es wurde eine andere Ware als die bestellte geliefert;
   2. Qualitätsmängel, d. h. die Ware ist von minderer Qualität;
   3. Restantenmängel, d. h. die Ware wurde nur zum Teil geliefert. ○

c) Zu einer Mängelrüge führen folgende Mängel:
   1. Gattungsmängel, d. h. es wurde eine falsche Gattung geliefert;
   2. Qualitätsmängel, d. h. die Ware entspricht nicht der Warenprobe;
   3. Terminmängel, d. h. die Ware wurde nicht zum vereinbarten Termin geliefert. ○

50. Wann muß die Mängelrüge bei einem zweiseitigen Handelskauf erteilt werden?

a) Bei einem zweiseitigen Handelskauf (beide Vertragspartner sind Kaufleute) hat die Mängelrüge grundsätzlich innerhalb von 8 Tagen nach Übernahme der Ware zu erfolgen; bei arglistiger Täuschung gilt jedoch eine Frist von einem Jahr. O

b) Das Handelsgesetzbuch schreibt zum Schutz des Verkäufers vor, daß beim zweiseitigen Handelskauf die Rüge innerhalb von 14 Tagen nach Übergabe der Ware zu erteilen ist; das gilt nicht bei arglistiger Täuschung. O

c) Bei einem zweiseitigen Handelskauf sind offene Mängel unverzüglich nach Prüfung der Ware, versteckte Mängel sofort nach deren Entdekkung, jedoch spätestens 6 Monate nach Lieferung, und arglistig verschwiegene innerhalb von 30 Jahren zu rügen. O

51. Welche Rechte stehen dem Käufer bei einer Mängelrüge zu?

a) Der Käufer hat das Recht, vom Vertrage zurückzutreten und die Geschäftsverbindung aufzukündigen. Für die Aufgabe des fehlerhaft gelieferten Artikels kann er Schadenersatz in angemessener Höhe verlangen. O

b) Der Käufer hat wahlweise folgende Rechte:
   1. Rücktritt vom Kaufvertrag (Wandlung),
   2. Herabsetzung des Kaufpreises (Minderung),
   3. Ersatzlieferung (Umtausch) – nur bei Gattungswaren möglich –
   4. Schadenersatz wegen Nichterfüllung (unter bestimmten Voraussetzungen). O

c) Der Käufer hat das Recht, die fehlerhaft gelieferte Ware im Wege des Ramschverkaufs schnell zu veräußern und den hierdurch entstehenden Mindergewinn vom Verkäufer zu fordern. O

52. Was hat mit der bemängelten Ware zu geschehen?

a) Die bemängelte Ware ist sofort auf Kosten und Gefahr des Verkäufers an ihn zurückzusenden. Unter besonderen Umständen ist dem Empfänger auch ein Ramschverkauf gestattet. O

b) Der Käufer muß die bemängelte Ware dem Verkäufer zur Verfügung stellen und sie so lange im eigenen Lager oder in einem öffentlichen Lagerhaus verwahren, bis der Verkäufer hierüber entschieden hat. O

c) Die bemängelte Ware ist öffentlich meistbietend außerhalb der Geschäftsräume des Empfängers durch einen anerkannten Auktionator zu versteigern. O

2. Die Unternehmung

53. Was ist ein Gewerbebetrieb?

a) Ein Gewerbebetrieb ist eine rechtlich selbständige Unternehmung, dessen Geschäftstätigkeit auf Dauer sowie auf Gewinnerzielung ausgerichtet ist. O

b) Unter einem Gewerbebetrieb versteht man jede auf Dauer angelegte Tätigkeit eines Vollkaufmanns. O

c) Als Gewerbebetrieb bezeichnet man die von Handwerkern geführten Unternehmungen (Kleinbetriebe). O

54. Wer darf einen Gewerbebetrieb errichten?

a) Unsere Gewerbeordnung gestattet jeder natürlichen und juristischen Person die Errichtung eines Gewerbebetriebes. Minderjährige benötigen jedoch die Zustimmung des gesetzlichen Vertreters und des Vormundschaftsgerichts. O

b) Die Gewerbeordnung schreibt vor, daß in der BRD nur unbescholtene natürliche Personen, sofern sie die volle Geschäftsfähigkeit besitzen, einen Gewerbebetrieb gründen dürfen. O

c) Die Errichtung eines Gewerbebetriebes wird nur denjenigen gestattet, die die erforderlichen Kenntnisse zur Führung eines solchen nachweisen können. O

55. Welche Einschränkungen kennt die Gewerbefreiheit?

a) Einer besonderen Genehmigung bedarf die Gründung von Gewerbebetrieben, deren Tätigkeit die Betreuung von Menschen ist, wie z. B. Altersheime, Fremdenverkehrsbetriebe u. ä. O

b) Betriebe, deren Führung besondere Sachkenntnisse und Vertrauenswürdigkeit erfordern (wie z. B. Apotheken und Kreditinstitute) sowie solche, die mit besonderen Gefahren und Belästigungen verbunden sind (wie z. B. Zementfabriken), bedürfen einer Konzession. O

c) Einer behördlichen Genehmigung bedürfen die Betriebe, die ihre Waren zum überwiegenden Teil in Heimarbeit herstellen lassen. Bei Vorliegen eines echten Bedürfnisses wird die Konzession jedoch in der Regel anstandslos erteilt. O

56. Wer ist Kaufmann im Sinne des HGB?

a) Kaufmann ist, wer die entsprechende Prüfung vor einer Industrie- und Handelskammer abgelegt hat. O

b) Kaufmann im Sinne des Handelsgesetzbuches ist, wer ein Handelsgewerbe betreibt. O

c) Kaufmann im Sinne des Handelsgesetzbuches ist jeder im kaufmännischen Bereich selbständig oder unselbständig Tätige. O

57. Welche Grundhandelsgewerbe werden im HGB genannt?

a) Im HGB werden folgende Grundhandelsgewerbe genannt:

1. Großhandelsbetriebe,
2. Einzelhandelsbetriebe,
3. Kreditinstitute,
4. Versicherungen,
5. Beförderungsbetriebe,
6. Handelsvertreter,
7. Verlagsbetriebe,
8. Buch- und Kunsthandlungen,
9. Druckereien. O

b) Folgende Grundhandelsgewerbe nennt das HGB:

1. Großhandelsbetriebe,
2. Industriebetriebe,
3. Banken und Versicherungen,
4. Schiffahrtsunternehmen,
5. private Eisenbahnen,
6. Kommissionäre und Lagerhalter,
7. Handelsvertreter,
8. Druckereien und Verlage,
9. Buchhandlungen O

c) Das HGB nennt folgende Grundhandelsgewerbe:

1. Groß- und Einzelhandelsbetriebe,
2. Industriebetriebe und industrieähnliche Betriebe,
3. Versicherungen,
4. Banken,
5. Transportbetriebe,
6. Kommissionäre, Spediteure, Lagerhalter,
7. Handelsvertreter und -makler,
8. Verlagsbetriebe, Buch- und Kunsthandlungen,
9. Druckereibetriebe. O

58. Welche Arten von Kaufleuten werden im HGB nach dem Erwerb der Kaufmannseigenschaft unterschieden?

a) Das Handelsgesetzbuch unterscheidet:

1. den Vollkaufmann, der einen Betrieb größeren Umfanges führt;
2. den Mußkaufmann, der ein Grundhandelsgewerbe betreibt;
3. den Sollkaufmann, der einen sonstigen kaufmännisch geführten Betrieb besitzt;
4. den Minderkaufmann, der ein Gewerbe in bescheidenem Umfang führt;
5. den Kannkaufmann, der einen Nebenbetrieb besitzt. O

b) Im HGB werden unterschieden:

1. Kaufleute kraft Grundhandelsgewerbes (Mußkaufleute),
2. Kaufleute kraft pflichtgemäßer Eintragung ins Handelsregister (Sollkaufleute),
3. Kaufleute kraft freiwilliger Eintragung ins Handelsregister (Kannkaufleute),
4. Kaufleute kraft Rechtsform der Unternehmung (Formkaufleute). O

c) Folgende Unterscheidung nimmt das HGB vor:

1. Kaufleute, die ein gewerbliches Unternehmen führen;
2. Kaufleute, die eine Personenhandelsgesellschaft führen;
3. Kaufleute, die eine Kapitalgesellschaft führen;
4. Kaufleute, die einen Handwerksbetrieb in kaufmännischer Weise führen. O

59. Wer ist ein Minderkaufmann?

a) Minderkaufleute sind Kleingewerbetreibende ohne einen kaufmännisch eingerichteten Betrieb, wie z. B. Milchgeschäfte, sowie Handwerker, auch wenn sie neben ihrer handwerklichen Tätigkeit Fertigwaren verkaufen. O

b) Als Minderkaufmann wird im allgemeinen Sprachgebrauch der Kaufmann bezeichnet, der für die Ausübung seines Gewerbes nur geringe Kenntnisse benötigt, wie z. B. der Trinkhallenbesitzer. O

c) Ein Minderkaufmann ist ein Gewerbetreibender, der ohne Hilfskräfte (Ausnahme: Familienangehörige) sein Gewerbe allein ausübt. O

60. Welche Vorschriften des HGB gelten nicht für den Minderkaufmann?

a) Für den Minderkaufmann gelten nicht die Vorschriften über die Führung der Firma, die Eingehung von Verbindlichkeiten, die Bewertung von Forderungen und Verpflichtungen sowie die Veröffentlichung von Jahresabschlüssen. O

b) Für den Minderkaufmann gelten nicht die Vorschriften über die Firmenwahrheit, -klarheit und -beständigkeit. Auch ist er nicht verpflichtet, Bücher zu führen. O

c) Der Minderkaufmann darf keine Firma führen, keine Prokura erteilen, keine Handelsgesellschaft gründen, seine Geschäftsbücher in vereinfachter Form führen, nur schriftlich bürgen und nicht als Handelsrichter tätig sein. O

61. Was ist eine Firma?

a) Als Firma bezeichnet man den Betrieb eines Vollkaufmanns. O

b) Als Firma wird die Betriebsstätte eines Kaufmanns mit mehr als 20 Beschäftigten bezeichnet. O

c) Die Firma ist der Name, unter dem ein Kaufmann seine Geschäfte betreibt und die Unterschrift abgibt. Er kann unter seiner Firma klagen und verklagt werden. O

62. Welche Grundsätze müssen bei der Wahl der Firma beachtet werden?

a) Bei der Wahl der Firma ist auf die Belange der Öffentlichkeit Rücksicht zu nehmen, d. h., daß nur eine allgemein verständliche Bezeichnung für den Geschäftszweig genommen werden darf (z. B. nicht Bijouterie für Schmuckwarenhandel). O

b) Der Name der Firma muß sich deutlich von den bereits am selben Ort bestehenden Firmen unterscheiden, damit Verwechslungen im Interesse der Lieferanten und Abnehmer vermieden werden. O

c) Zu beachten sind:

1. der Grundsatz der Firmenwahrheit und -klarheit (keine falschen oder irreführenden Angaben über Eigentümer, Art und Umfang der Unternehmung),
2. der Grundsatz der Firmenausschließlichkeit (jede neue Firma muß sich von einer am Ort bereits bestehenden deutlich unterscheiden). O

63. Welche Arten von Firmen gibt es?

a) Wir unterscheiden:
1. Einzelfirmen (z. B. Michael Schauer),
2. Gesamtfirmen (z. B. Gesellschaft für Galvanik),
3. Mischfirmen (z. B. Eisengießerei und Metallfabrik Kurz & Groß). O

b) Es gibt
1. Personenfirmen (z. B. Jansen & Co.),
2. Sachfirmen (z. B. Gladbacher Kaffeerösterei AG),
3. Mischfirmen (z. B. Kleiderfabrik Sempell & Co.). O

c) Es werden unterschieden:
1. Simplexfirmen, die nur einen Inhaber haben;
2. Duplexfirmen, die zwei Inhaber haben;
3. Plurexfirmen, die mehrere Inhaber haben. O

64. Was ist das Handelsregister?

a) Das Handelsregister ist das vom Amtsgericht geführte Verzeichnis aller Vollkaufleute eines Amtsgerichtsbezirks. Es dient der Unterrichtung der Öffentlichkeit über die Rechtsverhältnisse und andere wichtige Tatbestände der Unternehmungen. O

b) Das Handelsregister ist ein Verzeichnis aller am Ort des Landgerichts tätigen Unternehmungen. Alle Eintragungen haben deklaratorischen Charakter. O

c) Das Handelsregister ist ein Verzeichnis aller Kaufleute eines Handelskammerbezirks. Es unterrichtet die Kaufleute untereinander über die Inhaber- und Kapitalverhältnisse sowie über erteilte Prokuren. O

65. Welche Wirkung hat die handelsregisterliche Eintragung?

a) Alle Eintragungen haben rechtsbegründende (konstitutive) Wirkung, d. h. der Tatbestand wird erst durch die Handelsregistereintragung rechtswirksam. O

b) Die Eintragung kann konstitutive Wirkung haben (z. B. die Kaufmannseigenschaft bei Soll- und Kannkaufleuten) oder deklaratorische Wirkung (z. B. die Gründung einer KG). O

c) Die Eintragungen haben rechtsbekundende (deklaratorische) Wirkung, d. h. der Tatbestand ist auch ohne Eintragung wirksam. Die Eintragungen dienen nur der allgemeinen Unterrichtung. O

66. Welche Vorteile hat die Einzelunternehmung?

a) Die Einzelunternehmung bietet den Vorteil der unbeschränkten selbständigen Tätigkeit und Entfaltung des Unternehmers; keine Gewinnteilung; geringe Kosten. O

b) Bei der Einzelunternehmung wird mit geringem Kapitaleinsatz ein hoher Nutzen erwirtschaftet. Die Handlungskosten sind niedrig. O

c) Der Vorteil der Einzelunternehmung liegt darin, daß die Haftung des Unternehmers sich nur auf das Geschäftsvermögen und nicht auch auf das Privatvermögen erstreckt. O

67. Was ist eine OHG?

a) Die Offene Handelsgesellschaft ist ein loser Zusammenschluß von mehreren Kaufleuten zur Erzielung eines Gewinns. Ihre Firma muß den Zusatz OHG führen. Die Haftung der Gesellschafter ergibt sich aus dem Gesellschaftsvertrag. O

b) Die OHG ist eine Gesellschaft mit einem oder mehreren Gesellschaftern. Sind mehrere Gesellschafter vorhanden, so haben sie alle im gleichen Umfang ihre Arbeitskraft der Gesellschaft zur Verfügung zu stellen. Ihre Haftung ist unbeschränkt. O

c) Die OHG ist ein Zusammenschluß von zwei oder mehr Vollkaufleuten zum Betrieb eines Handelsgewerbes unter gemeinschaftlicher Firma. Alle Gesellschafter haben die gleichen Rechte und Pflichten und haften unbeschränkt. O

68. Wie erfolgt die Gründung einer OHG?

a) Die Gründung einer OHG hat in jedem Falle in notariell beurkundeter oder beglaubigter Form zu erfolgen. Dadurch soll sichergestellt werden, daß der Vertrag Rechtens ist. O

b) Für die Gründung einer OHG ist keine bestimmte Form vorgeschrieben, außer wenn Grundstücke eingebracht werden; dann ist eine gerichtliche oder notarielle Beurkundung des Gesellschaftsvertrages erforderlich. O

c) Die Gründung einer OHG hat vor Gericht zu erfolgen. Bei Gesellschaften mit einem Gründungskapital von weniger als 100 000 DM ist allerdings auch eine Beurkundung vor einem Notar rechtswirksam. O

69. Welche Vorteile bietet die OHG?

a) Die OHG erfordert nur geringes Kapital, verursacht keine großen Kosten, gewährt den Gesellschaftern gleiche Rechte und genießt wegen der unbeschränkten Haftung der Gesellschafter große Kreditwürdigkeit. O

b) Die OHG verlangt von den Gesellschaftern keine tätige Mithilfe, das eingebrachte Kapital wird mit einem festen Zinssatz verzinst und die Haftung der Gesellschafter ist auf die Einlage beschränkt. O

c) Der Vorteil der OHG liegt darin, daß nur die Gesellschafter allein die Richtlinien der Geschäftsführung bestimmen, kein großes Kapital benötigt wird und die Besteuerung günstig ist. O

70. Wie firmiert die OHG?

a) Die Firma einer OHG hat die Namen aller Gesellschafter und den Zusatz OHG oder & Co zu enthalten. Eine Firmenänderung ist bei jedem Ein- oder Austritt eines Gesellschafters erforderlich. O

b) Der Name des Vollhäfters ist in dem Firmennamen anzugeben. Dagegen brauchen die Teilhafter nicht genannt zu werden. Daß Teilhafter vorhanden sind, ergibt sich aus dem Zusatz „& Co" bzw. „OHG". O

c) Die Firma einer OHG hat den Namen wenigstens eines der Gesellschafter mit einem das Vorhandensein einer Gesellschaft andeutenden Zusatz (wie z. B. & Co, & Sohn, OHG) oder die Namen aller Gesellschafter zu enthalten. O

71. Was ist eine KG?

a) Die KG ist eine auf den Betrieb eines Handelsgewerbes gerichtetes Unternehmen, das stets von zwei Gesellschaftern betrieben wird, wovon der eine unbeschränkt und der andere nur beschränkt haftet. O

b) Die KG ist eine Handelsgesellschaft mit zwei oder mehreren Gesellschaftern, wovon mindestens einer unbeschränkt haftet (Komplementär), während bei mindestens einem weiteren Gesellschafter sich die Haftung auf seine Kapitaleinlage beschränkt (Kommanditist). O

c) Die Kommanditgesellschaft ist eine Gesellschaft mit eigener Rechtspersönlichkeit. Der Gesellschafter, der die Geschäfte führt, haftet voll (Komplementär), wogegen die stillen Gesellschafter nur mit ihrer Einlage haften (Kommanditisten). O

72. Wie wird eine KG gegründet?

a) Wie bei der OHG ist auch bei der Gründung einer KG der Abschluß eines Gesellschaftsvertrages erforderlich. Eine bestimmte Form ist nicht vorgeschrieben, außer bei Einbringung von Grundstücken. O

b) Die Gründung einer KG hat vor dem zuständigen Amtsgericht zu erfolgen. Die Handelsrichter stellen in Zusammenarbeit mit den Gesellschaftern der KG den Gesellschaftsvertrag auf. O

c) Bei der Gründung einer KG hat ein Notar die Beurkundung vorzunehmen. Die Eintragung ins Handelsregister hat nur noch deklaratorischen Charakter. O

73. Wie firmiert die KG?

a) Die Firma einer KG muß eine Sachfirma sein, d. h., daß der Name den Gegenstand des Unternehmens mit dem Zusatz „KG" enthalten muß. O

b) Die Firma einer KG muß den Namen des Vollhafters und den Namen von mindestens einem Teilhafter enthalten. Die Bezeichnung „KG" o. ä. ist nicht zwingend vorgeschrieben. O

c) Die Firma einer KG hat den Namen wenigstens eines persönlich haftenden Gesellschafters mit einem das Vorhandensein einer Gesellschaft andeutenden Zusatz zu enthalten (z. B. KG, & Co.) O

74. Was ist eine Stille Gesellschaft?

a) Die Stille Gesellschaft ist dadurch gekennzeichnet, daß sich ein Dritter an einem bestehenden Betrieb beteiligt, was nach außen durch den Zusatz „SG" zum Ausdruck kommt. O

b) Eine Stille Gesellschaft liegt vor, wenn sich ein Kapitalgeber an dem Handelsgewerbe eines Kaufmanns mit einer Vermögenseinlage beteiligt, ohne daß dies nach außen erkennbar ist. O

c) Eine Stille Gesellschaft liegt vor, wenn ein Dritter einem Kaufmann ein Darlehen für Geschäftszwecke gewährt und hierfür am Gewinn beteiligt wird. O

75. Welches sind die wesentlichen Merkmale der Stillen Gesellschaft?

a) Von wesentlicher Bedeutung ist, daß die Einlage in Geld zu erfolgen hat. Sie wird nicht ins Handelsregister eingetragen und ist somit nicht nach außen erkennbar. O

b) Bei der Stillen Gesellschaft ist wesentlich, daß die Firma unverändert fortgeführt wird, die Beteiligung nicht nach außen sichtbar ist und keine Haftung des Stillen Gesellschafters besteht. O

c) Von wesentlicher Bedeutung ist, daß die Einlage des Stillen Gesellschafters eine Beteiligung ausschließt. Deshalb wird sie auch nicht ins Handelsregister eingetragen. O

76. Wie haftet der Stille Gesellschafter für die Verbindlichkeiten der Firma?

a) Der Stille Gesellschafter übernimmt keine Haftung gegenüber den Gesellschaftsgläubigern. Der Unternehmer haftet für die Geschäftsschulden allein. O

b) Der Stille Gesellschafter haftet für die Geschäftsschulden unbeschränkt und unmittelbar. O

c) Die Haftung des Stillen Gesellschafters für die Verbindlichkeiten der Unternehmung wird im Gesellschaftsvertrag geregelt. Grundsätzlich haftet er voll. O

77. Was ist eine Gelegenheitsgesellschaft?

a) Eine Gelegenheitsgesellschaft ist ein Zusammenschluß von mehreren Unternehmungen, deren Ziel es ist, andere Unternehmungen am Markt zu verdrängen. O

b) Den Verbund von mehreren Unternehmungen mit gleichem Erwerbszweck nennt man Gelegenheitsgesellschaft. Ihre Eintragung ins Handelsregister hat konstitutive Wirkung. O

c) Eine Gelegenheitsgesellschaft ist ein loser und meist nur vorübergehender Zusammenschluß von mehreren natürlichen oder juristischen Personen zur Abwicklung eines Geschäfts. O

78. Welches Gesetz regelt die Gelegenheitsgesellschaft?

a) Vorschriften über die Gelegenheitsgesellschaft finden wir im Handelsgesetzbuch und in der Gewerbeordnung. O

b) Für die Gelegenheitsgesellschaft sind die Vorschriften des Bürgerlichen Gesetzbuches maßgebend. Deshalb wird die Gelegenheitsgesellschaft auch BGB-Gesellschaft genannt. O

c) Sind die Gesellschafter der Gelegenheitsgesellschaft juristische Personen, dann sind die Vorschriften des Handelsgesetzbuches anzuwenden, bei natürlichen Personen die des Bürgerlichen Gesetzbuches. O

79. Wie firmiert die Gelegenheitsgesellschaft?

a) Weil die Gelegenheitsgesellschaft nicht in das Handelsregister eingetragen wird, besitzt sie keine Firma. O

b) Die Gelegenheitsgesellschaft führt in ihrem Firmennamen den Zusatz „Vertriebsgesellschaft" oder „Verkaufsgesellschaft" o. ä. O

c) Die Gelegenheitsgesellschaft ist eine Gesellschaft bürgerlichen Rechts. Die Firma trägt deshalb den Zusatz „BGB-Ges.". O

80. Wie ist die Haftung bei der Gelegenheitsgesellschaft geregelt?

a) Die Gesellschafter haften bis zur Höhe des eingebrachten Kapitals für die Verbindlichkeiten der Gesellschaft. O

b) Für die Verbindlichkeiten der Gelegenheitsgesellschaft haften die Gesellschafter unmittelbar, unbeschränkt und gesamtschuldnerisch. O

c) Für die Verbindlichkeiten der Gelegenheitsgesellschaft haften die Gesellschafter entsprechend den bei der Gründung festgelegten Quoten. O

81. Was ist eine AG?

a) Die Aktiengesellschaft ist eine Gesellschaft mit eigener Rechtspersönlichkeit. Für die Verbindlichkeiten der Gesellschaft haften nur die Vorzugsaktionäre, wogegen die Stammaktionäre nur ihre Einlagen verlieren können. O

b) Die AG wird als Personengesellschaft bezeichnet, weil eine Vielzahl von Anteilseignern deren Kapital aufbringt. Die Haftung der Aktionäre erstreckt sich nur auf die Einlage. O

c) Die AG ist eine Kapitalgesellschaft, deren Grundkapital in Anteile (Aktien) zerlegt ist und deren Gesellschafter (Aktionäre) nicht nach außen und nur in Höhe ihrer Anteile haften. O

82. Wie hoch ist der Mindestnennbetrag des Grundkapitals der AG?

a) Das Grundkapital einer AG muß mindestens einen Nennwert von 500 000 DM haben. O

b) Der Mindestnennbetrag des Grundkapitals einer AG ist 100 000 DM. O

c) Das Grundkapital einer AG muß mindestens über nominal 200 000 DM lauten. O

83. Wie hoch ist der Mindestnennbetrag einer Aktie?

a) Der Mindestnennbetrag einer Aktie ist 50 DM. Höhere Nennbeträge müssen auf volle hundert DM lauten. O

b) Der Mindestnennbetrag einer Aktie ist 100 DM. Der Höchstbetrag darf 10 000 DM nicht überschreiten. O

c) Eine Aktie muß mindestens über ein Hunderttausendstel des Grundkapitals lauten. O

84. Wie firmiert die AG?

a) Die Firma der AG ist in der Regel dem Gegenstand des Unternehmens zu entnehmen. Sie muß die Bezeichnung „Aktiengesellschaft" enthalten. O

b) Die Firma muß, falls sie vor der Jahrhundertwende gegründet wurde, den Zusatz „AG" oder „Akt.-Ges." oder „Aktiengesellschaft" oder einen gleichbedeutenden Zusatz tragen. O

c) Die Firma der AG muß als Mischfirma den Namen des Gründers und den Gegenstand des Unternehmens enthalten. O

85. Welche Organe hat die AG?

a) Die AG verfügt über folgende Organe:

1. den Vorstand, der für die ordnungsgemäße Abwicklung aller Geschäfte verantwortlich ist;
2. den Aufsichtsrat, der für die Fabrikation zuständig ist;
3. die Gläubigerversammlung, die u. a. über die Höhe des Gewinns beschließt. O

b) Die Organe der AG sind:

1. der Vorstand, der für die Erwirtschaftung des Gewinns allein verantwortlich zeichnet;
2. der Personalrat, der für alle personellen und sozialen Angelegenheiten zuständig ist;
3. die Hauptversammlung, die als beschlußfassendes Organ die Ziele der AG bestimmt. O

c) Die AG hat folgende Organe:

1. den Vorstand, der die Gesellschaft leitet und sie gerichtlich und außergerichtlich vertritt;
2. den Aufsichtsrat, der die Geschäftsführung des Vorstands überwacht;
3. die Hauptversammlung, in der die Aktionäre ihre Rechte in den Angelegenheiten der Gesellschaft ausüben. O

86. Welche Rechte hat der Aktionär?

a) Der Aktionär hat das Recht:

1. auf Verlangen Einsicht in die Bücher der Gesellschaft zu nehmen,
2. an der Hauptversammlung teilzunehmen und in ihr abzustimmen,
3. auf Erwerb von Berichtigungsaktien,
4. auf Gewinnausschüttung und Liquidationserlös. O

b) Die Rechte des Aktionärs sind:

1. Teilnahme an der Hauptversammlung,
2. Mitbestimmung in Gesellschaftsfragen (Stimmrechtsausübung),
3. Gewinnbeteiligung,
4. Liquidationserlös. O

c) Der Aktionär hat das Recht:

1. an der Hauptversammlung teilzunehmen und in ihr Fragen zu stellen,
2. über die Vorschläge in der Hauptversammlung abzustimmen,
3. neu ausgegebene Aktien zu erwerben,
4. Dividende und Liquidationserlös zu erhalten. O

87. Was ist eine KGaA?

a) Die KGaA (Kommanditgesellschaft auf Aktien) ist eine Gesellschaft mit eigener Rechtspersönlichkeit, bei der das Grundkapital in Aktien zerlegt ist. Alle Gesellschafter haften unbeschränkt und unmittelbar für die Verbindlichkeiten der Gesellschaft. O

b) Die KGaA ist eine Personengesellschaft, bei der die Gesellschafter (Kommanditaktionäre) aus ihrer Mitte den Vorstand wählen, der die Geschäfte führt und für die Verbindlichkeiten der Gesellschaft voll haftet. O

c) Die KGaA ist eine Gesellschaft, bei der mindestens ein Gesellschafter unbeschränkt haftet, während die übrigen Gesellschafter nur mit ihrer Einlage auf das in Aktien zerlegte Grundkapital haften. O

88. Wie firmiert die KGaA?

a) Die Firma soll – wie bei der AG – dem Gegenstand des Unternehmens entnommen werden; sie muß den Zusatz „KGaA" tragen, z. B. Möbelhaus Becker & Co KGaA. O

b) Die Firma muß als Personengesellschaft den Namen des Vollhafters mit dem Zusatz „KGaA" tragen. O

c) Falls es sich nicht um eine Umgründung aus der Zeit vor 1900 handelt, muß die Firma den Zusatz „aA" tragen. O

89. Welche Organe hat die KGaA?

a) Die KGaA hat folgende Organe:
   1. den Vorstand, der nur aus den Vollhaftern besteht;
   2. den Aufsichtsrat, dem keine Vollhafter angehören dürfen,
   3. die Hauptversammlung, die von den Kommanditaktionären gebildet wird. O

b) Folgende Organe hat die KGaA:
   1. das Direktorium, welches die Gesellschaft leitet;
   2. den Aktienrat, der die Geschäftsführung überwacht,
   3. die Kommanditversammlung, die den AR bestellt und die Gewinnquoten festlegt. O

c) Die KGaA verfügt über folgende Organe:
   1. die Geschäftsführung, die vom Aufsichtsrat bestellt wird;
   2. den Beirat, der beratend tätig ist;
   3. die Gesellschaftervertretung, die die Interessen der Anteilseigner wahrnimmt. O

90. Was ist eine GmbH?

a) Die GmbH ist eine Gesellschaft von mindestens vier Personen, deren Haftung sich nicht nur auf die Einlage beschränkt. O

b) Die GmbH ist eine Handelsgesellschaft, deren Gesellschafter sich mit Einlagen auf das Stammkapital beteiligen. Eine persönliche Haftung der Gesellschafter besteht nicht. O

c) Die GmbH ist eine Personenhandelsgesellschaft. Die Gesellschafter haften mit ihrer Einlage und auch außerdem persönlich. O

91. Wie hoch muß das Stammkapital einer GmbH mindestens sein?

a) Die Höhe des Stammkapitals ist vom Gesetzgeber mit 100 000 DM bestimmt worden, wovon mindestens 25 % einzuzahlen sind. O

b) Das Stammkapital muß mindestens 20 000 DM betragen, die Stammeinlage eines Gesellschafters mindestens 500 DM. O

c) Eine gesetzliche Vorschrift über die Höhe des Stammkapitals einer GmbH gibt es nicht. O

92. Wie firmiert eine GmbH?

a) Die Firma der GmbH braucht nur dann den Zusatz „GmbH" zu führen, wenn die Gründung nach 1945 erfolgte. O

b) Die Firma der GmbH muß in jedem Falle den Namen von mindestens einem Gesellschafter mit dem Zusatz GmbH tragen. O

c) Die Firma der GmbH kann dem Gegenstand des Unternehmens entlehnt werden oder den Namen wenigstens eines Gesellschafters mit einem das Gesellschaftsverhältnis andeutenden Zusatz enthalten (GmbH). O

93. Welche Organe hat die GmbH?

a) Die GmbH hat folgende Organe:
   1. einen oder mehrere Geschäftsführer, die von der Gesellschafterversammlung bestellt werden;
   2. die Gesellschafterversammlung, die u. a. über die Gewinnverteilung beschließt;
   3. bei Betrieben mit mehr als 500 Arbeitnehmern: den Aufsichtsrat. O

b) Die GmbH verfügt über folgende Organe:
   1. den Vorstand, der die Geschäfte leitet;
   2. den Beirat, der die Geschäfte überwacht;
   3. die Gesellschafterversammlung, die die Richtlinien der Geschäftspolitik bestimmt. O

c) Folgende Organe hat die GmbH:
   1. das Direktorium, welches für die Abwicklung der Geschäfte verantwortlich ist;
   2. den Aufsichtsrat, der die Geschäftsführung des Direktoriums überwacht. O

94. Was ist eine GmbH & Co. KG?

a) Eine GmbH & Co. KG ist eine Gesellschaft mit beschränkter Haftung, deren Gesellschafter Kommanditisten sind. Komplementäre kennt diese Gesellschaftsform nicht. O

b) Eine GmbH & Co. KG ist eine Handelsgesellschaft, deren Gesellschafter Komplementäre sind und somit unbeschränkt haften. O

c) Eine GmbH & Co. KG ist eine Kommanditgesellschaft, deren Komplementär eine Gesellschaft mit beschränkter Haftung ist. Während der Komplementär bei der KG unbeschränkt haftet, ist seine Haftung bei der GmbH & Co. KG beschränkt. O

95. Was ist eine Genossenschaft?

a) Die Genossenschaft ist eine Handelsgesellschaft, deren Gesellschafter Mitglieder genannt werden. Die Mitglieder unterstützen sich gegenseitig, damit sie sich im Konkurrenzkampf besser behaupten können. O

b) Die Genossenschaft ist eine Gesellschaft mit nicht geschlossener Mitgliederzahl, deren Zweck es ist, den Erwerb oder die Wirtschaft ihrer Mitglieder durch gemeinschaftlichen Geschäftsbetrieb zu fördern. O

c) Die Genossenschaft ist eine juristische Person des öffentlichen Rechts. Ihre Gesellschafter, die Genossen, haben ein Recht zum verbilligten Bezug von Waren durch die Genossenschaft. O

96. Wie firmiert die Genossenschaft?

a) Die Firma muß den Zusatz tragen „eingetragene Genossenschaft" (Abkürzung hierfür: eGmbH) oder „nicht eingetragene Genossenschaft" (Abkürzung hierfür: eGmuH). O

b) Die Firma muß dem Gegenstand des Unternehmens entlehnt sein und die Bezeichnung „eingetragene Genossenschaft" oder die Abkürzung „eG" enthalten. O

c) Die Firma der Genossenschaft ist in der Regel dem Gegenstand des Unternehmens zu entnehmen; der Umfang der Haftung ist anzugeben. O

97. Welche Organe hat die Genossenschaft?

a) Die Organe der Genossenschaft sind:
   1. die Geschäftsleitung als leitendes Organ,
   2. der Kontrollrat als kontrollierendes Organ,
   3. die Genossenschaftsversammlung als beschlußfassendes Organ. O

b) Organe der Genossenschaft sind:
   1. das Direktorium als leitendes Organ,
   2. der Beirat als überwachendes Organ,
   3. die Genossenschaftsversammlung als beschlußfassendes Organ. O

c) Die Genossenschaft hat folgende Organe:
   1. den Vorstand als leitendes Organ,
   2. den Aufsichtsrat als Kontrollorgan,
   3. die Generalversammlung als beschlußfassendes Organ,
   4. die Vertreterversammlung – nur bei großen Genossenschaften – an Stelle der Generalversammlung. O

98. Was ist ein Kartell?

a) Ein Kartell ist der Zusammenschluß mehrerer Betriebsteile eines Unternehmens, wodurch eine bessere Auslastung der Produktionskapazitäten erreicht werden soll. O

b) Unter einem Kartell versteht man den Zusammenschluß – rechtlich selbständig bleibender – gleichartiger Unternehmungen mit dem Ziel, den Markt zu beeinflussen oder zu beherrschen. O

c) Als Kartell bezeichnet man die Zusammenführung artverwandter Betriebe, um dadurch den Personaleinsatz transparenter zu gestalten. O

99. Was ist ein Konzern?

a) Unter einem Konzern versteht man den Zusammenschluß rechtlich selbständig bleibender Unternehmen zu einer wirtschaftlichen Einheit unter einheitlicher Leitung. O

b) Als Konzern bezeichnet man den Zusammenschluß mehrerer Einzelhandelsbetriebe zum Zwecke der Ausschöpfung größerer Mengenrabatte (vor allem im Importgeschäft). O

c) Ein Konzern ist der Zusammenschluß mehrerer Versicherungsunternehmen, die unter Wahrung größtmöglicher Handlungsfreiheit Versicherungsgeschäfte aller Art betreiben. O

100. Was ist ein Konsortium?

a) Unter einem Konsortium versteht man den Zusammenschluß mehrerer Firmen zu einer Holdingfirma, wobei jedes einzelne Unternehmen wirtschaftlich selbständig bleibt. O

b) Als Konsortium wird die Absprache mehrerer Unternehmungen über die Preisgestaltung beim Verkauf gleicher oder ähnlicher Erzeugnisse bezeichnet. O

c) Unter einem Konsortium versteht man den losen und meist nur vorübergehenden Zusammenschluß von mehreren rechtlich und wirtschaftlich selbständig bleibenden Unternehmungen zur gemeinsamen Durchführung bestimmter Geschäfte. O

101. Was versteht man unter einem Vergleich?

a) Unter einem Vergleich versteht man alle Maßnahmen, die dazu dienen, die Zahlungsunfähigkeit eines Schuldners zu verschleiern. O

b) Unter einem Vergleich versteht man die Stundung fälliger Zahlungen oder deren teilweisen Erlaß durch die Gläubiger auf Grund eines vom Schuldner unterbreiteten Vorschlags. O

c) Als Vergleich bezeichnet man alle vorbereitenden Maßnahmen zur Eröffnung eines Konkurses. Zuständig hierfür sind die vom Gericht eingesetzten Vergleichsverwalter. O

102. Was wird mit einem Vergleich bezweckt?

a) Ziel des Vergleichs ist eine Verminderung der Kreditaufnahme bei Banken und damit verbunden eine Ermäßigung der Zinslast. O

b) Der Vergleich soll dem Schuldner die Möglichkeit geben, sein Unternehmen mit Gewinn aufzulösen, um danach eine neue Tätigkeit beginnen zu können. O

c) Ziel des Vergleichs ist die wirtschaftliche Gesundung des Schuldners durch den Schuldenerlaß bzw. die zeitweise Stundung. O

103. Was bezeichnet man als Liquidation?

a) Unter Liquidation versteht man die zwangsweise Auflösung einer Unternehmung infolge Überschuldung. Sie wird von den Gläubigern in die Wege geleitet. O

b) Als Liquidation bezeichnet man die freiwillige Auflösung einer Unternehmung. Sie kann aus persönlichen oder wirtschaftlichen Gründen des Inhabers erfolgen. O

c) Als Liquidation wird die anstandslose Verabschiedung des Jahresabschlusses durch die Gesellschafterversammlung bezeichnet. O

104. Wie geht die Liquidation vonstatten?

a) Zur Durchführung der Liquidation wird ein Liquidator bestellt, der die Vermögenswerte der Firma öffentlich meistbietend versteigert. Den nach Tilgung der Schulden verbleibenden Überschuß erhält der Eigentümer. O

b) Die Liquidation wird durch den Inhaber bzw. die Vorstandsmitglieder oder Geschäftsführer oder aber durch einen Liquidator durchgeführt. Die Vermögenswerte dienen der Schuldentilgung, den Überschuß erhalten die Eigentümer. O

c) Zunächst wird ein Konkursverwalter bestellt. Dieser verkauft die Vermögenswerte sukzessive. Mit dem Erlös werden die Schulden getilgt, der Überschuß geht an den Eigentümer. O

105. Was versteht man unter einem Konkurs?

a) Unter einem Konkurs versteht man den gerichtlichen Vergleich, bei dem die Gläubiger der öffentlichen Hand bevorrechtigt bedacht werden. O

b) Als Konkurs bezeichnet man die Maßnahmen des Amtsgerichts zur Vermeidung der endgültigen Zahlungseinstellung eines in Liquidationsschwierigkeiten geratenen Unternehmens. O

c) Unter einem Konkurs versteht man ein gerichtliches Verfahren, bei dem die Gläubiger durch zwangsweise Auflösung des dem Schuldner gehörenden Betriebes befriedigt werden. O

106. Wer beantragt den Konkurs?

a) Der Konkurs kann vom Schuldner oder von einem bzw. mehreren Gläubigern beantragt werden. O

b) Der Konkurs kann nur vom Schuldner beantragt werden. O

c) Nur die Gläubigerseite (ein oder mehrere Gläubiger) kann den Konkurs beantragen. O

107. Was versteht man unter Aussonderung?

a) Als Aussonderung bezeichnet man das Recht des Schuldners, Gegenforderungen aufrechnen zu dürfen. O

b) Unter Aussonderung versteht man die Herausnahme der dem Schuldner nicht gehörenden Gegenstände aus der Konkursmasse. O

c) Die separate Verwertung der vom Schuldner geliehenen Gegenstände und der ihm überlassenen Reparaturstücke nennt man Aussonderung (oder auch Separatverkauf). O

108. Was wird abgesondert?

a) Abgesondert werden die verpfändeten sowie die übereigneten Gegenstände. O

b) Die Gegenstände des persönlichen Bedarfs werden abgesondert. O

c) Abgesondert werden die bevorrechtigten Forderungen, wie z. B. Löhne, Gehälter, Steuern u. ä. O

109. Wer sind die bevorrechtigten Gläubiger im Konkursverfahren?

a) Einziger bevorrechtigter Gläubiger im Konkursverfahren ist die öffentliche Hand (Bund, Länder und Gemeinden). O

b) Bevorrechtigt befriedigt werden die Forderungen aus Lieferungen und Leistungen, die dem Schuldner einen Vermögenszuwachs erbracht haben. O

c) Bevorrechtigt sind:
1. Löhne und Gehälter, Knecht
2. Steuern und Abgaben, König
3. Kirchen, Schulen und öffentl. Verbände, Kirche
4. Ärzte und Apotheken, Kur
5. Kinder, Mündel und Pflegebefohlene. Kinder O

110. Wann kommt es zu einem Zwangsvergleich?

a) Zum Zwangsvergleich kommt es, wenn ein außergerichtlicher Vergleich nicht zum Zuge kommt. O

b) Zum Zwangsvergleich kommt es innerhalb eines Konkursverfahrens, wenn die bevorrechtigten Forderungen ganz und die übrigen mit mindestens 20 % befriedigt werden können. O

c) Zum Zwangsvergleich kommt es, wenn die im freiwilligen Vergleichsverfahren festgelegten Vergleichszahlungen nicht oder nicht termingerecht erfolgen. O

111. Welche Vorteile hat der Zwangsvergleich gegenüber dem Konkurs?

a) Folgende Vorteile hat der Zwangsvergleich:
1. der Betrieb wird nicht aufgelöst,
2. der Schuldner erhält sein Verfügungsrecht zurück,
3. die Restforderungen gelten als erlassen. O

b) Der Zwangsvergleich hat den Vorteil, daß der Schuldner auf Grund gerichtlicher Anordnung nur 20 % seiner Schulden zu tilgen braucht. Eine weitergehende Zahlungsverpflichtung besteht auch dann nicht, wenn die Masse dies zulassen würde. O

c) Gegenüber dem Konkurs hat der Zwangsvergleich den Vorteil, daß er nicht veröffentlicht wird, so daß die Zahlungsschwierigkeiten nur wenigen bekannt werden. O

3. Die Mittler des Handels

112. Wer ist Handelsvertreter?

a) Handelsvertreter ist, wer als selbständiger Gewerbetreibender ständig damit betraut ist, für einen anderen Unternehmer Geschäfte zu vermitteln oder in dessen Namen abzuschließen. O

b) Handelsvertreter ist, wer als Angestellter einer Firma die Aufgabe hat, sich um die Vermittlung oder den Abschluß von Geschäften zu bemühen. O

c) Handelsvertreter ist, wer auf dem Gebiete der Vermittlung von Verträgen über die Veräußerung von Waren tätig ist. O

113. Welche Aufgaben hat der Handelsvertreter?

a) Der Handelsvertreter hat die Aufgabe, die Endverbraucher zu beraten und ihnen Auskünfte über die Waren zu geben. O

b) Aufgabe des Handelsvertreters ist die Beobachtung des Marktes und der Konkurrenz. O

c) Der Handelsvertreter hat sich um die Vermittlung oder den Abschluß von Geschäften zu bemühen und dabei die Interessen des Unternehmers wahrzunehmen. O

114. Wer ist Kommissionär?

a) Kommissionär ist, wer als Angestellter eines Kommissionshauses die Aufgabe hat, Kaufverträge abzuschließen. O

b) Kommissionär ist, wer es als selbständiger Gewerbetreibender übernimmt, Waren oder Wertpapiere für Rechnung eines anderen in eigenem Namen zu kaufen oder zu verkaufen. O

c) Kommissionär ist, wer Waren öffentlich meistbietend im Namen und für Rechnung des Auftraggebers, des Kommittenten, versteigert. O

115. Welche Aufgaben hat der Kommissionär?

a) Der Kommissionär muß die Weisungen des Kommittenten befolgen; einen etwa erzielten günstigeren Erlös braucht er allerdings nicht weiterzugeben. O

b) Der Kommissionär muß die Geschäfte innerhalb der vorgegebenen Zeit ausführen und dabei den eigenen Vorteil wahren. O

c) Der Kommissionär ist verpflichtet, die Geschäfte mit der Sorgfalt eines ordentlichen Kaufmanns auszuführen und dabei die Interessen des Kommittenten wahrzunehmen. O

116. Wodurch unterscheidet sich das Kommissionsgeschäft vom Eigenhändlergeschäft?

a) Beim Eigenhändlergeschäft trägt der Händler die Verantwortung für die Lieferung, beim Kommissionsgeschäft dagegen nicht. O

b) Alle Vor- und Nachteile treffen beim Kommissionsgeschäft den Kommittenten, beim Eigenhändlergeschäft dagegen den Kommissionär. O

c) Für ein Eigenhändlergeschäft ist die volle Mehrwertsteuer zu entrichten, für ein Kommissionsgeschäft jedoch nur die Hälfte. O

117. Wer ist Handelsmakler?

a) Handelsmakler ist, wer als selbständiger Kaufmann nicht ständig damit betraut ist, für andere Personen Geschäfte zu vermitteln. O

b) Handelsmakler ist, wer als selbständiger Gewerbetreibender damit betraut ist, Geschäfte für eigene und fremde Rechnung abzuschließen. O

c) Handelsmakler ist, wer in einem Handelsgewerbe zur Leistung kaufmännischer Dienste verpflichtet ist und dafür eine Provision erhält. O

118. Welche Aufgaben hat der Handelsmakler?

a) Aufgabe des Handelsmaklers ist die Zusammenführung von Kauf- und Verkaufsinteressenten und der Abschluß der Kaufverträge. O

b) Die Aufgabe des Handelsmaklers besteht darin, Geschäfte für einen anderen Kaufmann zu vermitteln und in dessen Namen abzuschließen. O

c) Aufgabe des Handelsmaklers ist insbesondere die Vermittlung von Verträgen über Gegenstände des Handelsverkehrs. Die Vertragsabschlüsse selbst erfolgen allerdings durch die Parteien. O

119. Wer ist Spediteur?

a) Spediteur ist, wer als unselbständig Gewerbetreibender die Beförderung von Gütern für andere durch eigene Transportfahrzeuge durchführt. O

b) Spediteur ist, wer als selbständiger Kaufmann im eigenen Namen den Versand von Gütern durch Frachtführer für Rechnung eines anderen besorgt. O

c) Spediteur ist, wer den Versand von Stückgut auf eigene Rechnung und Gefahr für Dritte durchführt. O

120. Welche Aufgaben hat der Spediteur?

a) Der Spediteur (in der reinen Form) übernimmt die Güter vom Versender, wählt die günstigsten Versandarten und Verkehrswege aus und übergibt die Güter einem Frachtführer. O

b) Der Spediteur kontrolliert die Ordnungsmäßigkeit der Verpackung (unter Umständen auch auf Seetransportfähigkeit) und beauftragt ein Rollfuhrunternehmen mit dem Transport. O

c) Der Spediteur ist als Mittler zwischen Versender und Transportunternehmen für die richtige Verzollung und Versicherung verantwortlich. O

121. Wer ist Frachtführer?

a) Frachtführer ist, wer als Inhaber einer Speditionsfirma über mehrere Fahrzeuge verfügt und einen regelrechten Linienverkehr betreibt. O

b) Frachtführer ist, wer es gewerbsmäßig unternimmt, die Beförderung von Gütern zu Lande oder auf Flüssen oder sonstigen Binnengewässern auszuführen. O

c) Frachtführer ist, wer als unselbständiger Kaufmann damit betraut ist, Frachtaufträge mit Billigung des Verkehrsministeriums auszuführen. O

122. Welche Aufgaben hat der Frachtführer?

a) Der Frachtführer hat die Weisungen des Auftraggebers zu befolgen. Er haftet nicht für den Schaden, der durch Verlust oder Beschädigung des Gutes entsteht. O

b) Der Frachtführer hat die Aufgabe, die Beförderung der übernommenen Güter innerhalb der vom Absender vorgeschriebenen Zeit durchzuführen. Ist eine solche nicht angegeben, so hat sie innerhalb einer angemessenen Frist zu erfolgen. O

c) Die Aufgaben des Frachtführers sind im Handelsgesetzbuch genau bezeichnet. Danach ist der Frachtführer verpflichtet, die Ware freihändig zu verwerten, wenn die Zustellung unmöglich ist. O

123. Wer ist Lagerhalter?

a) Lagerhalter ist, wer als unselbständig Tätiger Waren für andere lagert oder aufbewahrt. O

b) Lagerhalter ist, wer als selbständiger Gewerbetreibender Lagerhallen für andere errichtet. O

c) Lagerhalter ist, wer als selbständiger Kaufmann gewerbsmäßig die Lagerung und Aufbewahrung von Gütern übernimmt. O

124. Welche Aufgaben hat der Lagerhalter?

a) Der Lagerhalter hat die Pflicht, die übernommenen Güter diebstahlsicher zu verwahren oder verwahren zu lassen und dem Einlieferer auf Verlangen eine Bescheinigung über den Wert der eingelieferten Waren zu geben. O

b) Der Lagerhalter hat die Aufgabe, die eingelieferten Waren gegen Diebstahl, Rost, Motten, Feuchtigkeit u. a. zu schützen und im übrigen die Weisungen des Pfandgläubigers hinsichtlich der Verwertung des Gutes abzuwarten. O

c) Der Lagerhalter hat die Aufgabe, die übernommenen Güter ordnungsgemäß zu lagern, auf Wunsch zu versichern und einen Lagerschein auszustellen. O

4. Der Nachrichten- und Güterverkehr

125. Welche Aufgaben erfüllt die Post im Nachrichten- und Güterverkehr?

a) Auf den Gebieten des Nachrichten- und Güterverkehrs besorgt die Post die Beförderung von Postkarten, Briefen, Drucksachen, Warenproben, Zeitungen und Paketen sowie die Abwicklung des Fernsprech-, Funk- und Fernschreibverkehrs. O

b) Die Post besorgt die Beförderung und Zustellung von Briefsendungen im In- und Ausland. Sie ist allein befugt, Nachrichten, ganz gleich in welcher Form, zu übermitteln. O

c) Die Post ist im Nachrichten- und Güterverkehr allein zuständig für die Beförderung von Briefpost und Paketsendungen (Monopolstellung). O

126. Was bezeichnet die Post als Drucksache?

a) Die im Buch- und Offsetverfahren hergestellten Druckerzeugnisse werden von der Post als Drucksachen bezeichnet und von ihr zu günstigen Bedingungen befördert. O

b) Als Drucksachen bezeichnet die Post alle auf mechanischem Wege vervielfältigten Mitteilungen (nicht Schreibmaschinendurchschriften). Sie werden von ihr gegen ermäßigte Gebühr befördert, wenn die dafür vorgeschriebenen Bedingungen erfüllt sind. O

c) Drucksachen sind im Druckverfahren hergestellte Schriftstücke. Die Post stellt sie außerhalb der Briefpost zu und berechnet deshalb auch entsprechend niedrigere Gebühren. O

127. Was bezeichnet die Post als Warenprobe?

a) Warenproben sind Päckchen, die wertvolle Muster enthalten. Wegen der größeren Haftung werden sie von der Post zu einer erhöhten Gebühr befördert. O

b) Warenproben sind Mustersendungen oder aber kleinere Warensendungen, die offen aufzuliefern sind und denen keine brieflichen Mitteilungen beigefügt werden dürfen. O

c) Als Warenproben bezeichnet man die Proben, die von der Post – meist zusammen mit den entsprechenden Werbeprospekten – an alle Haushaltungen eines bestimmten Zustellbezirks verteilt werden. O

128. Was ist ein Päckchen im postalischen Sinne?

a) Als Päckchen bezeichnet die Post Sendungen, die nicht mehr als 5 kg wiegen und mit einer vereinfachten Paketkarte zur Beförderung angenommen werden. O

b) Im postalischen Sinne ist ein Päckchen eine Warensendung, die nicht durch den Briefträger, sondern durch den Paketzusteller angeliefert wird. O

c) Im postalischen Sinne wird als Päckchen eine Paketsendung bis 2 kg Gewicht bezeichnet. Sie muß die Aufschrift Päckchen tragen. O

129. Was bezeichnet die Post als „gewöhnliches Paket"?

a) Die Post bezeichnet als „gewöhnliche Pakete" die Paketsendungen, die ohne Angabe eines Wertes ausgeliefert werden. Es erfolgt kein Schadenersatz bei Verlust. O

b) Als „gewöhnliches Paket" wird von der Post eine Sendung über 2 kg, jedoch nicht mehr als 20 kg Gewicht bezeichnet, deren Auslieferung nur mit einer Paketkarte möglich ist. O

c) Unter einem „gewöhnlichen Paket" versteht man eine Sendung, die gewöhnlich nicht zugestellt wird, sondern am Bestimmungsort bei der Post abgeholt werden muß. O

130. Wie werden „Dringende Pakete" von der Post behandelt?

a) „Dringende Pakete", die als solche zu bezeichnen sind, werden im Inlandsverkehr durch Intercityzüge befördert und am Bestimmungsort durch Schnelldienst zugestellt. O

b) „Dringende Pakete" werden bevorzugt befördert und am Bestimmungsort von dem dortigen Postamt dem Empfänger telefonisch avisiert. O

c) „Dringende Pakete", die nur im Auslandsverkehr zulässig sind, werden so schnell wie möglich befördert, am Bestimmungsort jedoch im Regelfall durch den normalen Paketzustelldienst zugestellt. O

131. Wie werden Schnellpakete behandelt?

a) Schnellpakete werden auf dem schnellsten Wege befördert und am Bestimmungsort meistens durch Sondergang zugestellt. O

b) Bei Schnellpaketen erfolgt die Beförderung durch die alle zwei Stunden verkehrenden Sonderpostzüge. Am Bestimmungsort erfolgt die Zustellung auf normalem Wege. O

c) Schnellpakete werden durch Sonderzüge befördert und am Bestimmungsort durch Sonderkurier zugestellt. O

132. Was wissen Sie von Wertpaketen?

a) Bei Wertpaketen ist zu beachten, daß die Wertangabe auf dem Paket nicht höher ist als der Inhalt, da sonst bei Verlust kein Ersatz geleistet wird (Versicherungsbetrug). O

b) Als Wertpakete werden nur versiegelte Sendungen angenommen. Der Wert darf 50 000 DM nicht überschreiten und ist auf dem Paket und der Paketkarte anzugeben. O

c) Unter Wertangabe dürfen nur gewöhnliche Pakete versandt werden und zwar unversiegelt bis zu 1000 DM und versiegelt bis 100 000 DM. O

133. In welchem Umfang haftet die Post bei Wertsendungen?

a) Die Post leistet Ersatz für abhanden gekommene Wertsendungen mit 7,50 DM pro 100 Gramm, höchstens jedoch bis zum Betrage von 1500 DM. O

b) Die Post haftet bei Wertsendungen für den tatsächlich entstandenen Schaden, jedoch höchstens bis zum angegebenen Wert. O

c) Bei Verlust oder Diebstahl von Wertpaketen leistet die Post Schadenersatz in unbegrenzter Höhe. O

134. Was versteht man unter Wurfsendungen?

a) Unter Wurfsendungen versteht man Drucksachen, die eine allgemein gehaltene Anschrift tragen, wie z. B. „An alle Haushaltungen", oder „An alle Fernsprechteilnehmer". O

b) Wurfsendungen sind Druckerzeugnisse, die breit gestreut werden dürfen (Prospekte). Das Zustellpostamt bestimmt den Empfängerkreis nach eigenem Ermessen. O

c) Als Wurfsendungen bezeichnet man die Postsendungen, die keiner pfleglichen Behandlung bedürfen (sie dürfen geworfen werden; daher der Name). O

135. Was ist ein Einschreiben?

a) Ein Einschreiben ist ein von einer Behörde aufgegebenes Schriftstück, welches nur an denjenigen, den es betrifft, ausgehändigt werden darf. O

b) Als Einschreiben bezeichnet man die Briefe, die von der Post zum Zwecke der Kontrolle der Postlaufzeit registriert werden. Sie sind vom Empfänger zu quittieren. O

c) Unter Einschreiben versteht man eine Zustellungsart, bei der die Auslieferung nur an den Empfänger selbst oder einen erwachsenen Familienangehörigen oder eine bevollmächtigte Person vorgenommen wird. O

136. Wozu dient der Wertbrief?

a) Der Wertbrief dient der Übersendung von besonders wichtigen Schriftstücken (z. B. Verträgen) oder wertvollen Papieren (z. B. Effekten). Er ist zu versiegeln und mit Wertangabe zu versehen, wenn sein Wert 100 DM übersteigt. O

b) Der Wertbrief ist eine Sendung mit einer dem Inhalt angemessenen wertvollen Verpackung (z. B. bei Geschenksendungen). Er wird von der Post besonders schonend behandelt. O

c) Der Wertbrief dient der Übersendung von besonders empfindlichen Papieren und sonstigen Unterlagen. Er hat deshalb einen starken Außenumschlag und einen oder mehrere Innenumschläge. O

137. Bei welchen Sendungen ist ein Nachnahmeversand möglich?

a) Nachnahmen sind nur bei Paketen möglich. Es sind dann die besonderen Paketkarten mit anhängender blauer Zahlkarte zu benutzen. O

b) Das Einziehen eines Betrages durch die Post ist nur möglich, wenn ein entsprechender Gegenwert ausgehändigt wird. Deshalb sind Nachnahmen nur bei Paketen und Päckchen gestattet. O

c) Das Inkasso eines Betrages (Nachnahme) ist bei Postkarten, Briefen, Päckchen, Paketen und beim Postgut möglich. Für die Einziehung eines Wechsels gibt es den Postprotestauftrag. O

138. Wie wird eine nicht eingelöste Nachnahmesendung behandelt?

a) Nicht eingelöste Nachnahmesendungen werden grundsätzlich sofort an den Absender zurückgesandt. Durch den Vermerk „dreimalige Vorlage" kann er jedoch verlangen, daß die Sendung innerhalb von 9 Tagen dreimal vorgelegt wird. O

b) Ist der Empfänger der Sendung abwesend oder verlangt er eine Zahlungsfrist, erfolgt erneute Vorlegung nach sieben Tagen; wird sie dann nicht eingelöst, erfolgt Rücksendung. O

c) Nicht eingelöste Nachnahmesendungen werden je nach Weisung des Absenders, die auf der Sendung zu vermerken ist, entweder zurückgesandt oder ohne Nachnahmeerhebung ausgehändigt. O

139. Welche Arten von Telegrammen werden unterschieden?

a) Wir unterscheiden:
   1. Brieftelegramme, die am Bestimmungsort durch Briefträger übermittelt werden;
   2. gewöhnliche Telegramme, die durch Sonderzusteller übermittelt werden;
   3. dringende Telegramme, die bevorzugt durch Sonderzusteller übermittelt werden;
   4. Blitztelegramme, die mit Vorrang durchgegeben und am Bestimmungsort telefonisch übermittelt werden. O

b) Es gibt folgende Arten von Telegrammen:
   1. gewöhnliche Telegramme, die normal behandelt werden;
   2. Eiltelegramme, die innerhalb eines Tages zugestellt werden;
   3. Blitztelegramme, die auch nachts zugestellt werden. O

c) Es werden unterschieden:
   1. Normale Telegramme, deren Übermittlung durch Fernsprecher erfolgt;
   2. FS-Telegramme, deren Übermittlung durch Fernschreiber erfolgt;
   3. Dringende Telegramme, deren Übermittlung durch Funk (evtl. über Satellit) erfolgt. O

140. Auf welche Weise können Waren durch die Eisenbahn befördert werden?

a) Die Eisenbahn unterscheidet zwischen dem Paketversand (Pakete, Kisten, Koffer), dem Sperrgutversand (Maschinen und Maschinenteile) und dem Flüssigversand (Benzin, Petroleum). O

b) Die Eisenbahn befördert Waren auf dem Schienenwege und durch eigene Speditionsunternehmen. O

c) Die Eisenbahn kennt den Stückgutversand (für Einzelgüter) und den Versand von Groß- und Massengütern durch Wagenladungen. O

141. Was bezeichnet man als Frachtgut?

a) Als Frachtgut bezeichnet man die Warensendungen, bei der die Fracht gestundet wird (nur bei Großauslieferern möglich). O

b) Als Frachtgut bezeichnet die Eisenbahn die Güter, die mit speziellen Güterwagen befördert werden. O

c) Als Frachtgut werden die Sendungen bezeichnet, bei denen die Fracht vom Absender zu tragen ist (Lieferung frei Haus). O

142. Was ist Eilgut?

a) Eilgut ist eine Warenversandart, bei der die Zustellung am Bestimmungsort unverzüglich durch bahnamtliche Rollfuhrunternehmen vorgenommen wird. O

b) Als Eilgut bezeichnet die Eisenbahn die Sendungen, die mit Personen- oder Eilgüterzügen befördert werden. O

c) Unter Eilgut versteht man die Beförderung von hochverderblichen Waren in speziellen Güterwagen (Kühlwagen). O

143. Welche Besonderheit gilt bei der Beförderung von Leergut durch die Eisenbahn?

a) Für die Rücksendung des Leerguts berechnet die Eisenbahn nichts, wenn glaubhaft nachgewiesen wird, daß der vorausgegangene Transport der Waren ebenfalls durch die Eisenbahn erfolgte. O

b) Für den Leergutversand wird kein Frachtbrief benötigt, wenn die Sendung gut sichtbar mit dem Empfänger und dem Bestimmungsbahnhof bezeichnet sind. O

c) Für die Frachtberechnung wird beim Leergut die Hälfte des tatsächlichen Gewichts zugrunde gelegt, wenn die zuletzt damit verpackten Güter ebenfalls durch die Eisenbahn befördert wurden. O

144. Was ist der Frachtbrief?

a) Der Frachtbrief ist ein Warenbegleitpapier und kein Dispositionspapier. Das heißt, daß die Vorlage des Frachtbriefes für die Empfangnahme der Ware nicht erforderlich ist. O

b) Der Frachtbrief ist ein Warenwertpapier. Das bedeutet, daß das Recht an der Ware mit der Übergabe des Frachtbriefes auf einen anderen übergeht. O

c) Der Frachtbrief ist eine Unterlage des Versenders für den ordnungsgemäßen Übergang der Ware auf die Deutsche Bundesbahn. O

145. Was bewirkt die Ausstellung eines Frachtbriefduplikats?

a) Die Ausstellung eines Frachtbriefduplikats hat die Wirkung, daß der Absender den Gegenwert der Warensendung von der Deutschen Bundesbahn bevorschußt bekommt, wenn er das Doppel an der Frachtenkasse vorlegt. O

b) Der Inhaber des Frachtbriefduplikats hat das Verfügungsrecht über die Ware. Der Absender kann die Sendung nicht mehr anhalten, an eine andere Anschrift umleiten oder an sich selbst zurückbeordern, wenn er das Doppel weitergegeben hat. O

c) Die Ausstellung eines Frachtbriefdoppels hat den Vorteil, daß beim Verlust der Erstschrift ohne Mühe festgestellt werden kann, wer der Absender und wer der Empfänger der Sendung ist. O

146. Was wissen Sie vom Frachtstundungsverfahren?

a) Beim Frachtstundungsverfahren eröffnet die Deutsche Verkehrs-Kredit-Bank (DVKB) dem Verfrachter gegen Sicherheitsleistung ein Stundungskonto. Sie legt die von der Eisenbahn geforderten Frachtraten vor und zieht den Gesamtbetrag zweimal im Monat beim Verfrachter ein. O

b) Das Frachtstundungsverfahren wird in der Weise durchgeführt, daß die Deutsche Bundesbahn die einzelnen Frachtbeträge anschreibt und bis zum 10. des Folgemonats für den verflossenen Monat mittels Lastschrift bei der Bank des Verladers einzieht. O

c) Großauslieferer brauchen die einzelnen Frachten nicht sofort zu bezahlen. Ihnen wird ein offenes Zahlungsziel eingeräumt, wenn eine Bank die Bürgschaft für die gestundeten Beträge übernimmt. Die Zahlung kann unbar erfolgen. O

147. Im Lastkraftwagenverkehr gibt es den Güternahverkehr. Was versteht man darunter?

a) Hierunter versteht man den Güterverkehr, der sich auf ein Gebiet im Umkreis von 50 km vom Standort des Kraftfahrzeuges erstreckt. O

b) Unter Güternahverkehr versteht man den ausschließlich für eigene Zwecke des Unternehmens durchgeführten Transport von Waren aller Art. O

c) Als Güternahverkehr wird die Beförderung und Zustellung von Gütern im Absatzbereich der Lieferfirma bezeichnet. O

148. Welche Güter dürfen im Werksverkehr befördert werden?

a) Im Werksverkehr dürfen nur solche Güter befördert werden, die für den Transport durch die Eisenbahn nicht zugelassen sind. O

b) Im Werksverkehr dürfen nur solche Güter befördert werden, die beim Transport durch die Eisenbahn erfahrungsgemäß zu Bruch gehen. O

c) Nur die Güter, die im eigenen Werk hergestellt, gebraucht oder verbraucht werden, sind für den Transport durch den Werksverkehr zugelassen. O

5. Der Zahlungsverkehr

149. Was ist Geld?

a) Geld ist ein Mittel des Staates zur Steuerung der Konjunktur. Je nach Konjunkturlage gibt er mehr oder weniger Banknoten heraus. O

b) Das Geld ist gesetzliches Zahlungsmittel und als solches eine Anweisung auf das Sozialprodukt, d. h. auf die Summe aller in einer Volkswirtschaft erstellten Güter und Dienstleistungen. O

c) Geld ist ein vereinbartes Zahlungsmittel. Es dient zum Ausgleich von Zahlungsverpflichtungen. O

150. Welche Funktion hat das Geld?

a) Das Geld dient als Wertausdrucksmittel, als Schuldentilgungsmittel und als Wertaufbewahrungsmittel. O

b) Das Geld hat die Funktion eines vereinbarten Tauschmittels. O

c) Als die Hauptfunktion des Geldes wird die reibungslose Abwicklung des Zahlungsverkehrs im Einzelhandel angesehen. O

151. Was bezeichnet man als Giralgeld?

a) Als Giralgeld (Buchgeld) bezeichnet man die Guthaben auf Depositenkonten. O

b) Als Giralgeld bezeichnet man die Sichtguthaben und den freien Kreditspielraum bei den Kreditinstituten. O

c) Als Giralgeld wird der in Anspruch genommene Kreditbetrag auf einem Girokonto bezeichnet. O

152. Wer darf in der Bundesrepublik Deutschland Banknoten ausgeben?

a) Das Recht zur Ausgabe von Banknoten hat ausschließlich die Deutsche Bundesbank. O

b) Das Recht zur Notenausgabe hat in der Bundesrepublik Deutschland nur die Bundesregierung. O

c) Nur der Bundesrat hat nach Abstimmung mit dem Bundespräsidenten das Recht zur Ausgabe von Banknoten. O

153. Wer ist für die Ausgabe von Münzen zuständig?

a) Für die Ausgabe von Münzen ist die Deutsche Bundesbank zuständig. O

b) Zuständig für die Ausgabe von Münzen ist das Bundesaufsichtsamt für das Kreditwesen. O

c) Das Recht zur Ausprägung und Ausgabe von Münzen hat ausschließlich die Bundesregierung. O

154. Was bezeichnet man als Währung?

a) Als Währung bezeichnet man das Legierungsmetall einer Münze. O

b) Als Währung bezeichnet man die staatlich geordnete Geldverfassung eines Landes. O

c) Die Bestrebungen zur Aufrechterhaltung des Geldwertes werden als Währung bezeichnet. O

155. Welches Währungssystem haben wir heute in der BRD?

a) Wir haben heute in der BRD die Papierwährung. O

b) Heute haben wir in der BRD die Goldkernwährung, bei der sich nur Papiergeld und Scheidemünzen in Umlauf befinden. Als Deckungsmittel lagert bei der Deutschen Bundesbank Gold. O

c) Seit 1948 haben wir in der BRD die Golddevisenwährung. O

156. Was ist das Wesensmerkmal der Papierwährung?

a) Für Papiergeld gibt es beschränkte Ausfuhrsperren. O

b) Papiergeld wird am Geldmarkt höher bewertet als Münzgeld. O

c) Bei der Papierwährung sind die Banknoten endgültiges Zahlungsmittel (kein Umtausch in Gold). O

157. Was sind Scheidemünzen?

a) Als Scheidemünzen bezeichnet man die außer Kurs gesetzten Münzen. O

b) Scheidemünzen sind unterwertig ausgeprägte Münzen; ihr Metallwert ist geringer als ihr Nennwert. O

c) Die aus besonderen Anlässen herausgegebenen Gedenkmünzen nennt man Scheidemünzen. O

158. Bis zu welchem Betrag brauchen Scheidemünzen nur in Zahlung genommen zu werden?

a) DM-Münzen brauchen nur bis zu 20 DM und Pfennigmünzen nur bis zu 5 DM von Personen des privaten Rechts in Zahlung genommen zu werden. O

b) Auf Deutsche Mark lautende Münzen im Betrag von mehr als 30 DM und auf Pfennig lautende Münzen im Betrag von mehr als 10 DM brauchen von Privatpersonen nicht in Zahlung genommen zu werden. O

c) Hinsichtlich der Annahme von Scheidemünzen gibt es selbstverständlich keine gesetzlich festgelegten Beschränkungen. O

159. Wovon hängt der Binnenwert des Geldes ab?

a) Der Binnenwert des Geldes ist abhängig von der Geldmarktlage. O

b) Der Binnenwert des Geldes ist abhängig vom Netto-Sozialprodukt. O

c) Der Binnenwert des Geldes hängt von seiner Kaufkraft ab. O

160. Was versteht man unter dem Begriff Kaufkraft?

a) Als Kaufkraft bezeichnet man das Nettoeinkommen abzüglich aller regelmäßig wiederkehrenden Ausgaben. O

b) Unter Kaufkraft versteht man den Tauschwert des Geldes (Menge der Güter, die man für eine Geldeinheit eintauschen kann). O

c) Die regelmäßige Anpassung der Löhne und Gehälter an die Lebenshaltungskosten bezeichnet man als Kaufkraft. O

161. Wovon hängt die Kaufkraft des Geldes ab?

a) Die Kaufkraft des Geldes hängt von der Parität der DM zum US $ ab. O

b) Die Kaufkraft des Geldes ist abhängig von den kreditpolitischen Maßnahmen der Deutschen Bundesbank. O

c) Die Kaufkraft des Geldes ist abhängig von der umlaufenden Geldmenge, dem Handelsvolumen (Warenangebot) und der Umlaufgeschwindigkeit des Geldes. O

162. Wie stellt man eine Erhöhung oder Ermäßigung der Kaufkraft fest?

a) Kaufkraftänderungen werden im Bundesgesetzblatt verkündet. Daraufhin werden die Preise nach und nach der neuen Kaufkraft angepaßt. O

b) Eine Änderung der Kaufkraft wird durch Indizes festgestellt, die vom Statistischen Bundesamt errechnet werden (z. B. Lebenshaltungskostenindex für einen 4-Personen-Haushalt). O

c) Die Feststellung, ob sich die Kaufkraft erhöht oder ermäßigt hat, ist nur an Hand der Zahlungsbilanz möglich. Ist sie aktiv, hat sich die Kaufkraft erhöht; ist sie passiv, hat sie sich ermäßigt. O

163. Was versteht man unter einer Aufwertung?

a) Unter einer Aufwertung versteht man die Anpassung der Löhne an die gestiegenen Lebenshaltungskosten. O

b) Bei einer Aufwertung wird die Kaufkraft der Deutschen Mark im Inland heraufgesetzt. O

c) Unter einer Aufwertung versteht man die Herabsetzung der Parität zu den Sonderziehungsrechten. Dadurch erhöht sich z. B. der Wert der eigenen Währung zum US-$. O

164. Was geschieht bei einer Abwertung?

a) Bei einer Abwertung wird die Kaufkraft der DM im Inland herabgesetzt. O

b) Eine Abwertung der DM bewirkt, daß die Preise für Inlandsgüter ermäßigt werden. O

c) Bei einer Abwertung wird die Parität zu den Sonderziehungsrechten heraufgesetzt, wodurch sich z. B. der Wert der DM zum Dollar verringert. O

165. Wer beschließt über eine Auf- oder Abwertung?

a) Über eine Auf- oder Abwertung beschließt die Bundesregierung. O

b) Die Beschlußfassung über eine Auf- oder Abwertung obliegt dem Zentralbankrat. O

c) Über eine Auf- oder Abwertung hat das Präsidium der Deutschen Bundesbank zu beschließen. O

166. Was ist das Kennzeichen einer Inflation?

a) Kennzeichen einer Inflation ist ein hohes Güterangebot. O

b) Kennzeichen einer Inflation ist eine durch übermäßige Geldvolumensvermehrung ausgelöste Nachfragesteigerung. O

c) Eine Inflation ist dadurch gekennzeichnet, daß das allgemeine Lohnniveau hoch ist. O

167. Wodurch ist eine Deflation gekennzeichnet?

a) Bei der Deflation ist der Geldumlauf im Verhältnis zum Gütervolumen zu gering. Dadurch entsteht ein Nachfragerückgang. O

b) Eine Deflation ist dadurch gekennzeichnet, daß das Güterangebot zu gering ist. O

c) Kennzeichen einer Deflation ist ein niedriges Lohnniveau. O

168. Auf welche Weise kann eine Zahlung vorgenommen werden?

a) Zahlungen können auf folgende Weise erfolgen:
   1. bar / Bargeld
   2. halbbar / einerseits Bargeld – andererseits Buchgeld
   3. bargeldlos / beiderseits Buchgeld O

b) Zahlungen können wie folgt erfolgen:
   1. bar oder bargeldlos,
   2. durch Scheck, Wechsel oder Überweisung,
   3. zahlungshalber oder an Zahlungs Statt. O

c) Zahlungen können nur im Wege der Bargeldübergabe erfolgen. O

169. Wer sind die Mittler im bargeldlosen Zahlungsverkehr?

a) Den Zahlungsverkehr vermitteln:
   1. die Landeszentralbanken,
   2. die Sparkassen,
   3. die Regionalbanken,
   4. die Privatbanken. O

b) Im Zahlungsverkehr sind die Vermittler:
   1. die Landeszentralbanken,
   2. die Volksbanken,
   3. die Privat- und Regionalbanken,
   4. die Sparkassen,
   5. die Bank für Gemeinwirtschaft. O

c) Die Vermittler des Zahlungsverkehrs sind:
   1. die Landeszentralbanken,
   2. die Post- und Postscheckämter,
   3. die Sparkassen,
   4. die Großbanken,
   5. die Kreditgenossenschaften. O

170. Welche Vorteile bietet der bargeldlose Zahlungsverkehr dem einzelnen und der Volkswirtschaft?

a) Bargeld wird nicht benötigt. Die Zahlungen können – wenn aus Liquiditätsgründen erforderlich – auch später als vereinbart erfolgen. Hohe Verzinsung der Guthaben auf den Zahlungsverkehrskonten. O

b) Bargeldbestände werden kaum benötigt. Nachweis der Zahlungen durch Tagesauszüge. Die Guthaben auf den Zahlungsverkehrskonten können bis zu 80 % für mittel- und langfristige Kredite zur Verfügung gestellt werden. O

c) Kassenhaltung erübrigt sich weitgehend. Zahlungen erfolgen einfach, schnell und sicher. Guthaben auf den Zahlungsverkehrskonten bringen Zinsen. Bargeldumlauf kann niedrig gehalten werden. Der Bodensatz auf den Zahlungsverkehrskonten kann z. T. als Kredit ausgeliehen werden. O

171. Welche Dienste leistet die Post im Zahlungsverkehr?

a) Die Post ist auf vielfältige Weise im Zahlungsverkehr tätig:

1. durch Überweisungen = Postanweisungen, Zahlkarten, Überweisungen durch die Postscheckämter;
2. durch allgemeines Inkasso = Nachnahme und Postprotestauftrag;
3. durch Spezialinkasso = Rundfunk- und Fernsehgebühren, Zeitungsgeld;
4. durch Postsparkassendienst = Ein- und Auszahlungen bei allen Postämtern;
5. durch Rentenauszahlungen = vielfach bar, jedoch auch unbar. O

b) Die Post ist sowohl im Barzahlungsverkehr als auch im unbaren Zahlungsverkehr tätig. Sie nimmt Einzahlungen zugunsten jeder natürlichen und juristischen Person entgegen und zahlt sie gegen Berechnung geringer Gebühren bar aus oder schreibt sie dem Postscheckkonto des Begünstigten gut. Im Inkassogeschäft legt sie Rechnungen mit Bezahltvermerk vor und zieht den Gegenwert mittels Nachnahme ein. O

c) Die Post leistet im Zahlungsverkehr folgende Dienste:

1. Quittungseinzug: Einzug von Nachnahmen und Postaufträgen;
2. Sparverkehr: Führung von Postsparkonten und prämienbegünstigten Sparkonten;
3. Abonnements: Einzug von Rundfunk-, Fernseh- und Zeitungsgebühren;
4. Altersversorgung: Auszahlung von Renten. O

172. Wann verwendet man eine Postanweisung und wann eine Zahlkarte?

a) Die Postanweisung dient zur Überweisung von Beträgen in halbbarer Weise (der Empfänger hat ein Postscheckkonto); die Zahlkarte dient zur Übertragung von Konto auf Konto (sowohl der Auftraggeber als auch der Empfänger haben ein Postscheckkonto). O

b) Eine Postanweisung wird verwendet, wenn weder der Zahlungspflichtige noch der Zahlungsempfänger ein Postscheckkonto haben; eine Zahlkarte ist zu benutzen, wenn eine Bareinzahlung einem Postscheckkonto gutgeschrieben werden soll. O

c) Die Postanweisung ist zu verwenden, wenn der Auftraggeber kein Postscheckkonto hat, der Empfänger dagegen wohl. Die Zahlkarte ist zu benutzen, wenn der Auftraggeber und der Empfänger entweder ein Postscheckkonto oder ein Postsparkonto haben. O

173. Wie erfolgt der Einzug von Geldbeträgen durch die Post?

a) Geldbeträge zieht die Post auf folgende Weise ein:
   1. durch Nachnahme, wobei der Nachnahmesendung in jedem Fall eine ausgefüllte Zahlkarte beizufügen ist;
   2. durch Zahlkarte, die ausschließlich für den innerdeutschen Inkassoverkehr bestimmt ist;
   3. durch Postauftrag, der zum Einzug von Rechnungsbeträgen und Wechselforderungen dient. O

b) Für den Einzug von Forderungen kennt die Post zwei Möglichkeiten:
   1. die Postnachnahme, die bei Postkarten, Briefen, Päckchen, Paketen und beim Postgut möglich ist;
   2. den Postprotestauftrag, mit dem ausschließlich Wechsel eingezogen werden können. O

c) Die Post kennt zwei Möglichkeiten:
   1. den Einzug durch Nachnahme. Hiervon kann nur Gebrauch gemacht werden, wenn dem Zahlungsempfänger eine Einzugsermächtigung vorliegt;
   2. den Einzug mittels Quittung. In diesem Falle wird dem Zahlungspflichtigen eine quittierte Rechnung vorgelegt. O

174. Worin liegt die wirtschaftliche Bedeutung des Schecks?

a) Der Scheck ist ein Verfügungsmittel über Buchgeld. Er dient zum Ausgleich von Zahlungsverpflichtungen, ohne gesetzliches Zahlungsmittel zu sein. O

b) Die wirtschaftliche Bedeutung des Schecks liegt darin, daß er von jedermann in Zahlung gegeben und genommen werden kann. O

c) Wirtschaftlich gesehen ist von Vorteil, daß Schecks auch über Kleinstbeträge ausgeschrieben werden können. O

175. Was versteht man unter der aktiven Scheckfähigkeit?

a) Hierunter versteht man das Recht, Schecks zur Zahlung annehmen zu dürfen. O

b) Unter der aktiven Scheckfähigkeit versteht man das Recht, Schecks auf sich ziehen zu lassen. O

c) Unter der aktiven Scheckfähigkeit versteht man das Recht, Schecks ausstellen zu dürfen. O

176. Was bezeichnet man als passive Scheckfähigkeit?

a) Unter der passiven Scheckfähigkeit versteht man das Recht, Schecks ausstellen zu dürfen. O

b) Unter der passiven Scheckfähigkeit versteht man das Recht, Schecks auf sich ziehen zu lassen. O

c) Passive Scheckfähigkeit bedeutet, Schecks in Zahlung nehmen zu dürfen. O

177. Wieviel gesetzliche Bestandteile muß ein Scheck nach dem Scheckgesetz haben?

a) Ein Scheck muß nach dem Scheckgesetz sechs gesetzliche Bestandteile haben. O

b) Nach dem Scheckgesetz muß ein Scheck sieben gesetzliche Bestandteile haben. O

c) Innerdeutsche Schecks müssen laut Scheckgesetz fünf gesetzliche Bestandteile haben. O

178. Wie unterscheidet man die Schecks nach der Art der Einlösung?

a) Wir unterscheiden Barschecks, Verrechnungsschecks und Postkartenschecks. O

b) Nach der Art der Einlösung unterscheidet man Barschecks und Verrechnungschecks. O

c) Wir unterscheiden Barschecks und Regulierungsschecks. O

179. Wie kann man die Schecks nach der Art der Übertragung einteilen?

a) Wir unterscheiden Überbringerschecks und Namensschecks. O

b) Folgende Unterscheidung ist möglich:
1. Übertragbare Schecks,
2. Nicht übertragbare Schecks. O

c) Nach der Art der Übertragung werden unterschieden:
1. Inhaberschecks,
2. Orderschecks,
3. Rektaschecks. O

180. Wie wird ein Inhaberscheck übertragen?

a) Inhaberschecks werden durch Einigung und einfache Übergabe übertragen. O

b) Inhaberschecks müssen durch Indossament übertragen werden (Stempelaufdruck genügt). O

c) Eine Übertragung von Inhaberschecks ist nur mit Zustimmung des Ausstellers möglich. O

181. Wie erfolgt die Übertragung eines Orderschecks?

a) Orderschecks werden wie Inhaberschecks übertragen. O

b) Bei den Orderschecks erfolgt die Übertragung durch Einigung, Indossament und Übergabe. O

c) Die Übertragung der Rechte aus einem Orderscheck ist nur durch Abtretungserklärung möglich. O

182. Wie werden Rektaschecks übertragen?

a) Rektaschecks können nicht übertragen werden. O

b) Rektaschecks werden durch Einigung, Übergabe und Indossament übertragen. O

c) Eine Übertragung von Rektaschecks ist nur im Wege der Abtretung möglich. O

183. Was bezweckt die Überbringerklausel auf dem Scheck?

a) Die Überbringerklausel hat keine Bedeutung. Sie kann gestrichen werden. O

b) Durch die Überbringerklausel wird eine mißbräuchliche Verwendung bei Verlust nahezu ausgeschlossen. O

c) Die Überbringerklausel macht aus dem geborenen Orderpapier ein Inhaberpapier. Dadurch ist die formlose Übertragung möglich. O

184. Wer haftet dem Scheckinhaber bei Inhaberschecks als Rückgriffsschuldner?

a) Bei Inhaberschecks haften neben dem Aussteller diejenigen als Rückgriffsschuldner, die den Scheck durch Indossament weitergegeben haben. O

b) Ohne Rücksicht darauf, ob die Weitergabe mit oder ohne Indossament erfolgte, haften alle früheren Inhaber als Rückgriffsschuldner. O

c) Bei Inhaberschecks haftet grundsätzlich nur der Aussteller als Rückgriffsschuldner. O

185. Welcher Unterschied besteht zwischen dem Postscheck und dem Bankscheck?

a) Postschecks unterscheiden sich von den Bankschecks durch das größere Format und die bessere Papierqualität. Der Postscheck hat 8 gesetzliche Bestandteile, der Bankscheck dagegen nur 6. O

b) Der Postscheck ist kein Scheck im Sinne des Scheckgesetzes; er weist weder die Order- noch die Überbringerklausel auf und wird im allgemeinen an das Postscheckamt gesandt, der Bankscheck dagegen an den Empfänger. O

c) Der Postscheck hat auf der Rückseite keinen Raum für die Überbringervermerke. Er kann deshalb nur an Postscheckkunden in Zahlung gegeben werden. Von Bedeutung ist auch, daß der Postscheck eine gesetzliche Vorlegungsfrist von nur 5 Tagen hat. O

186. Wann ist ein Scheck zahlbar?

a) Jeder Scheck ist bei Sicht zahlbar. O

b) Ein Scheck ist spätestens am letzten Tag der gesetzlichen Vorlegungsfrist zahlbar. O

c) Der Scheck ist bei Vorlage zahlbar; das gilt nicht für vordatierte Schecks. O

187. Welches sind die gesetzlichen Vorlegungsfristen?

a) Die gesetzliche Vorlegungsfrist für im Inland ausgestellte Schecks beträgt 7 Tage, für im europäischen Ausland ausgestellte Schecks 20 Tage, sonst 80 Tage. O

b) Die Vorlegungsfrist für im Inland ausgestellte Schecks beträgt 8 Tage, für im europäischen Ausland ausgestellte Schecks 20 Tage, für in anderen Erdteilen ausgestellte Schecks 70 Tage. O

c) Das Gesetz schreibt vor, daß Inlandsschecks innerhalb von 10 Tagen, Auslandsschecks innerhalb von 70 Tagen vorzulegen sind. O

188. Welche Bedeutung hat die Vorlegungsfrist für den Scheckinhaber?

a) Schecks, bei denen die Vorlegungsfrist verstrichen ist, werden von den Banken nicht mehr zum Einzug hereingenommen. O

b) 1. Legt der Scheckinhaber den Scheck nicht innerhalb der Vorlegungsfrist vor, dann verliert er seine scheckrechtlichen Rückgriffsansprüche.
   2. Die Scheckkartengarantie erlischt mit Ablauf der Vorlegungsfrist. O

c) Nach Ablauf der Vorlegungsfrist ist ein Scheckwiderruf nicht mehr möglich. O

189. Ist die Streichung des Verrechnungsvermerks möglich?

a) Die Streichung des Verrechnungsvermerks ist nur dem Aussteller des Schecks gestattet. O

b) Jeder Scheckinhaber kann den Verrechnungsvermerk streichen; er muß aber die Streichung mit vollem Namen abzeichnen. O

c) Nein; Schecks, bei denen der Verrechnungsvermerk gestrichen ist, sind weiterhin als solche zu behandeln. O

190. Aus welchen Gründen kann die Einlösung eines Schecks verweigert werden?

a) Die Einlösung eines Schecks kann verweigert werden, wenn
   1. der Aussteller nicht genügend Deckung auf seinem Konto hat,
   2. der Scheck vom Aussteller gesperrt wurde,
   3. der Scheck Formfehler aufweist,
   4. die Vorlegungsfrist verstrichen ist. O

b) Die Einlösung eines Schecks kann nur verweigert werden, wenn die Bank bei Vorlage fehlende Deckung feststellt. O

c) Eine Einlösungsverweigerung ist möglich, wenn
   1. der Aussteller nicht genügend Guthaben auf seinem Konto hat,
   2. der Scheck widerrufen wurde,
   3. die Unterschrift auf dem Scheck nicht mit derjenigen auf der Scheckkarte übereinstimmt.
   4. die Verjährungsfrist abgelaufen ist. O

191. Was ist Voraussetzung für einen Rückgriff auf die Indossanten und den Aussteller?

a) Voraussetzung für den Rückgriff ist, daß der Aussteller erklärt, er könne den Scheck nicht einlösen. O

b) Der Inhaber eines nicht eingelösten Schecks kann gegen die Indossanten und den Aussteller nur dann Rückgriff nehmen, wenn der Scheck rechtzeitig vorgelegt wurde und die Verweigerung der Einlösung festgestellt worden ist durch Protesturkunde oder Nichtbezahltvermerk. O

c) Der Scheckinhaber kann die Indossanten nur dann in Anspruch nehmen, wenn er vorher ein Gerichtsverfahren durchgeführt hat. Der Aussteller kann auch so in Anspruch genommen werden. O

192. Während welcher Frist muß der Inhaber eines nicht eingelösten Schecks den Aussteller und die Indossanten von der Nichteinlösung benachrichtigen?

a) Der Inhaber eines nicht eingelösten Schecks ist verpflichtet, seinen unmittelbaren Vormann und den Aussteller von dem Unterbleiben der Zahlung innerhalb von vier Werktagen zu benachrichtigen, die auf den Tag der Vorlegung folgen. O

b) Für die Benachrichtigung des Ausstellers und des letzten Indossanten gewährt das Scheckgesetz dem Scheckinhaber eine Frist von 8 Tagen. O

c) Der Scheckinhaber muß den Aussteller innerhalb von 2 Tagen und den unmittelbaren Vormann innerhalb von 4 Tagen benachrichtigen. O

193. Wieviel Tage stehen jedem Indossanten für die Benachrichtigung seines Vormannes zu?

a) Jeder Indossant muß innerhalb von zwei Werktagen nach Empfang der Nachricht seinen Vorindossanten benachrichtigen. O

b) Jedem Indossanten stehen für die Benachrichtigung seines Vorindossanten vier Werktage zur Verfügung. O

c) Nach Eingang der Benachrichtigung hat der Indossant drei Arbeitstage Zeit für die Benachrichtigung des Vormannes. O

194. Welche Posten können in einer Scheckrückrechnung enthalten sein?

a) Die Rückrechnung kann enthalten:
1. die Schecksumme,
2. 6 % Zinsen,
3. die Barauslagen,
4. 2 % Rückprovision. O

b) Im Wege des Rückgriffs können verlangt werden:
1. die Schecksumme,
2. Zinsen, und zwar 2 % über LZB-Diskontsatz, mindestens aber 6 %,
3. der Ersatz der Auslagen,
4. 1/3 % Rückprovision. O

c) In der Rückrechnung können enthalten sein:
1. die Schecksumme,
2. die verauslagten Protestkosten,
3. Zinsen, und zwar 6 % über dem LZB-Diskontsatz. O

195. Wann verjähren die Rückgriffsansprüche des Scheckinhabers?

a) Die Rückgriffsansprüche des Inhabers gegen die Indossanten und den Aussteller verjähren 6 Monate nach Ablauf der Vorlegungsfrist. O

b) Die Rückgriffsansprüche des Inhabers verjähren 12 Monate nach Ablauf der Vorlegungsfrist. O

c) Drei Monate nach Ausstellungsdatum verjähren die Ansprüche des Inhabers gegen die Indossanten und den Aussteller. O

196. Welche Erklärung enthält die Scheckkarte?

a) Die Scheckkarte garantiert die Einlösung von Schecks bis zum Betrag von 200 DM. O

b) Die Scheckkarte verbürgt die Einlösung von Schecks, die auf eurocheque-Vordrucken ausgeschrieben sind. O

c) Die Scheckkarte enthält die Garantieerklärung der bezogenen Bank, daß alle im Zusammenhang mit der Scheckkarte begebenen Schecks bis zum Betrag von 300 DM eingelöst werden. O

197. Was ist eine Lastschrift?

a) Als Lastschrift wird jede Rechnung oder sonstige Urkunde bezeichnet, die innerhalb des Bankenapparates verrechnet wird. O

b) Die Lastschrift ist ein Einzugspapier, mit dem der Zahlungsempfänger durch Vermittlung seines Kreditinstituts den aus der Lastschrift ersichtlichen Betrag erhebt. O

c) Die Lastschrift ist eine Quittung über einen verrechneten Betrag. O

198. Darf die Bank die Lastschriftbeträge ohne weiteres von dem Konto des Zahlungspflichtigen abbuchen?

a) Lastschriften können ohne weiteres von dem Konto des Zahlungspflichtigen abgebucht werden. Sofern die Belastung nicht zu Recht erfolgt, hat der Kunde ein Widerspruchsrecht. O

b) Für jede Lastschriftabbuchung muß ein besonderer Auftrag vorliegen (Einlösungsavis). O

c) Eine Lastschrift darf nur dann abgebucht werden, wenn der Zahlungspflichtige entweder der Bank den Auftrag erteilt hat, die vorkommenden Lastschriften einzulösen oder aber dem Zahlungsempfänger die Ermächtigung zum Einzug der Rechnungsbeträge gegeben hat. O

199. Was versteht man unter einem Abbuchungsauftrag?

a) Ein Abbuchungsauftrag ist der Auftrag des Zahlungspflichtigen an den Zahlungsempfänger zur Einziehung der Rechnungsbeträge. O

b) Als Abbuchungsauftrag bezeichnet man den Auftrag des Zahlungsempfängers an das Kreditinstitut, die vorkommenden Lastschriften von dem Konto des Zahlungspflichtigen abzubuchen. O

c) Mit einem Abbuchungsauftrag gibt der Zahlungspflichtige der Bank die Ermächtigung, die eingehenden Lastschriften zu Lasten seines Kontos einzulösen. O

200. Was bezeichnet man als Einzugsermächtigung?

a) Als Einzugsermächtigung bezeichnet man die dem Zahlungsempfänger vom Zahlungspflichtigen erteilte Ermächtigung zum Einzug der Rechnungsbeträge mittels Lastschrift. O

b) Als Einzugsermächtigung wird das Schreiben des Kunden an seine Bank bezeichnet, mit dem dieser um Einlösung der vorkommenden Lastschriften bittet. O

c) Die Zahlstellenangabe auf der Lastschrift wird als Einzugsermächtigung angesehen. O

201. Wann ist die Lastschrift zahlbar?

a) Lastschriften sind spätestens am zweiten Tag nach dem Tag der Vorlage einzulösen. O

b) Die Lastschrift ist bei Sicht, d. h. am Tag der Vorlegung, zahlbar. O

c) Maßgebend ist der auf der Lastschrift angegebene Fälligkeitstag. O

202. Aus welchen Gründen kann die Einlösung einer Lastschrift unterbleiben?

a) Die Einlösung einer Lastschrift kann seitens der Bank nur bei fehlender Deckung verweigert werden. O

b) Eine Nichteinlösung ist in folgenden Fällen möglich:
   1. Der Zahlungspflichtige erhebt gegen die Belastung vorher Widerspruch.
   2. Die Unterschrift auf der Lastschrift ist nicht in Ordnung. O

c) Die Einlösung einer Lastschrift kann unterbleiben,
   1. weil auf dem Konto des Zahlungspflichtigen keine Deckung vorhanden ist oder
   2. weil weder der Bank ein Abbuchungsauftrag vorliegt noch die Lastschrift einen Einzugsermächtigungsvermerk trägt. O

203. Welche Besonderheit gilt hinsichtlich der Rückgabe von Lastschriften, die auf einer Einzugsermächtigung beruhen?

a) Der Kunde hat das Recht, binnen vier Wochen gegen die Belastung zu widersprechen. O

b) Es besteht kein Unterschied gegenüber den Lastschriften, die auf einem Abbuchungsauftrag beruhen. O

c) Wenn der Zahlungspflichtige binnen sechs Wochen nach der Belastung widerspricht, kann die Bank die Lastschrift zurückgeben. O

204. Welche Bedeutung hat der Wechsel im Wirtschaftsleben?

a) Der Wechsel ist ein vereinbartes Zahlungsmittel. O

b) Der Wechsel ist Zahlungs-, Kredit- und Sicherungsmittel. O

c) Die wirtschaftliche Bedeutung des Wechsels liegt darin, daß er an Zahlungs Statt hingegeben wird. O

205. Der Wechsel ist ein abstraktes Forderungspapier. Was heißt das?

a) Hierunter versteht man die Möglichkeit, gegen den Wechselbezogenen im Fall der Verweigerung der Annahme gerichtlich vorgehen zu können. O

b) Als abstrakt wird jede Forderung bezeichnet, die in einer Urkunde verbrieft ist. O

c) Der Wechsel stellt eine selbständige Verpflichtung dar, die von dem zugrunde liegenden Schuldverhältnis losgelöst ist. O

206. Welche Wechselarten kennt das Wechselgesetz?

a) Das Wechselgesetz unterscheidet zwei Arten von Wechseln:
   1. den gezogenen Wechsel,
   2. den eigenen Wechsel. O

b) Das Wechselgesetz unterscheidet zwischen Warenwechseln und Finanzwechseln. O

c) Nach dem Wechselgesetz werden unterschieden:
   1. Solawechsel,
   2. Primawechsel. O

207. Was ist das Wesen des gezogenen Wechsels?

a) Wesentlich beim gezogenen Wechsel ist, daß der Wechselausschreibung eine Warenlieferung zugrunde liegt. Der Aussteller ist der Lieferant, der Bezogene der Abnehmer der Ware. O

b) Beim gezogenen Wechsel weist der Aussteller einen anderen an, an den durch die Urkunde ausgewiesenen Berechtigten einen bestimmten Betrag zu zahlen. O

c) Gezogene Wechsel sind immer an einem bestimmten Tag fällig. Das ist bei Solawechseln nicht der Fall. O

208. Wodurch unterscheidet sich der gezogene vom eigenen Wechsel?

a) Der gezogene Wechsel hat 2 gesetzliche Bestandteile mehr. O

b) Der gezogene Wechsel hat 1 gesetzliches Bestandteil mehr, nämlich die Unterschrift des Akzeptanten. O

c) Gegenüber dem gezogenen Wechsel unterscheidet sich der eigene Wechsel dadurch, daß der Bezogene fehlt. Zahlungspflichtiger ist beim eigenen Wechsel der Aussteller selbst. O

209. Wieviel gesetzliche Bestandteile hat der gezogene Wechsel?

a) Der gezogene Wechsel hat 7 gesetzliche Bestandteile. O

b) 9 gesetzliche Bestandteile hat der gezogene Wechsel. O

c) Der gezogene Wechsel hat 8 gesetzliche Bestandteile. O

210. Welche beiden gesetzlichen Bestandteile hat der Wechsel mehr als der Scheck?

a) Die Unterschrift des Bezogenen und die Angabe des Remittenten sind die beiden gesetzlichen Bestandteile, die der Wechsel mehr hat als der Scheck. O

b) Die beiden gesetzlichen Bestandteile, die der Wechsel mehr hat als der Scheck, sind der Wechselnehmer und der Verfalltag. O

c) Die Angabe des Verfalldatums und die Unterschrift des Bezogenen sind die beiden gesetzlichen Bestandteile, die der Wechsel mehr hat als der Scheck. O

211. Welche Wechselarten unterscheidet man nach der Fälligkeit?

a) Nach der Fälligkeit unterscheidet man folgende Wechselarten:
   1. Tagwechsel,
   2. Datowechsel,
   3. Sichtwechsel,
   4. Nachsichtwechsel. O

b) Nach der Fälligkeit können unterschieden werden:
   1. Tagwechsel (auch Datowechsel genannt),
   2. Sichtwechsel,
   3. Nachsichtwechsel. O

c) Nach der Fälligkeit unterscheiden wir:
   1. Wechsel, die an einem Arbeitstag fällig sind,
   2. Wechsel, die an einem Sonnabend oder Sonntag fällig sind,
   3. Wechsel, die an einem Feiertag fällig sind. O

212. Was wird mit der Akzeptierung eines Wechsels bewirkt?

a) Mit der Akzeptierung des Wechsels übernimmt der Bezogene die Verpflichtung, den Wechsel am Verfalltag einzulösen. O

b) Die Akzeptierung bewirkt, daß der Wechsel ohne weiteres zum Rediskont bei der LZB geeignet ist. O

c) Mit der Akzeptierung des Wechsels wird bewirkt, daß der Bezogene keine Mängel gegen das zugrunde liegende Geschäft mehr vorbringen kann. O

213. Bis wann kann der Wechsel zur Annahme vorgelegt werden?

a) Der Wechsel kann dem Bezogenen bis zum Verfall zur Annahme vorgelegt werden. O

b) Dem Bezogenen ist der Wechsel spätestens einen Monat (= 30 Zinstage) vor dem Verfalltag zur Annahme vorzulegen. O

c) Der Wechsel muß dem Bezogenen spätestens 6 Wochen vor dem Verfalltag zur Annahme vorgelegt werden. O

214. Was versteht man unter einem Kurzakzept?

a) Unter einem Kurzakzept versteht man die Unterschrift des Bezogenen ohne Vornamen. O

b) Das Kurzakzept besteht nur aus der Unterschrift des Bezogenen. O

c) Als Kurzakzept wird das Akzept bezeichnet, bei dem in Kurzform das zugrunde liegende Geschäft vermerkt wird. O

215. Was bezeichnet man als Vollakzept?

a) Von einem Vollakzept spricht man, wenn der Bezogene neben seinem Namenszug noch die volle Anschrift vermerkt. O

b) Als Vollakzept bezeichnet man das Akzept, dem die Grundgeschäftserklärung beigefügt wird. O

c) Das Vollakzept enthält außer der Unterschrift des Bezogenen weitere Angaben, wie z. B. die Wiederholung des Verfalltages, das Datum der Annahme u. ä. O

216. Wie hoch muß ein Inlandswechsel versteuert werden?

a) Ein Inlandswechsel ist mit 15 Promille zu versteuern. O

b) Inlandswechsel sind mit 15 Pf pro volle 100 DM zu versteuern. O

c) Der Steuersatz für Inlandswechsel beträgt 15 Pf für jede angefangenen 100 DM. O

217. Wann muß der Wechsel versteuert werden?

a) Die Steuerschuld entsteht mit der Aushändigung des Wechsels durch den Aussteller. O

b) Der Wechsel muß am Tag der Einreichung bei einer Bank versteuert werden. O

c) Die Steuer ist am Tag der Fälligkeit zu entrichten. Allgemein üblich ist jedoch die vorherige Versteuerung. O

218. Wie wird ein Wechsel übertragen?

a) Der Wechsel wird durch Einigung, Indossament und Übergabe übertragen. O

b) Die Weitergabe eines Wechsels erfolgt durch Einigung und Übergabe. O

c) Für die Weitergabe eines Wechsels genügt die Wiedergabe des Firmenstempels auf der Rückseite des Wechsels. O

219. Welche Funktionen erfüllt das Wechselindossament?

a) Das Indossament hat die Aufgabe, die Anschriften aller bisherigen Inhaber festzuhalten. O

b) Das Indossament hat drei Funktionen:
   1. die Transportfunktion,
   2. die Garantiefunktion,
   3. die Legitimationsfunktion. O

c) Das Indossament bewirkt lediglich, daß der letzte Inhaber den ordnungsgemäßen Übergang durch eine ununterbrochene Reihe von Indossamenten nachweisen kann. O

220. Was versteht man unter Diskontierung?

a) Hierunter versteht man den Verkauf von Wechseln durch Kreditinstitute an die Landeszentralbank. O

b) Unter Diskontierung versteht man den Ankauf von Wechseln unter Abzug von Zinsen vom Tag des Ankaufs bis zum Fälligkeitstag. O

c) Unter Diskontierung versteht man die Hereinnahme von Wechseln zum Ankauf, zur Gutschrift per Verfall oder zum Inkasso. O

221. Welche Bedeutung hat der Wechselprotest?

a) Durch die Protestaufnahme wird der letzte Inhaber ermächtigt, seinem Vormann einen Pfändungs- und Überweisungsbeschluß zuzustellen. O

b) Die Protestaufnahme bewirkt, daß die Ansprüche gegen die Indossanten und den Aussteller nicht verjähren. O

c) Der Wechselprotest ist die Voraussetzung für die Geltendmachung von Rückgriffsansprüchen durch den Inhaber. O

222. Wer ist zur Aufnahme eines Wechselprotestes berechtigt?

a) Alle Angehörigen der rechtsberatenden Berufe sind zur Aufnahme von Wechselprotesten berechtigt. O

b) Zur Aufnahme eines Wechselprotestes ist ein Notar, ein Gerichtsvollzieher oder – bei Beträgen bis 3000 DM – ein Postbeamter berechtigt. O

c) Berechtigt zur Protestaufnahme sind:
   1. Gerichtsvollzieher,
   2. Rechtsanwälte,
   3. Postbedienstete. O

223. Unter welchen Voraussetzungen kann der Protest schon vor Verfall erhoben werden?

a) Die Protestaufnahme vor Verfall ist möglich, wenn infolge Liquiditätsschwierigkeiten des augenblicklichen Wechselinhabers eine vorzeitige Wechselklage mit dem Ziel der sofortigen Zwangsvollstreckung gegen den Wechselschuldner eingeleitet werden soll. O

b) Protest vor Verfall kann erhoben werden, wenn der Bezogene Einwendungen gegen das der Wechselziehung zugrunde liegende Warengeschäft erhoben hat und er bei der Behauptung bleibt, daß er aus den dargelegten Gründen nicht zahlen wolle. O

c) Vor Verfall ist eine Protesterhebung möglich, wenn über das Vermögen des Bezogenen der Konkurs oder das gerichtliche Vergleichsverfahren eröffnet worden ist oder wenn der Bezogene auch nur seine Zahlungen eingestellt hat oder wenn eine Zwangsvollstreckung in sein Vermögen fruchtlos verlaufen ist. O

224. Was versteht man unter einem Wandprotest?

a) Unter einem Wandprotest versteht man die öffentliche Beurkundung, daß der Wechsel verspätet vorgelegt wurde. O

b) Man spricht von einem Wandprotest, wenn der Bezogene nicht in seinem Geschäftslokal bzw. seiner Wohnung angetroffen wurde. O

c) Als Wandprotest bezeichnet man den Protest, der außerhalb der üblichen Geschäftsstunden aufgenommen wurde. O

225. Wann spricht man von einem Windprotest?

a) Sind die im Wechsel bezeichneten Geschäfts- oder Wohnräume nicht auffindbar, wird ein „Windprotest" erhoben. O

b) Ein Windprotest liegt vor, wenn der Bezogene nur einen Teilbetrag nicht einlösen kann. O

c) Als Windprotest wird die Protestaufnahme auf einem Binnenschiff bezeichnet. O

226. Was versteht man unter dem Reihenregreß?

a) Beim Reihenregreß greift der Rückgriffsberechtigte auf seinen unmittelbaren Vormann zurück. O

b) Unter dem Reihenregreß versteht man den Rückgriff auf irgendeinen Indossanten aus der Reihe. O

c) Als Reihenregreß wird der Rückgriff bezeichnet, bei dem mehr als vier Rückgriffsverpflichtete in Anspruch genommen werden. O

227. Was versteht man unter einem Sprungregreß?

a) Beim Sprungregreß nimmt der letzte Wechselinhaber den Aussteller direkt in Anspruch. O

b) Beim Sprungregreß überspringt der Rückgriffsberechtigte einen oder mehrere rückgriffsverpflichtete Vormänner. O

c) Unter einem Sprungregreß versteht man die Inanspruchnahme des Indossanten, der seinem Indossament die Anschrift beigefügt hat. O

228. Welche Posten können in einer Wechselrückrechnung enthalten sein?

a) Die Rückrechnung kann enthalten:
   1. die Wechselsumme,
   2. 6 % Zinsen,
   3. die Barauslagen,
   4. 2 % Retourprovision. ○

b) In der Rückrechnung können enthalten sein:
   1. die Wechselsumme,
   2. die verauslagten Protestkosten,
   3. Zinsen, und zwar 6 % über LZB-Diskontsatz. ○

c) Im Wege des Rückgriffs können verlangt werden:
   1. die Wechselsumme,
   2. Zinsen, und zwar 2 % über LZB-Diskontsatz, mindestens jedoch 6 %,
   3. Protestkosten und andere Barauslagen,
   4. 1/3 % Rückprovision. ○

229. Wer kann die Wechselklage einreichen?

a) Die Wechselklage können einreichen: Der Aussteller gegen den Bezogenen und jeder Inhaber gegen den Akzeptanten, den Remittenten und die Domizilstelle. ○

b) Das Recht zur Einreichung der Wechselklage hat der Aussteller gegen den Bezogenen und jeder Inhaber gegen die Vormänner, den Aussteller und den Bezogenen. ○

c) Zur Einreichung der Wechselklage sind berechtigt: Der Aussteller gegen den Akzeptanten und den Remittenten, jeder Inhaber gegen die Vormänner und den Wechselnehmer. ○

230. Welches Gericht ist für die Wechselklage zuständig?

a) Zuständig ist:
örtlich: das Gericht, in dessen Bezirk sich der Wohnsitz des Ausstellers befindet,
sachlich: bis 10 000 DM das Amtsgericht, darüber hinaus das Landgericht. ○

b) Zuständig ist bei einem Streitwert bis 5000 DM das Amtsgericht, bei einem höheren Streitwert das Landgericht am Zahlungsort oder am Wohn- bzw. Geschäftssitz des Wechselschuldners. ○

c) Zuständig für die Wechselklage ist der vom Wechselaussteller in seinen Lieferungs- und Zahlungsbedingungen bestimmte Gerichtsstand (bis 5000 das Amtsgericht, darüber hinaus das Landgericht). ○

231. Welche Besonderheiten weist der Wechselprozeß auf?

a) Der Wechselprozeß ist durch folgende Besonderheiten gekennzeichnet: Kurze Einlassungsfristen, begrenzte Beweismittel, beschränkte Einreden des Beklagten und sofortige Vollstreckbarkeit des Urteils. O

b) Die Besonderheiten des Wechselprozesses sind:
Prozeßführung ist ohne Rechtsbeistand möglich; als Beweismittel gilt nur die Urkunde; die Verhandlungszeiten sind begrenzt. O

c) Folgende Besonderheiten kennzeichnen den Wechselprozeß:
die Klageschrift muß den Vermerk enthalten „Wechselprozeß"; die Klagezustellung erfolgt binnen 14 Tagen; Einreden sind nicht zulässig. O

232. Was ist ein Dokumentenakkreditiv?

a) Unter einem Dokumentenakkreditiv versteht man das Zahlungsversprechen eines Kunden, innerhalb einer bestimmten Frist gegen Vorlage bestimmter Dokumente einen bestimmten Betrag zu zahlen. O

b) Als Dokumentenakkreditiv wird der Auftrag eines Kunden zur Bereitstellung eines bestimmten Betrages bei einer ausländischen Bank gegen Legitimation bezeichnet. O

c) Ein Dokumentenakkreditiv ist die Verpflichtungserklärung einer Bank, für Rechnung ihres Auftraggebers innerhalb eines festgelegten Zeitraumes einen bestimmten Betrag gegen Einreichung vorgeschriebener Dokumente an einen genau bezeichneten Begünstigten zu zahlen. O

233. Was sind widerrufliche Akkreditive?

a) Bei den widerruflichen Akkreditiven sind Auftraggeber und Akkreditivbank berechtigt, das Akkreditiv jederzeit zu widerrufen. O

b) Widerrufliche Akkreditive sind Akkreditive, die vom Begünstigten jederzeit widerrufen werden können. O

c) Als widerrufliche Akkreditive werden die Akkreditive bezeichnet, bei der die Akkreditivstelle das Recht des jederzeitigen Widerrufs hat. O

234. Was versteht man unter einem bestätigten Akkreditiv?

a) Bei den bestätigten Akkreditiven gibt die Akkreditivbank (Bank des Auftraggebers) die Bestätigung ab, daß sie auf alle Fälle zahlen wird. O

b) Bei den bestätigten Akkreditiven tritt zu der Verpflichtungserklärung der eröffnenden Bank ein weiteres abstraktes Zahlungsversprechen der Akkreditivstelle gegenüber dem Begünstigten. O

c) Von einem bestätigten Akkreditiv spricht man, wenn die Akkreditivbank dem Auftraggeber schriftlich bestätigt, daß sie das Akkreditiv weisungsgemäß eröffnet hat. O

235. Was wissen Sie von befristeten Akkreditiven?

a) Der Auftraggeber schreibt eine Gültigkeitsdauer vor (= befristetes Akkreditiv). O

b) Um das Risiko der Banken einzuschränken, befristen sie die Gültigkeit von Akkreditiven auf 120 Tage. O

c) Wenn der Importeur den Exporteur hinsichtlich des Liefertermins unter Druck setzen will, befristet er die Gültigkeit des Akkreditivs. O

236. Was bezeichnet man als übertragbares Akkreditiv?

a) Wenn die Akkreditivstelle das Recht hat, das Akkreditiv auf eine andere Bank zu übertragen, spricht man von einem übertragbaren Akkreditiv. O

b) Beim übertragbaren Akkreditiv ist der Begünstigte berechtigt, der zur Zahlung aufgeforderten Bank Weisung zu geben, das Akkreditiv im ganzen oder zum Teil einem oder mehreren Dritten verfügbar zu machen. O

c) Wenn bei der Eröffnung eines Akkreditivs der Akkreditivbetrag sofort von dem Konto des Auftraggebers abgebucht und auf ein Akkreditiv-Deckungskonto übertragen wird, spricht man von einem übertragbaren Akkreditiv. O

237. Was versteht man unter einem revolvierenden Akkreditiv?

a) Unter einem revolvierenden Akkreditiv versteht man ein Akkreditiv, das keine genaue Betragsangabe enthält. O

b) Sind in einem Dokumentenakkreditiv hinsichtlich der Beschaffenheit der Ware keine Angaben gemacht, spricht man von einem revolvierenden Akkreditiv. O

c) Beim revolvierenden Akkreditiv erneuert sich der Akkreditivbetrag nach Inanspruchnahme auf die ursprüngliche Höhe. O

238. Was versteht man unter einem Dokumenteninkasso?

a) Unter einem Dokumenteninkasso versteht man eine Zahlungsabwicklungsform, bei der dem Importeur die Dokumente nur gegen Zahlung des Warengegenwertes ausgehändigt werden. O

b) Als Dokumenteninkasso bezeichnet man die Einziehung von Konnossementen, Ladescheinen, Lagerscheinen usw. O

c) Den Einzug von Rechnungsbeiträgen mittels Lastschrift bei einem ausländischen Kreditinstitut bezeichnet man als Dokumenteninkasso. O

239. Was bezeichnet man als Documents against Acceptance-Inkassoauftrag?

a) Bei dieser Zahlungsabwicklungsform werden dem Importeur die Dokumente ausgehändigt, wenn er die auf ihn gezogene Tratte akzeptiert. O

b) Bei einem Documents against Acceptance-Inkassoauftrag akzeptiert die Bank des Importeurs einen von der Bank des Exporteurs ausgeschriebenen Wechsel. O

c) Die Bank des Importeurs akzeptiert den von dem Exporteur ausgestellten Wechsel, diskontiert ihn und überweist den Gegenwert an den Exporteur. O

240. Welches Risiko geht der Exporteur bei Inkassogeschäften ein?

a) Bei Inkassogeschäften geht der Exporteur das Risiko ein, daß der Importeur die Dokumente verspätet aufnimmt. Weitere Risiken bestehen nicht. O

b) Der Exporteur geht bei Inkassogeschäften das Risiko ein, daß der Importeur die Ware wieder zur Verfügung stellt, wenn sie nicht seinen Vorstellungen entspricht. O

c) Bei D/P-Inkassos geht der Exporteur das Risiko ein, daß der Importeur die Dokumente nicht aufnimmt, bei D/A-Inkassos, daß der Importeur zwar den Wechsel akzeptiert und damit die Verfügungsgewalt über die Ware erhält, den Wechsel aber am Verfalltag nicht einlöst. O

241. Was bezeichnet man im internationalen Waren- und Zahlungsverkehr als Dokumente?

a) Als Dokumente bezeichnet man die Papiere, in denen der Verfrachter den Empfang der zur Beförderung übernommenen Güter bestätigt. O

b) Als Dokumente werden alle Papiere bezeichnet, die den Versand einer Ware sowie deren Versicherung und vertragsgemäße Lieferung belegen. O

c) Als Dokumente bezeichnet man die bei der Abwicklung des Zahlungsverkehrs mit dem Ausland anfallenden Unterlagen. O

242. Welche Papiere werden als Dokumente angesehen?

a) Als Dokumente werden nur die Papiere angesehen, die die Ware verkörpern. Es sind dies:
   1. das Konnossement,
   2. der Ladeschein,
   3. der Orderlagerschein. O

b) Im internationalen Zahlungsverkehr werden alle Warenbegleitpapiere als Dokumente angesehen. O

c) Im allgemeinen werden folgende Papiere als Dokumente angesehen:
   1. Konnossemente,
   2. Ladescheine,
   3. Eisenbahnempfangsbescheinigungen,
   4. Frachtbriefdoppel,
   5. Posteinlieferungsscheine,
   6. Luftposteinlieferungsscheine,
   7. Versicherungspolicen und -zertifikate,
   8. Rechnungen. O

243. Was ist das Wesen eines Dispositionspapiers?

a) Das Wesen des Dispositionspapiers ist, daß mit der Übergabe des Papiers zugleich auch die Übertragung des Eigentums an den Waren erfolgt. O

b) Wesentlich für Dispositionspapiere ist, daß ihre Übertragung an die Zustimmung des neuen Inhabers gebunden ist. O

c) Dispositionspapiere sind stets Orderpapiere. Ihre Übertragung ist nur durch Indossament möglich. O

244. Was ist ein Konnossement?

a) Als Konnossement bezeichnet man die Aufzeichnungen eines Kapitäns über die an Bord genommenen Güter. O

b) Ein Konnossement ist die Bescheinigung des Kapitäns eines Schiffes oder einer Reederei über den Empfang einer Ware zum Zweck der Beförderung und Auslieferung an den berechtigten Inhaber. O

c) Die vom Reeder ausgestellte Binnenschiffahrts-Empfangsbescheinigung nennt man Konnossement. O

245. Was ist ein Ladeschein?

a) Die Mengenaufzeichnungen über die versandten Waren nennt man Ladeschein. O

b) Im Binnenschiffahrtsverkehr nennt man das dem Konnossement entsprechende Warenwertpapier Ladeschein. O

c) Als Ladeschein bezeichnet man den Frachtbrief im Überseeverkehr. O

246. Was versteht man unter einem Lagerschein?

a) Unter einem Lagerschein versteht man die Aufzeichnungen des Lagerhalters über den von ihm vermieteten Lagerraum. O

b) Der Pfandschein eines Lagerhalters wird als Lagerschein bezeichnet. Er ist meistens ein Orderpapier. O

c) Unter einem Lagerschein versteht man eine Bescheinigung des Lagerhalters über eingelagerte Waren. Ist er an Order gestellt, verkörpert er die Ware und damit den Anspruch auf Herausgabe der Güter an den rechtmäßigen Inhaber des Scheins. O

247. Wer darf Orderlagerscheine ausstellen?

a) Nach deutschem Recht sind nur die staatlicherseits besonders ermächtigten Lagerhausfirmen berechtigt, Orderlagerscheine auszustellen. O

b) Jedes im Handelsregister eingetragene Lagerhausunternehmen darf Orderlagerscheine ausstellen. O

c) Berechtigt zur Ausstellung von Orderlagerscheinen sind nur die Lagerhäuser, die hierzu vom Bundesaufsichtsamt für das Kreditwesen ermächtigt wurden. O

248. Was ist das Wesen eines Duplikatfrachtbriefes?

a) Das Wesen des Duplikatfrachtbriefes besteht darin, daß er ein Traditionspapier ist. Traditionspapiere werden auch als Dispositionspapiere bezeichnet. O

b) Der Duplikatfrachtbrief begleitet nicht die rollende Ware. Er ist kein Warenwertpapier, sondern lediglich ein Beweismittel dafür, daß die Ware abgesandt worden ist. Zur Empfangnahme der Ware braucht der Duplikatfrachtbrief nicht vorgelegt zu werden. O

c) Der Duplikatfrachtbrief ist ein Warenwertpapier. Er verkörpert die rollende Ware und ist demnach als Sicherungsmittel für Kredite geeignet. O

249. Was ist eine Konsulatsfaktura?

a) Als Konsulatsfaktura bezeichnet man die vom Hersteller oder Händler einer Ware ausgestellte Rechnung, die neben dem Warenwert auch den Ausfuhrzoll ausweist. O

b) Konsulatsfakturen sind Rechnungen, die von den Konsulaten für die von ihnen im Zusammenhang mit der Ausfuhr von Waren erbrachten Dienstleistungen ausgestellt werden. O

c) Konsulatsfakturen sind Rechnungen, die auf vorgeschriebenen Formularen in bestimmter Sprache erstellt und vom zuständigen Konsulat (meist im Verschiffungshafen) beglaubigt sind. O

250. Was versteht man unter einem Ursprungszeugnis?

a) Unter einem Ursprungszeugnis versteht man die von der Zollstelle ausgeschriebene Bestätigung, daß die Ware im Ursprungsland ordnungsgemäß verzollt wurde. O

b) Unter einem Ursprungszeugnis versteht man ein Schriftstück, in dem die Ware nach Art, Menge und ggf. weiteren Merkmalen gekennzeichnet und in dem der Ursprung der Ware durch eine dazu berechtigte Stelle (IHK) bescheinigt worden ist. O

c) Als Ursprungszeugnis bezeichnet man die eidesstattliche Versicherung des Herstellers, daß die für den Export bestimmten Waren im eigenen Betrieb hergestellt wurden. O

251. Was sind Incoterms?

a) Als Incoterms werden die internationalen Regeln für die Auslegung der im internationalen Warenhandel üblichen Vertragsformeln bezeichnet. O

b) Die von der Internationalen Handelskammer herausgegebenen Richtlinien für das Inkasso von Handelspapieren nennt man Incoterms. O

c) Incoterms sind alle mit der Abwicklung von Akkreditiven zusammenhängenden internationalen Richtlinien. O

252. Was ist ein Mahnbescheid?

a) Als Mahnbescheid wird das im Auftrage des Gläubigers an den Schuldner gesandte Schreiben eines Rechtsanwalts bezeichnet, mit dem dieser den Schuldner zur Zahlung binnen 8 Tagen nach Zugang auffordert. O

b) Ein Mahnbescheid ist eine vom Amtsgericht auf Antrag des Gläubigers an seinen Schuldner erlassene Aufforderung, binnen der angegebenen Zeit einen Geldbetrag oder andere vertretbare Sachen zu leisten oder Widerspruch zu erheben. O

c) Die vom Gericht auf Antrag des Gläubigers erlassene Mahnung zur Zahlung des Rechnungsbetrages oder Rückgabe des gelieferten Waren im Falle der Zahlungsunfähigkeit nnnt man Mahnbescheid. O

253. Wo muß der Mahnbescheid beantragt werden?

a) Zuständig für die Ausstellung eines Mahnbescheids sind:
bis 3000 DM das Amtsgericht des gesetzlichen Erfüllungsortes,
über 3000 DM das Landgericht des gesetzlichen Erfüllungsortes. O

b) Für die Ausstellung eines Mahnbescheids ist bis zum Betrage von 3000 DM das Amtsgericht des vereinbarten Gerichtsstandes zuständig, darüber hinaus das Amtsgericht des gesetzlichen Gerichtsstandes. O

c) Ohne Rücksicht auf die Höhe des Betrages ist für die Beantragung eines Mahnbescheids das Amtsgericht am Wohnort des Gläubigers zuständig. O

254. Wie kann sich der Schuldner nach Zustellung des Zahlungsbefehls verhalten?

a) Der Schuldner hat die Möglichkeit, innerhalb der vorgeschriebenen Frist zu zahlen oder aber Widerspruch zu erheben (dann folgt Verhandlung). Unternimmt er nichts, dann kann der Gläubiger die Vollstreckbarkeit beantragen (Vollstreckungsbefehl). O

b) Der Schuldner kann einen Fristaufschub von 90 Tagen beantragen. Während dieser Zeit darf eine erneute Mahnung seitens des Gläubigers nicht erfolgen. Danach ist die Forderung sofort vollstreckbar, wenn nicht binnen 14 Tagen gezahlt wird. O

c) Dem Schuldner steht das Recht des Widerspruchs zu (Einrede der Vorausklage). Die Zahlung ist erst endgültig zur Zahlung fällig, wenn das Gericht dies festgestellt hat. Eine vorherige Zahlung gilt als unter Vorbehalt geleistet. O

255. Was bezeichnet man als Zwangsvollstreckung?

a) Als Zwangsvollstreckung bezeichnet man die auf Antrag des Gläubigers beim Schuldner eingeleiteten gerichtlichen Überwachungsmaßnahmen, die sicherstellen sollen, daß aus den laufenden Geschäftseinnahmen die Forderungen befriedigt werden. O

b) Unter einer Zwangsvollstreckung versteht man alle Maßnahmen, die dazu dienen, den Schuldner vor Einleitung eines Konkursverfahrens zur Zahlung zu bewegen. O

c) Die Zwangsvollstreckung ist ein auf Antrag des Gläubigers durchgeführtes gerichtliches Verfahren zur zwangsweisen Befriedigung der Ansprüche des Gläubigers auf Grund eines Vollstreckungstitels. O

256. Welche Werte dürfen nicht gepfändet werden?

a) Nicht pfändbar sind:
   1. Gegenstände, die für die Lebensführung erforderlich sind;
   2. Löhne und Gehälter, soweit sie einen bestimmten Betrag nicht überschreiten;
   3. Gegenstände, die dem Schuldner nicht gehören;
   4. Antiquitäten und Gegenstände mit Erinnerungswert. O

b) Nicht gepfändet werden dürfen:
   1. Gegenstände, die für eine bescheidene Lebensführung erforderlich sind;
   2. Werkzeuge, Geräte und Materialien zur Ausübung des Berufes;
   3. Lebensmittelvorräte für vier Wochen;
   4. Löhne und Gehälter bis zum pfändungsfreien Betrag. O

c) Von der Pfändung sind ausgenommen:
   1. Gegenstände des täglichen Bedarfs;
   2. Werkzeuge und Geräte für den Lebenserwerb;
   3. Gegenstände, die der Unterhaltung dienen, wie Radio, Plattenspieler u. ä.;
   4. Löhne und Gehälter bis zur Pfändungsfreigrenze. O

257. Was kann der Gläubiger bei erfolgloser Pfändung unternehmen?

a) Bei erfolgloser Pfändung ist eine Weiterverfolgung der Ansprüche nicht mehr möglich. Die Forderung ist abzuschreiben. O

b) Der Gläubiger kann bei erfolgloser Pfändung beantragen, daß ihm das Arbeitsentgelt des Schuldners zugesprochen wird. O

c) Bei erfolgloser Pfändung kann der Gläubiger den Schuldner durch das Gericht zur Abgabe einer „eidesstattlichen Versicherung" vorladen lassen. O

258. Was versteht man unter einer „eidesstattlichen Versicherung"?

a) Als „eidesstattliche Versicherung" bezeichnet man die zu Protokoll an Eides Statt gegebene Versicherung des Schuldners, daß er zum frühestmöglichen Zeitpunkt die Schuld nebst Zinsen und Kosten zurückzuzahlen beabsichtigt. O

b) Das Verzeichnis der dem Schuldner gehörenden pfändbaren und unpfändbaren Vermögenswerte, das dem Gericht vorzulegen und dessen Vollständigkeit und Richtigkeit vom Schuldner an Eides Statt zu versichern ist, nennt man „eidesstattliche Versicherung". O

c) Unter einer „eidesstattlichen Versicherung" versteht man die an Eides Statt abgegebene Erklärung des Schuldners, daß er keine weiteren Verpflichtungen eingehen wird, solange die jetzigen Schulden nicht zurückgezahlt sind. O

259. Was versteht man unter Verjährung?

a) Unter Verjährung versteht man den Untergang von Forderungen nach Ablauf von bestimmten, gesetzlich festgelegten Fristen. Nach der Vollendung der Verjährung ist der Verpflichtete berechtigt, die Zahlung zu verweigern. O

b) Forderungen gelten als verjährt, wenn sie nicht binnen eines Jahres nach dem vereinbarten Zahlungsziel beglichen sind; sie können dann nicht mehr eingetrieben werden. O

c) Unter Verjährung versteht man die Regulierung von Forderungen über mehrere Jahre hinweg. Falls für diese Außenstände kein Zins vereinbart wurde, tritt die gesetzliche Regelung in Kraft. O

260. Welche Maßnahmen des Schuldners unterbrechen die Verjährung?

a) Seitens des Schuldners kann die Verjährung nicht unterbrochen werden. Nur der Gläubiger hat die Möglichkeit, durch Beantragung eines Zahlungsbefehls oder Klageeinreichung die Verjährungsfrist zu unterbrechen. O

b) Seitens des Schuldners wird die Verjährung durch Zins- oder Abschlagszahlungen, Sicherungsleistung oder ein sonstiges Anerkenntnis unterbrochen. Eine derartige Unterbrechung hat die Wirkung, daß die Verjährungsfrist wieder von vorn beginnt. O

c) Der Schuldner hat die Möglichkeit, beim zuständigen Amtsgericht zu beantragen, daß die Verjährungsfrist verkürzt wird. Derartigen Anträgen wird nur in begründeten Ausnahmefällen stattgegeben. O

6. Die Geschäfte der Banken

261. Welche Aufgaben haben die Banken?

a) Die Banken haben vornehmlich die Aufgabe, brachliegende Gelder zu sammeln und sie der Industrie in Form von Krediten und Beteiligungen zur Verfügung zu stellen. O

b) Aufgabe der Banken ist es, den Sparverkehr zu fördern und so insbesondere mit dazu beizutragen, daß die Altersversorgung eines jeden Bürgers gesichert ist. O

c) Die Banken sehen es insbesondere als ihre Aufgabe an, den Zahlungsverkehr abzuwickeln, Gelder zu sammeln und auszuleihen sowie das Wertpapiergeschäft zu pflegen. O

262. Was versteht man unter Kredit?

a) Unter Kredit versteht man die zeitweilige Überlassung von wirtschaftlichen Gütern gegen Entgelt, den Zins. O

b) Als Kredit bezeichnet man die Lieferung von Waren gegen Wechselziehung. O

c) Als Kredit wird die Verfügungsberechtigung über fremde Sachen und Gelder bezeichnet. O

263. Wie werden Kredite in formeller Hinsicht unterschieden?

a) In formeller Hinsicht unterscheiden wir:
   1. Buchkredite (Kontokorrentkredite),
   2. Wechselkredite (Diskont-, Akzeptkredite). O

b) Wir unterscheiden:
   1. Bewilligte Kredite,
   2. Unbewilligte Kredite (Überziehungskredite). O

c) In formeller Hinsicht werden unterschieden:
   1. Kleinkredite,
   2. Großkredite. O

264. Wie kann man Kredite nach dem Verwendungszweck einteilen?

a) Wir unterscheiden:
   1. Kontokorrentkredite,
   2. Anlagekredite. O

b) In Hinsicht auf den Verwendungszweck unterscheiden wir:
   1. Produktionskredite,
   2. Konsumkredite. O

c) In Hinsicht auf den Verwendungszweck werden unterschieden:
   1. Privatverbrauchskredite
   2. Öffentliche Kredite. O

265. Was ist ein Blankokredit?

a) Kredite, die ohne grundbuchliche Sicherheit gewährt werden, nennt man Blankokredite. O

b) Als Blankokredit wird der Überbrückungskredit bezeichnet. O

c) Ein Blankokredit ist ein ohne besondere Sicherheit gewährter Kredit. O

266. Was ist das Wesen eines Kontokorrentkredits?

a) Das Wesen eines Kontokorrentkredits besteht darin, daß der Kunde die Möglichkeit hat, den Kredit über den vereinbarten Betrag hinaus in Anspruch zu nehmen. Weiter ist wesentlich, daß keine Bereitstellungsprovision berechnet wird. O

b) Wesentlich für den Kontokorrentkredit ist, daß der Kunde den Kredit entsprechend seinen betrieblichen Erfordernissen innerhalb eines vereinbarten Rahmens in beliebiger Höhe und zu beliebiger Zeit in Anspruch nehmen kann. O

c) Wesentlich für den Kontokorrentkredit ist, daß sein Zinssatz niedriger ist als der für langfristige Kredite. Hinzu kommt, daß die Zinsen erst nach Ablauf der Rechnungsperiode belastet werden. O

267. Welche Kosten entstehen dem Kreditnehmer bei der Inanspruchnahme eines Kontokorrentkredits?

a) An Kosten entstehen dem Kreditnehmer in der Regel:
   1. Sollzinsen,
   2. Kreditprovision,
   3. Überziehungsprovision,
   4. Kreditbonifikation,
   5. Kapitalverkehrsteuer. O

b) Die Banken berechnen für Kontokorrentkredite:
   1. Sollzinsen,
   2. Kreditprovision (evtl. auch Überziehungsprovision),
   3. Umsatzprovision. O

c) Die Kosten eines Kontokorrentkredits setzen sich wie folgt zusammen:
   1. Sollzinsen,
   2. Umsatzprovision,
   3. Kredit- bzw. Überziehungsprovision,
   4. Avalprovision. O

268. Was versteht man unter einem Diskontkredit?

a) Unter einem Diskontkredit versteht man den Ankauf von Wechseln unter Abzug von Zinsen vom Ankaufstag bis zum Verfalltag. O

b) Als Diskontkredit bezeichnet man den Einzug von Wechseln unter Abzug von Spesen. O

c) Als Diskontkredit bezeichnet man den Barkredit, der durch angekaufte Wechsel besichert ist. O

269. Welche Vorteile hat der Diskontkredit für den Kreditnehmer?

a) Der Diskontkredit hat den Vorteil, daß er seitens der Bank unkündbar ist. Dagegen hat der Schuldner die Möglichkeit der vorzeitigen Rückführung. O

b) Der Vorteil des Diskontkredits liegt für den Kreditnehmer darin, daß er die zu einem späteren Zeitpunkt fälligen Wechsel sofort in Bargeld umwandeln kann, wobei die Zinsen niedriger als beim Kontokorrentkredit sind. O

c) Von Vorteil ist beim Diskontkredit, daß der Kreditnehmer die von der Bank in Rechnung gestellten Zinsen seinem Wechselschuldner weiterbelasten kann. O

270. Was ist ein Akzeptkredit?

a) Wenn eine ausländische Bank im Rahmen eines Inkassoauftrages Wechsel zur Akzepteinholung vorlegt, spricht man von einem Akzeptkredit. O

b) Als Akzeptkredit bezeichnet man die Diskontierung von Privatdiskonten bei der Privatdiskont AG. O

c) Ein Akzeptkredit ist ein Kredit, bei dem der Kunde innerhalb eines vereinbarten Rahmens Wechsel auf die Bank zieht, die sie akzeptiert und sofort diskontiert. O

271. Was bezeichnet man als Lombardkredit?

a) Als Lombardkredit bezeichnet man den einmaligen, bis zu seiner Rückführung unbeweglichen Vorschuß gegen Verpfändung von leicht realisierbaren Objekten. O

b) Die Gewährung eines Kredits gegen Hinterlegung eines Kraftfahrzeugbriefes nennt man Lombardkredit. O

c) Wenn ein Kontokorrentkredit gegen Übereignung einer Sache gewährt wird, spricht man von einem Lombardkredit. O

272. Welche Objekte kommen für die Lombardierung bei einer Bank in Betracht?

a) Als Pfandobjekte kommen in Betracht:
   1. Wertpapiere,
   2. Bilder, Teppiche, Möbel, Schmuck,
   3. landwirtschaftliche Erzeugnisse. O

b) Für eine Lombardierung kommen in Betracht:
   1. Kraftfahrzeuge,
   2. Wertpapiere,
   3. Wechsel. O

c) Als Pfandobjekte kommen nur leicht realisierbare Gegenstände in Betracht, wie z. B. börsengängige Wertpapiere, diskontfähige Wechsel, unverderbliche Waren. O

273. Wie hoch wird das Pfand beliehen?

a) In der Regel werden Aktien und festverzinsliche Wertpapiere zu 80 bis 90 % beliehen, Waren bis zu 75 % des Verkaufspreises. O

b) Aktien werden zu etwa 50 % beliehen, festverzinsliche Wertpapiere zu etwa 75 % und gängige, unverderbliche Waren ebenfalls zu etwa 75 %. O

c) Die Beleihungshöhe der Pfandgegenstände hängt von der Bonität des Kunden ab und schwankt zwischen 75 und 95 %. O

274. Was ist ein Avalkredit?

a) Ein Avalkredit ist ein Kredit, bei dem die Bank eine Bürgschaft übernimmt oder eine Garantie stellt. O

b) Als Avalkredit wird die Kredithingabe gegen Hinterlegung von Depotwechseln bezeichnet. O

c) Die Akzeptierung eines Wechsels durch eine Bank nennt man Avalkredit. O

275. Was sind Stundungsavale?

a) Als Stundungsavale bezeichnet man die Ratenstundungen bei Kleinkrediten und Anschaffungsdarlehen. O

b) Stundungsavale sind Bürgschaften der Bank für die ihren Kunden gestundeten Beträge. O

c) Die Herabsetzung der vereinbarten Rückzahlungsraten bei Hypothekendarlehen bezeichnet man als Stundungsaval. O

276. Was bezeichnet man als Bankgarantie?

a) Wenn die Bank die Garantie für die Einlösung von Dokumenten übernimmt, wie z. B. beim bestätigten Bankrembours, spricht man von einer Bankgarantie. O

b) Die Haftung für die Einlösung eines Bankakzeptes wird als Bankgarantie bezeichnet. O

c) Garantien sind abstrakte Zahlungsversprechen der Bank, mit denen sie sich verpflichtet, für einen künftigen Erfolg einzustehen (Lieferung, Ausschreibung usw.). O

277. Wodurch unterscheidet sich die Bürgschaft von der Garantie?

a) Bei der Bürgschaft braucht die Bank erst dann zu zahlen, wenn der Gläubiger einen vollstreckbaren Titel in Händen hält; bei der Garantie muß sie bereits auf erste Aufforderung zahlen. O

b) Die Bürgschaft ist akzessorisch, d. h. sie setzt das Bestehen einer Hauptschuld voraus. Die Garantie ist abstrakt, d. h. sie setzt nicht unbedingt das Bestehen einer Verbindlichkeit voraus. O

c) Bei Inanspruchnahme aus einer Garantie hat die Bank auf erste Aufforderung zu zahlen, bei der Bürgschaft erst nach Ablauf der vereinbarten Zahlungsfrist. O

278. Was ist ein Hypothekarkredit?

a) Als Hypothekarkredit bezeichnet man den gegen Bestellung von Hypotheken oder Grundschulden gewährten Kredit in laufender Rechnung. O

b) Wenn eine Hypothekenbank Kommunalobligationen ausgibt, spricht man von einem Hypothekarkredit. O

c) Ein Hypothekarkredit ist ein langfristiger Kredit unter Beleihung von Grundstücken. O

279. Wie kann die Sicherstellung von Krediten erfolgen?

a) Kredite können besichert werden durch:
1. Grundschulden,
2. Hypotheken,
3. Bürgschaften,
4. Kfz-Verpfändungen,
5. Zessionen. O

b) Besicherungen von Krediten sind möglich durch:
1. Hypotheken,
2. Grundschulden,
3. Übereignung von Forderungen,
4. Wertpapierverpfändungen,
5. Bürgschaftsleistung. O

c) Die Sicherstellung von Krediten kann erfolgen durch:
1. Wertpapiere und Kontoguthaben,
2. Übereignung oder Verpfändung von Gegenständen,
3. Abtretung von Forderungen,
4. Bürgschaftsleistung und Kreditauftrag,
5. Bestellung von Grundpfandrechten. O

280. Welcher Unterschied besteht zwischen der Verpfändung und der Übereignung?

a) Bei der Verpfändung darf man ohne weiteres über die Sache verfügen, bei der Übereignung nur, wenn dies ausdrücklich vereinbart wurde. O

b) Bei der Übereignung wird man Eigentümer einer Sache, bei der Verpfändung wird man Besitzer, ohne Eigentümer zu sein oder zu werden. O

c) Die Übereignung hat gegenüber der Verpfändung den Vorteil, daß die Bank im Fall der Verwertung der Gegenstände keine Mehrwertsteuer zu zahlen hat. O

281. Welche Gegenstände eignen sich als Pfandobjekte?

a) Als Pfandobjekte eignen sich leicht transportable Sachen, die einen relativ hohen Wert haben, wie börsengängige Wertpapiere, diskontfähige Wechsel, Edelmetalle. O

b) Als Pfandobjekte kommen hauptsächlich in Betracht: Festverzinsliche Wertpapiere, Uhren, Schmuck, Edelsteine, Kraftfahrzeugbriefe. O

c) Für die Verpfändung bei einer Bank kommen alle Gegenstände in Betracht, die normalerweise auch von den Pfandleihanstalten angenommen werden. O

282. Was versteht man unter einer Zession?

a) Hierunter versteht man die Abtretung von Forderungen von dem bisherigen Gläubiger an einen Dritten. O

b) Als Zession bezeichnet man die Überlassung eines Kraftfahrzeugbriefes für Kreditsicherungszwecke. O

c) Die Abtretung eines in Abteilung II des Grundbuchs eingetragenen Rechts bezeichnet man als Zession. O

283. Ist die Mitwirkung des Schuldners zur Rechtswirksamkeit einer Zession erforderlich?

a) Der Schuldner muß seine Zustimmung zu der Zession in schriftlicher Form abgeben. O

b) Es genügt, wenn der Schuldner sich mündlich mit der Abtretung einverstanden erklärt. O

c) Die Mitwirkung des Schuldners ist zur Rechtswirksamkeit einer Zession nicht erforderlich. O

284. Wann spricht man von einer stillen, wann von einer offenen Zession?

a) Von einer stillen Zession spricht man, wenn der Schuldner sich stillschweigend mit der Abtretung einverstanden erklärt hat; von einer offenen Zession ist die Rede, wenn der Schuldner sein Einverständnis ausdrücklich erklärt hat. O

b) Geht die Zahlung des abgetretenen Betrages vereinbarungsgemäß ein, so spricht man von einer stillen Zession, im anderen Fall von einer offenen Zession. O

c) Ist der Schuldner von der Abtretung nicht in Kenntnis gesetzt worden, spricht man von einer stillen Zession; wird er vom Gläubiger hiervon in Kenntnis gesetzt, handelt es sich um eine offene Zession. O

285. Was ist eine Bürgschaft?

a) Die Bürgschaft ist ein abstraktes Leistungsversprechen eines Dritten für die Verbindlichkeiten des Schuldners. O

b) Unter einer Bürgschaft versteht man die Übernahme einer Garantie durch einen Dritten für die Erfüllung einer Leistung durch den Kreditnehmer. O

c) Die Bürgschaft ist ein einseitig verpflichtender Vertrag, durch den sich der Bürge verpflichtet, dem Gläubiger für die Verbindlichkeiten des Schuldners bei dessen Zahlungsunfähigkeit einzustehen. O

286. Was ist das Wesen eines Bürgschaftskredits?

a) Das Wesen des Bürgschaftskredits besteht darin, daß die Kredithingabe nur Zug um Zug gegen Hinterlegung der Bürgschaftsurkunde erfolgt. O

b) Beim Bürgschaftskredit hat die Bank mit zwei Schuldnern zu tun, nämlich mit dem Kreditnehmer und dem Bürgen. O

c) Wesentlich für den Bürgschaftskredit ist, daß die in der Bürgschaftsurkunde genannte Bürgschaftssumme in aller Regel den Betrag übersteigt, der tatsächlich ausgezahlt wurde. O

287. Was ist das Wesen einer selbstschuldnerischen Bürgschaft?

a) Das Wesen der selbstschuldnerischen Bürgschaft besteht darin, daß sie eine von der Hauptschuld unabhängige Verpflichtung darstellt. O

b) Bei der selbstschuldnerischen Bürgschaft haftet der Bürge wie der Hauptschuldner. O

c) Wenn der Kreditnehmer selbst für den ihm gewährten Kredit bürgt, spricht man von einer selbstschuldnerischen Bürgschaft. O

288. Was bezeichnet man als Ausfallbürgschaft?

a) Bei der Ausfallbürgschaft tritt die Verpflichtung zur Leistung erst ein, wenn feststeht, daß der Gläubiger einen Verlust erlitten hat und der Hauptschuldner zur Zahlung nicht in der Lage ist. O

b) Wenn bei einem Kredit trotz Sicherstellung durch Bürgschaft ein Ausfall entsteht, spricht man von einer Ausfallbürgschaft. O

c) Fällt von mehreren Bürgen für ein und denselben Kredit einer aus, so spricht man von einer Ausfallbürgschaft. O

289. Wie erfolgt die Verpfändung von unbeweglichen Sachen?

a) Unbewegliche Sachen werden durch notarielle Beurkundung verpfändet. Eine Verpfändung in privatschriftlicher Form hat keine Wirkung. O

b) Unbewegliche Sachen werden durch Zession verpfändet, die dem Pfandgläubiger auszuhändigen ist. O

c) Die Verpfändung von unbeweglichen Sachen erfolgt durch Eintragung eines Grundpfandrechtes in Abteilung III des Grundbuchs. O

290. Was ist aus dem Grundbuch zu ersehen?

a) Das Grundbuch gibt Auskunft über die Lage des Grundstücks, den Eigentümer, die Rechte, Lasten und Beschränkungen sowie die Grundpfandrechte. O

b) Aus dem Grundbuch sind zu ersehen: Die Größe, Lage und Form des Grundstücks, der Name des Eigentümers, die Nießbrauchsrechte, die Lasten (u. a. Grundsteuerhöhe) und die Grundschulden. O

c) Im Grundbuch werden festgehalten: Der Name des Grundstückseigentümers, die Protokolle über Eigentumsübertragungen, die mit dem Grundstück verbundenen Rechte, Lasten und Beschränkungen sowie die Grundpfandrechte. O

291. Das Grundbuch genießt öffentlichen Glauben. Was heißt das?

a) Auch wenn die Eintragungen im Grundbuch nicht mit der tatsächlichen Rechtslage übereinstimmen, gelten sie gegenüber gutgläubigen Dritten als richtig. O

b) Hierunter versteht man das Recht, Einsicht in das Grundbuch nehmen zu dürfen, wenn ein berechtigtes Interesse dargetan wird. O

c) Die Berichtigung unrichtiger Eintragungen erfolgt öffentlich, nämlich durch Veröffentlichung im Bundesanzeiger. O

292. Wer darf Einsicht in das Grundbuch nehmen?

a) Das Recht zur Einsichtnahme haben Notare, Notarvertreter und Bankenvertreter. O

b) Alle Personen, die das 21. Lebensjahr vollendet haben, dürfen das Grundbuch einsehen. O

c) Jeder, der ein berechtigtes Interesse darlegt, darf Einsicht in das Grundbuch nehmen. O

293. Welcher Unterschied besteht zwischen der Hypothek und der Grundschuld?

a) Beides sind Grundpfandrechte. Die Hypothek wird für die Beleihung von Häusern genommen, die Grundschuld für unbebaute Grundstücke. O

b) Die Laufzeit einer Hypothek ist länger als die einer Grundschuld. Außerdem sind die Zinsen für Hypotheken niedriger. O

c) Die Hypothek setzt das Bestehen einer Forderung voraus. Dagegen ist die Grundschuld losgelöst von einer bestimmten Forderung. O

294. Was ist das Wesen einer Briefhypothek/Briefgrundschuld?

a) Das Wesen der Briefhypothek/Briefgrundschuld besteht darin, daß eine Übertragung durch Indossament erfolgen kann. O

b) Bei der Briefhypothek/Briefgrundschuld wird vom Grundbuchamt ein Brief ausgestellt; bei der Buchhypothek/Buchgrundschuld erfolgt nur eine einfache Benachrichtigung über die Eintragung. O

c) Wesentlich für die Briefhypothek/Briefgrundschuld ist, daß die Rechte schneller geltend gemacht werden können als bei der Buchhypothek/Buchgrundschuld. O

295. Wodurch unterscheidet sich die Löschungsbewilligung von der löschungsfähigen Quittung?

a) Mit der löschungsfähigen Quittung kann der Grundstückseigentümer das Grundpfandrecht entweder löschen oder auf seinen Namen umschreiben lassen. Mit einer Löschungsbewilligung kann er das Grundpfandrecht nur löschen lassen. O

b) Geht der Antrag auf Löschung eines Grundpfandrechts vom Gläubiger aus, spricht man von einer löschungsfähigen Quittung, geht er vom Schuldner aus, spricht man von einer Löschungsbewilligung. O

c) Die Freigabeerklärung einer Bank nennt man löschungsfähige Quittung, die einer Privatperson Löschungsbewilligung. O

296. Was versteht man unter einer Löschungsvormerkung (a–c) und was unter dem gesetzlichen Löschungsanspruch (d–f)?

a) Unter einer Löschungsvormerkung versteht man den Auftrag eines Notars an das Grundbuchamt zur Löschung eines Grundpfandrechts. O

b) Wenn eine Hypothek oder Grundschuld teilweise gelöscht werden soll, ist hierzu die Freigabeerklärung des Gläubigers erforderlich. Diese Erklärung nennt man Löschungsvormerkung. O

c) Hierunter versteht man eine Eintragung im Grundbuch, die bezweckt, daß im Rang vorgehende Grundpfandrechte, sobald sie getilgt sind, gelöscht und nicht in Eigentümergrundschulden umgewandelt werden. O

d) Der Grundpfandgläubiger hat das Recht, vom Grundstückseigentümer die Löschung vorrangiger oder gleichrangiger Grundpfandrechte zu verlangen, wenn und sobald der Eigentümer sie endgültig erworben hat. Das gilt aber nur für Grundpfandrechte, deren Grundbucheintragung vom 1. Januar 1978 an beim zuständigen Grundbuchamt beantragt wurde. O

e) Alle Hypotheken, Grundschulden und Rentenschulden, deren Grundbucheintragung vor dem 1. Januar 1978 beim zuständigen Grundbuchamt beantragt wurde, gelten als gelöscht. O

f) Der gesetzliche Löschungsanspruch ist der Hauptinhalt einer löschungsfähigen Quittung. O

297. Was sind Wertpapiere?

a) Wertpapiere sind amtliche Schriftstücke, die ein Verfügungsrecht verbriefen. Zur Ausübung der Rechte ist die Vorlage erwünscht, jedoch nicht zwingend vorgeschrieben. O

b) Alle Urkunden, die ein Dienstsiegel tragen, werden als Wertpapiere bezeichnet. Sie verbriefen in der Regel ein nicht übertragbares Recht. O

c) Wertpapiere sind Urkunden, die bestimmte Rechte verbriefen. Recht und Urkunde stellen eine Einheit dar, d. h., daß die Rechte nur von demjenigen geltend gemacht werden können, der die Urkunde besitzt. O

298. Wie werden die Wertpapiere in Hinsicht auf ihre Verwendung in der Wirtschaft eingeteilt?

a) In wirtschaftlicher Hinsicht werden die Wertpapiere eingeteilt in:
1. Warenwertpapiere,
2. Bankwertpapiere. O

b) In Hinsicht auf ihre Verwendung in der Wirtschaft werden die Wertpapiere eingeteilt in:
1. Warenwertpapiere,
2. Geldwertpapiere,
3. Kapitalwertpapiere. O

c) In wirtschaftlicher Hinsicht teilt man die Wertpapiere ein in:
1. Warendokumente,
2. Effekten. O

299. Was sind Warenwertpapiere?

a) Warenwertpapiere sind Urkunden, die eine Warenforderung verbriefen (z. B. das Konnossement). O

b) Als Warenwertpapiere bezeichnet man alle Papiere, die den Versand einer Ware beweisen. O

c) Die Papiere, die die Ware beim Versand begleiten (wie z. B. der Frachtbrief), bezeichnet man als Warenwertpapiere. O

300. Welche Papiere bezeichnet man als Geldwertpapiere?

a) Als Geldwertpapiere bezeichnet man alle Wertpapiere, die an der Börse gehandelt werden. O

b) Geldwertpapiere sind Urkunden über überlassenes Geld. O

c) Geldwertpapiere sind Urkunden, die eine Geldforderung verbriefen, wie z. B. Schecks, Wechsel. O

301. Welches sind die wichtigsten vertretbaren Kapitalwertpapiere?

a) Die wichtigsten vertretbaren Kapitalwertpapiere sind:
   1. die Aktie,
   2. der Kux,
   3. der GmbH-Anteil. O

b) Die wichtigsten vertretbaren Kapitalwertpapiere sind die Aktie, der Kux, die Schuldverschreibung, das Investmentzertifikat. O

c) Zu den wichtigsten vertretbaren Kapitalwertpapieren gehören die Schatzanweisungen und Schatzwechsel. O

302. Welches sind die wichtigsten nicht vertretbaren Kapitalwertpapiere?

a) Die wichtigsten nicht vertretbaren Kapitalwertpapiere sind der Scheck und der Wechsel. O

b) Die wichtigsten nicht vertretbaren Kapitalwertpapiere sind der Grundschuld- und Hypothekenbrief sowie die Darlehensurkunde. O

c) Die wichtigsten nicht vertretbaren Kapitalwertpapiere sind der Kraftfahrzeugbrief, der Bodmereibrief u. ä. O

303. Wie werden die Rechte aus Inhaberpapieren übertragen?

a) Inhaberpapiere werden formlos durch Einigung und Übergabe übertragen. O

b) Die Rechte aus Inhaberpapieren werden durch Abtretungserklärung übertragen. O

c) Für die Übertragung der Rechte aus Inhaberpapieren ist die schriftliche Einverständniserklärung des neuen Eigentümers erforderlich. O

304. Wie werden die Rechte aus Orderpapieren übertragen?

a) Orderpapiere werden durch Einigung, Indossament und Übergabe übertragen. O

b) Für die Übertragung der Rechte aus Orderpapieren ist die Zustimmung der Gesellschaft erforderlich. O

c) Die Rechte aus Orderpapieren werden durch notariellen Akt übertragen. O

305. Wie werden die Rechte aus Namenspapieren übertragen?

a) Die Rechte aus Namenspapieren können nicht auf einen anderen übertragen werden. O

b) Namenspapiere können durch Indossament oder durch Abtretung des Rechts übertragen werden. O

c) Die Rechte aus Namenspapieren können nur nach Zustimmung des Aufsichtsratsvertreters durch Indossament übertragen werden. O

306. Was sind geborene Orderpapiere?

a) Als geborene Orderpapiere bezeichnet man die Papiere, auf denen die Orderklausel vermerkt ist. O

b) Wenn ein Wertpapier nur im Wege der Abtretung auf einen anderen übertragen werden kann, spricht man von einem geborenen Orderpapier. O

c) Geborene Orderpapiere sind auch ohne Orderklausel Orderpapiere. Man nennt sie auch gesetzliche Orderpapiere. O

307. Welche Papiere sind kraft Gesetzes Orderpapiere?

a) Kraft Gesetzes sind die Aktie, die Schuldverschreibung und das Investmentzertifikat Orderpapiere. O

b) Der Scheck, der Wechsel und die Namensaktie sind kraft Gesetzes Orderpapiere. O

c) Nach dem Gesetz sind alle Wertpapiere, die an der Börse gehandelt werden, Orderpapiere. O

308. Was sind gekorene Orderpapiere?

a) Gekorene Orderpapiere werden erst durch die Orderklausel zu Orderpapieren, z .B. das Konnossement, der Ladeschein, der Lagerschein. O

b) Als gekorene Orderpapiere werden die Wertpapiere bezeichnet, die aus irgendwelchen Gründen z. Z. nicht lieferbar sind. O

c) Alle Wertpapiere, deren Übertragung an die Zustimmung der Gesellschaft gebunden ist, werden als gekorene Orderpapiere bezeichnet. O

309. Aus welchen Teilen bestehen die Effekten?

a) Die Effekten bestehen äußerlich aus dem Mantel und dem Bogen. O

b) Die Effekten bestehen aus der eigentlichen Urkunde und einer Allonge, auf der die Satzung wiedergegeben ist. O

c) Die Effekten bestehen äußerlich aus dem Mantel und dem Zins- bzw. Dividendenscheinbogen mit dem Erhebungsschein für einen neuen Bogen. O

310. Was sind Stammaktien?

a) Als Stammaktien bezeichnet man die Aktien, die bei der Gründung der AG ausgegeben wurden. O

b) Die Aktien, die sich fest im Besitz der Gründerfamilie befinden, nennt man Stammaktien. O

c) Stammaktien sind Aktien, die mit den üblichen gesetzlichen bzw. satzungsmäßigen Rechten ausgestattet sind. O

311. Was sind Vorzugsaktien?

a) Als Vorzugsaktien werden die Aktien bezeichnet, deren Notierung an der Börse mit besonderem Vorrang erfolgt. O

b) Vorzugsaktien sind Aktien, die mit Vorrechten gegenüber den Stammaktien ausgestattet sind. In den meisten Fällen bestehen Vorrechte bei der Gewinnverteilung. O

c) Die von Standardunternehmen herausgegebenen Aktien nennt man Vorzugsaktien. O

312. Was sind Berichtigungsaktien?

a) Als Berichtigungsaktien bezeichnet man die Aktien, deren Nennwert noch nicht voll eingezahlt ist. O

b) Als Berichtigungsaktien werden die Aktien bezeichnet, die den Aktionären einer Gesellschaft in einem bestimmten Verhältnis zu ihrem bisherigen Aktienbesitz ohne Entgelt durch Auflösung von freien Rücklagen zugeteilt werden. O

c) Die anläßlich der Währungsumstellung im Jahre 1948 den Inhabern von Reichsmark-Aktien ausgehändigten DM-Aktien nennt man Berichtigungsaktien. Sie sind durch Stempelaufdruck als solche gekennzeichnet. O

313. Was sind vinkulierte Namensaktien?

a) Als vinkulierte Namensaktien bezeichnet man die Aktien, die sich im Familienbesitz der Gründer der Gesellschaft befinden. O

b) Vinkulierte Namensaktien sind Aktien, deren Übertragung an die Zustimmung der AG gebunden ist. O

c) Ist für die Übertragung einer Namensaktie die schriftliche Zustimmung des neuen Eigentümers erforderlich, spricht man von gebundenen oder vinkulierten Aktien. O

314. Was ist ein Kux?

a) Ein Kux ist der Anteil an einer bergrechtlichen Gewerkschaft. O

b) Als Kux wird der Anteil an einer Kolonialgesellschaft bezeichnet. O

c) Die Aktie einer Bergwerksgesellschaft nennt man Kux. O

315. Über welche Beträge lauten Kuxe im allgemeinen?

a) Kuxe lauten auf keinen bestimmten Nennbetrag, sondern verkörpern einen Anteil am Vermögen der Gewerkschaft. O

b) Im allgemeinen lauten Kuxe über 1000 DM. O

c) Der Nennbetrag eines Kuxes hängt wesentlich von der Größe der Gewerkschaft ab. Im allgemeinen schwanken die Beträge zwischen 500 und 2500 DM. O

316. Was sind Wandelschuldverschreibungen?

a) Wandelschuldverschreibungen sind Anleihen mit Zusatzrechten. Der Inhaber ist berechtigt, den Kursunterschied zwischen der Wandelschuldverschreibung und der Aktie von der Gesellschaft zu verlangen, wenn dieser mehr als 20 % beträgt. O

b) Wandelschuldverschreibungen sind festverzinsliche Wertpapiere, die nach Wahl des Inhabers innerhalb eines bei der Ausgabe bestimmten Zeitraumes und nach einem festgelegten Umtauschverhältnis in Aktien derselben Gesellschaft umgetauscht werden können. O

c) Unter Wandelschuldverschreibungen versteht man Schuldverschreibungen, deren Zinssatz sich nach der jeweiligen Kapitalmarktlage richtet. O

317. Was sind Optionsanleihen?

a) Die von der Bundesschuldenverwaltung herausgegebenen Anleihen nennt man Optionsanleihen. Sie können nach Wahl des Gläubigers entweder effektiv ausgeliefert oder in das Schuldbuch der Bundesschuldenverwaltung eingetragen werden. O

b) Als Optionsanleihen bezeichnet man die Anleihen, bei denen neben den festgesetzten Zinsen noch eine dividendenabhängige Ausschüttung gezahlt wird. Sie kommen heute nur noch selten vor. O

c) Optionsanleihen sind Industrieanleihen, die neben dem Forderungsrecht ein Recht zum Bezuge von Aktien der emittierenden Gesellschaft verbriefen. Anders als bei der Wandelschuldverschreibung bleibt das Forderungsrecht bestehen. O

318. Was sind Bundesschatzbriefe?

a) Alle Anleihen des Bundes werden als Bundesschatzbriefe bezeichnet. O

b) Bundesschatzbriefe sind von der Bundesschuldenverwaltung begebene Sammelschuldbuchforderungen mit einer Laufzeit von 6 Jahre beim Typ A oder 7 Jahren beim Typ B und einem steigenden Zins. O

c) Als Bundesschatzbriefe werden die Lose der Staatlichen Klassenlotterie bezeichnet. O

319. Was versteht man unter einer Emission?

a) Die Ausgabe von neuen Banknoten gegen Rückgabe der für ungültig erklärten Stücke nennt man Emission. O

b) Unter einer Emission versteht man die Ausgabe neuer Wertpapiere und ihre Unterbringung auf dem Kapitalmarkt. O

c) Als Emission wird die Übertragung von Wertpapieren ohne geldliche Verrechnung (z. B. beim Erbfall) bezeichnet. O

320. Was versteht man unter dem Depotgeschäft der Banken?

a) Hierunter versteht man die Verwahrung von Wertsachen, vornehmlich Wertpapieren, entweder im offenen oder im geschlossenen Depot. O

b) Unter dem Depotgeschäft der Banken versteht man die Hereinnahme von Fremdmitteln, vornehmlich Depositengeldern. O

c) Als Depotgeschäft bezeichnet man die Verwahrung und Verwaltung von Schecks, Wechseln, Inkassopapieren usw. für Rechnung und Gefahr des Einlieferers. O

321. Was bezeichnet man als geschlossenes Depot?

a) Als geschlossenes Depot bezeichnet man die Verwahrungsart, bei der die Bank lediglich die Verwahrung übernimmt, ohne von dem Inhalt der zur Verwahrung übergebenen Sache Kenntnis zu nehmen. O

b) Die Verwahrung von Wertpapieren bei den Wertpapiersammelbanken bezeichnet man als geschlossenes Depot. O

c) Unter einem geschlossenen Depot versteht man die Verwahrungsart, bei der der Kunde jederzeit Weisungen erteilen kann. O

322. Was ist ein offenes Depot?

a) Als offenes Depot bezeichnet man die Verwahrungsart, bei der der Kunde jederzeit Einsicht nehmen kann. O

b) Beim offenen Depot werden die zur Aufbewahrung bestimmten Gegenstände der Bank offen übergeben. O

c) Die Verwahrung von Wertgegenständen in der „Silberkammer" bezeichnet man als offenes Depot. O

323. Nimmt das Kreditinstitut von dem Inhalt eines Safes Kenntnis?

a) Vom Inhalt eines Safes nimmt die Bank nur dann Kenntnis, wenn der Versicherungsbetrag überschritten ist. O

b) Der Inhalt eines Safes wird von der Bank genau registriert und in einem besonderen Hinterlegungsbuch festgehalten. O

c) Das Kreditinstitut nimmt vom Inhalt des Schrankfaches keine Kenntnis. O

324. Welche Verwahrungsarten gibt es für Wertpapiere im offenen Depot?

a) Für Wertpapiere im offenen Depot gibt es zwei Verwahrungsarten, nämlich die Streifbandverwahrung und die Sammelverwahrung. O

b) Es gibt folgende Verwahrungsarten:
1. die Streifbandverwahrung,
2. die Drittverwahrung. O

c) Für Wertpapiere im offenen Depot gibt es die Streifbandverwahrung und die Sonderverwahrung. O

325. Was ist das Wesen der Streifbandverwahrung?

a) Bei der Streifbandverwahrung bleibt der Kunde Eigentümer der hinterlegten Stücke. O

b) Bei der Streifbandverwahrung ist wesentlich, daß die Rechte aus den hinterlegten Papieren einfacher und schneller ausgeübt werden können. O

c) Bei der Streifbandverwahrung ist die Auslieferung jederzeit möglich. O

326. Was ist das Wesen der Girosammelverwahrung?

a) Das Wesen der Girosammelverwahrung besteht darin, daß der Hinterleger die eingelieferten Stücke oder aber gleichartige jederzeit zurückfordern kann. Die GS-Verwahrung ist außerdem billiger als die Streifbandverwahrung. O

b) Girosammelverwahrte Wertpapiere lassen sich an der Börse leichter veräußern als streifbandverwahrte Stücke. O

c) Das Wesen der Girosammelverwahrung besteht darin, daß der Hinterleger das Eigentum an den von ihm eingelieferten Wertpapieren verliert und statt dessen ein Miteigentum an dem Sammelbestand des Verwahrers erwirbt. O

327. Was sind Börsen?

a) Börsen sind Stätten, die dem Abschluß von Handelsgeschäften dienen. O

b) Börsen sind Märkte, an denen zu bestimmten Zeiten Käufer und Verkäufer zusammentreffen, um Waren zu erstehen oder abzusetzen. O

c) Börsen sind wie Messen. Sie finden in periodischen Zeitabständen statt; verkauft wird nach Mustern. O

328. Welche Arten von Börsen gibt es?

a) Es gibt „geschlossene" und „offene" Börsen. Bei der „geschlossenen" Börse ist die Mitgliederzahl konstant, bei der „offenen" Börse kann sich die Mitgliederzahl ändern. O

b) Man unterscheidet zwischen Haupt- und Nebenbörsen. O

c) Es gibt Waren- oder Produktenbörsen, Wertpapierbörsen, Devisenbörsen und Schifferbörsen. O

329. Welche Aufgaben haben die Wertpapierbörsen?

a) Die Wertpapierbörsen haben die Aufgabe, brachliegende Gelder zu sammeln und diese möglichst mit hoher Rendite an Unternehmen weiterzuleiten. O

b) Die Wertpapierbörsen haben die Aufgabe, Kapitalangebot und Kapitalnachfrage zu vermitteln (Kapitalumschlagstelle) und Kapital zu bewerten (Feststellung von Kursen). O

c) Aufgabe der Wertpapierbörsen ist u. a. die Plazierung von neuemittierten Anleihen und Aktien. O

330. Wer sind die Vermittler im Wertpapierhandel?

a) Die Vermittler im Wertpapierhandel sind die Kursmakler und die freien Makler. O

b) Als Vermittler im Wertpapierhandel fungieren die Kursmakler und die Kulisse. O

c) Die Großbankenvertreter und die Kursmakler sind die Vermittler im Wertpapierhandel. O

331. Was versteht man unter dem amtlichen Verkehr?

a) Unter dem amtlichen Verkehr versteht man den Handel von Wertpapieren, bei dem mindestens 3 variable Kurse pro Geschäftstag festgestellt werden. O

b) Im amtlichen Verkehr erfolgt die Kursfeststellung nur einmal täglich, und zwar gegen Schluß der Börse. Sie ist dann amtlich. O

c) Unter dem amtlichen Verkehr versteht man das Teilgebiet der Börse, bei dem die zum amtlichen Handel zugelassenen Wertpapiere gehandelt werden. O

332. Welche Wertpapiere werden im Freiverkehr gehandelt?

a) Im Freiverkehr werden die Aktien gehandelt, die ohne besondere Kursvorschrift zum Kauf oder Verkauf dem Makler an die Hand gegeben werden. O

b) Im Freiverkehr werden alle nicht zum amtlichen Handel zugelassenen Wertpapiere gehandelt. Es findet keine amtliche Kursfestsetzung statt. Für Freiverkehrswerte werden Spannungskurse genannt, d. h. Geld- und Briefkurse. O

c) Im Freiverkehr werden die Wertpapiere von Aktiengesellschaften mit weniger als 10 Mill. DM Aktienkapital gehandelt. Die Kursfestsetzung erfolgt nur einmal pro Woche. O

333. Was bezeichnet man als variablen Handel?

a) Als variablen Handel bezeichnet man die fortlaufende Notierung von Wertpapieren mit meist regen Umsätzen. Für diese Wertpapiere können während der Börsenzeit jederzeit Kurse festgesetzt werden, sofern der Mindestschluß umgesetzt wird. O

b) Als variablen Handel bezeichnet man den Handel mit Wertpapieren, die oft den Eigentümer wechseln. O

c) Als variablen Handel bezeichnet man den Handel mit Wertpapieren, deren Kurse sich ständig auf und ab bewegen. Die Kursfestsetzung erfolgt zu Beginn und am Ende der Börsenzeit und erforderlichenfalls auch einmal während der Börsenzeit. O

334. Was versteht man unter dem Mindestschluß?

a) Unter dem Mindestschluß versteht man den Betrag, der mindestens erreicht werden muß, wenn ein Auftrag an der Börse ausgeführt werden soll. O

b) Als Mindestschluß wird die Uhrzeit bezeichnet, bei der mit der Kursfeststellung mindestens Schluß gemacht werden muß, damit die Kurse rechtzeitig bekanntgegeben werden können. O

c) Als Mindestschluß wird der Mindestbetrag der Kursfestsetzung im variablen Handel bezeichnet. Er beträgt bei der Stücknotierung 50 Stück Aktien, bei der Prozentnotierung nominal 3000 DM. O

335. Was bezeichnet man als Einheitsmarkt?

a) Als Einheitsmarkt wird das Teilgebiet der Börse bezeichnet, bei dem im Freiverkehr die Kurse für alle Wertpapiere zur gleichen Tageszeit festgesetzt werden. O

b) Erhält der Kurs eines Wertpapiers an allen deutschen Börsen die gleiche Notiz, spricht man von einem Einheitsmarkt. O

c) Als Einheitsmarkt bezeichnet man das Teilgebiet der Börse, bei dem im amtlichen Verkehr der Kurs am Börsentag nur einmal festgestellt wird. O

336. Wie erfolgt die Kurserrechnung beim Einheitsmarkt?

a) Auf Grund der vorliegenden Aufträge wird der Einheitskurs vom Kursmakler errechnet. Zu dem errechneten Kurs muß der größte Umsatz möglich sein, d. h. den meisten Kaufmöglichkeiten müssen die meisten Verkaufsmöglichkeiten gegenüberstehen. O

b) Auf Grund der dem Kursmakler zugegangenen Informationen über die Kapitalmarkt- und Wirtschaftslage setzt er die Kurse am Einheitsmarkt im Einvernehmen mit dem Börsenvorstand fest. O

c) Beim Einheitsmarkt bestimmt der Börsenvorstand, welche Kurse festgesetzt werden sollen. Dabei wird die Konjunkturlage beachtet. O

337. Welche Bedeutung haben die Kurszusätze, wie z. B. „bezG"?

a) Die Kurszusätze geben an, wie die weitere Börsenentwicklung eingeschätzt wird. O

b) Aus den Kurszusätzen ist zu ersehen, ob der Kaufpreis sofort oder erst in acht Tagen zu entrichten ist. O

c) Im allgemeinen kann aus den Kurszusätzen der Schluß gezogen werden, ob die erteilten Börsenaufträge ausgeführt werden konnten. O

338. Was ist ein Bestens-Auftrag?

a) Ein Bestens-Auftrag ist ein Auftrag von einem bevorzugten Kunden, der mit besonderer Sorgfalt ausgeführt wird. O

b) Ein Bestens-Auftrag ist ein ohne Kursvorschrift erteilter Auftrag zum Verkauf von Wertpapieren. Da der Auftraggeber seinen Auftrag sofort ausgeführt haben will, ermächtigt er die Bank durch den Zusatz „bestens", den Verkauf unverzüglich zum besten erreichbaren Kurs vorzunehmen. O

c) Als Bestens-Auftrag wird der zum Höchstkurs des Tages ausgeführte Verkaufsauftrag bezeichnet. O

339. Was sind limitierte Aufträge?

a) Limitierte Aufträge sind solche, die nur in begrenzter Anzahl pro Monat ausgeführt werden dürfen. O

b) Als limitierte Aufträge werden die Orders derjenigen Kunden bezeichnet, deren Kreditlimit sich durch die Ausführung wesentlich verändert. O

c) Limitierte Aufträge sind solche, bei denen der Auftraggeber einen Kurs angibt, der beim Kauf nicht überschritten, beim Verkauf nicht unterschritten werden darf. O

340. Welche Kosten entstehen dem Kunden bei der Ausführung von Wertpapiergeschäften?

a) Wertpapiergeschäfte werden von den Banken kostenlos ausgeführt, um die Bevölkerung an die Geldanlage in Wertpapieren heranzuführen. O

b) An Kosten entstehen dem Kunden:
   1. Provision,
   2. Courtage,
   3. Börsenumsatzsteuer. O

c) Dem Kunden wird nur die Börsenumsatzsteuer in Rechnung gestellt. Lediglich bei Geschäften über 20 000 DM wird eine Postengebühr von 5 DM belastet. O

7. Die Besteuerung der Unternehmungen

341. Was sind Steuern?

a) Steuern sind Abgaben an den Staat und die Gemeinden zur Deckung der Ausgaben dieser Körperschaften. O

b) Als Steuern bezeichnet man die Aufwendungen des Volkes für zivile und kriegerische Zwecke. O

c) Steuern nennt man die von den Bürgern aufgewendeten Beträge zum Bau von Straßen, Brücken, Schulen, Krankenhäusern usw. O

342. Was versteht man unter direkten Steuern?

a) Unter direkten Steuern versteht man die vom Arbeitgeber vom Lohn bzw. Gehalt direkt einbehaltenen Beträge. O

b) Als direkte Steuern bezeichnet man die Steuern, die der Steuerpflichtige direkt an das Finanzamt abführt. O

c) Als direkte Steuern bezeichnet man die vom Steuerzahler selbst zu tragenden Steuern, wie z. B. die Einkommensteuer. O

343. Was versteht man unter indirekten Steuern?

a) Unter indirekten Steuern versteht man die Zölle und sonstigen steuerähnlichen Abgaben an den Staat. O

b) Indirekte Steuern werden vom Steuerpflichtigen auf die besteuerten Waren geschlagen und so indirekt vom Verbraucher getragen, wie z. B. die Kaffeesteuer. O

c) Als indirekte Steuern bezeichnet man die Aufwendungen der Bürger für die Belange der Allgemeinheit. O

344. Was sind Besitzsteuern?

a) Als Besitzsteuern bezeichnet man die Steuern, die aus selbständiger Arbeit herrühren. O

b) Bei den Besitzsteuern wird der Besitz versteuert, wie z. B. bei der Vermögensteuer und Grundsteuer. O

c) Alle Steuern, die irgendwie mit dem Wort „Kapital" zusammenhängen, wie z. B. die Kapitalertragsteuer, bezeichnet man als Besitzsteuern. O

345. Was sind Verkehrsteuern?

a) Bei den Verkehrsteuern wird ein Vorgang besteuert, wie z. B. bei der Mehrwertsteuer, Kraftfahrzeugsteuer und Beförderungssteuer. O

b) Verkehrsteuern sind Abgaben der Verkehrsbetriebe, wie z. B. die der Städtischen Straßenbahnen und privaten Omnibusunternehmen. O

c) Als Verkehrsteuer bezeichnet man den im Fahrpreis der öffentl. Verkehrsbetriebe enthaltenen Zuschlag für den Bau von Straßen, Brücken usw. O

346. Was sind Verbrauchsteuern?

a) Als Verbrauchsteuern bezeichnet man die Steuern, die in irgendeiner Weise den Verbrauch fördern (z. B. Biersteuer). O

b) Die beim Verbrauch eines Wirtschaftsgutes durch die Abschreibung anfallenden Steuern nennt man Verbrauchsteuern. O

c) Bei den Verbrauchsteuern wird ein Verbrauch besteuert, wie z. B. bei der Tabaksteuer. O

347. Wer sind die Empfänger der Steuerbeträge?

a) Die Steuerbeträge fließen in die Kassen:
   1. des Bundes (Bundessteuern),
   2. der Kirchen (Kirchensteuern),
   3. der Verkehrsbetriebe (Verkehrsteuern). O

b) Empfänger der Steuern sind:
   1. der Bund,
   2. die Länder,
   3. die Gemeinden,
   4. die Kirchen. O

c) Es erhalten die Steuerbeträge:
   1. der Bund,
   2. die Länder. O

348. Welche Steuern fließen in die Kassen des Bundes?

a) In die Kassen des Bundes fließen die direkten Steuern und fast alle Verkehrsteuern. O

b) Der Bund kassiert die Personalsteuern und die Verbrauchsteuern. O

c) Der Bund erhält den größten Teil der Umsatzsteuer, einen Teil der Einkommensteuer, verschiedene Verkehrsteuern und fast alle Verbrauchsteuern. O

349. Welche Steuern erhalten die Länder?

a) Die Länder erhalten einen Teil der Einkommensteuer und der Umsatzsteuer, die Vermögensteuer, Kraftfahrzeug- und Erbschaftsteuer. O

b) Die Länder erhalten die Realsteuern und die Verkehrsteuern. O

c) In die Kassen der Länder fließen die indirekten Steuern und fast alle Verbrauchsteuern. O

350. Welche Steuern stehen den Gemeinden zu?

a) In die Kassen der Gemeinden fließen alle direkten Steuern und die Verkehrsteuern. O

b) Die Gemeinden erhalten die Grundsteuer, einen Teil der Grunderwerbsteuer, die Vergnügungs- und Getränkesteuer. O

c) Die Gemeinden kassieren die Realsteuern und die Hundesteuer. O

351. Wer ist einkommensteuerpflichtig?

a) Unbeschränkt einkommensteuerpflichtig sind alle natürlichen Personen, wenn sie ihren Wohnsitz im Inland haben; beschränkt einkommensteuerpflichtig sind sie, wenn sie ihren Wohnsitz im Ausland haben. O

b) Einkommensteuerpflichtig sind alle natürlichen und juristischen Personen, die ersteren allerdings nur, wenn sie das 16. Lebensjahr vollendet haben. O

c) Einkommensteuerpflichtig sind alle natürlichen Personen, die die deutsche Staatsangehörigkeit besitzen und ihren Wohnsitz im Inland haben. O

352. Welche Einkünfte unterliegen der Einkommensteuer?

a) Der Einkommensteuer unterliegen die Einkünfte aus:
1. selbständiger und unselbständiger Arbeit,
2. Fabrikbetrieben,
3. Makler-, Kommissions- oder Handelsvertreter-Tätigkeit,
4. Kapitalvermögen,
5. Vermietung und Verpachtung,
6. Leihgeschäften. O

b) Die Einkommensteuer erfaßt alle Einkünfte aus:
1. Forstwirtschaft,
2. Gewerbebetrieb,
3. selbständiger Arbeit,
4. nichtselbständiger Arbeit,
5. Kapitalvermögen,
6. Vermietung und Verpachtung,
7. sonstigen Einkunftsquellen. O

c) Der Einkommensteuer unterliegen die Einkünfte aus:
1. selbständiger Arbeit,
2. Gewerbebetrieb,
3. Landwirtschaft,
4. Forstwirtschaft,
5. Kapitalvermögen,
6. Vermietung und Verpachtung. O

353. Was sind Werbungskosten?

a) Werbungskosten sind Ausgaben, die durch die allgemeine Lebensführung bedingt sind. O

b) Als Werbungskosten bezeichnet man die Aufwendungen für die Alterssicherung. O

c) Werbungskosten sind Aufwendungen, die zur Erwerbung, Sicherung und Erhaltung der Einnahmen dienen. O

354. Wie hoch sind z. Z. die jährlichen Werbungskosten-Pauschbeträge?

a) Die Werbungskosten-Pauschbeträge sind wie folgt festgelegt:

1.	bei Ledigen	636,– DM
2.	bei Verheirateten (im Fall der Zusammenveranlagung)	1 272,– DM
3.	bei Einkünften aus Kapitalvermögen	150,– DM
	im Fall der Zusammenveranlagung	300,– DM

O

b) Die jährlichen Werbungskosten-Pauschbeträge sind:

1.	bei Einnahmen aus nichtselbständiger Arbeit	564,– DM
2.	bei selbständiger Nebentätigkeit	1200,– DM
3.	bei Einkünften aus Kapitalvermögen	100,– DM
	bei Zusammenveranlagung der Ehegatten	200,– DM

O

c) Folgende Werbungskosten-Pauschbeträge haben zur Zeit Gültigkeit:

1.	bei Einkünften bis 24 000 DM	564,– DM
2.	bei Einkünften über 24 000 DM	1 128,– DM
3.	bei Einkünften aus Kapitalvermögen	150,– DM
	bei Zusammenveranlagung der Ehegatten	300,– DM

O

355. Was sind Sonderausgaben (a–c) und wie hoch ist die Vorsorgepauschale eines Arbeitnehmers (d–f)?

a) Sonderausgaben sind eigentlich Lebenshaltungskosten, die jedoch auf Grund gesetzlicher Bestimmungen vom Einkommmen abgezogen werden dürfen. O

b) Sonderausgaben sind Aufwendungen, die im wirtschaftlichen Zusammenhang mit einer der sieben Einkunftsarten stehen. O

c) Sonderausgaben sind Aufwendungen des Steuerpflichtigen, die das kommende Steuerjahr betreffen und deshalb abgegrenzt werden müssen. O

d) Die Vorsorgepauschale eines Arbeitnehmers beträgt 10 % des Arbeitslohnes, soweit dieser nicht die Beitragsbemessungsgrenze der gesetzlichen Rentenversicherung übersteigt. O

e) Die Vorsorgepauschale beträgt bei ledigen Arbeitnehmern 300 DM bzw. 600 DM bei verheirateten Arbeitnehmern. O

f) Die Vorsorgepauschale beträgt bei allen Arbeitnehmern 240 DM. O

356. Wie hoch ist z. Z. der jährliche Pauschbetrag für Sonderausgaben?

a) Jeder Steuerpflichtige erhält einen Sonderausgaben-Pauschbetrag von 636,– DM p. a., bei Einnahmen aus Kapitalvermögen zusätzlich 200,– DM p. a.

b) Der Sonderausgaben-Pauschbetrag beträgt z. Z. 564,– DM pro Jahr. O

c) Bei Einnahmen aus nichtselbständiger Arbeit beträgt der Sonderausgaben-Pauschbetrag 936,– DM, bei wiederkehrenden Bezügen 636,– DM, in anderen Fällen 200,– DM. O

357. Welche Sonderausgaben sind beschränkt abzugsfähig?

a) Beschränkt abzugsfähig sind die Hypothekenzinsen sowie die Schuldzinsen für Bauzwischenkredite. O

b) Die Aufwendungen des Steuerpflichtigen für seine eigene Fortbildung sowie für die Ausbildung seiner Kinder sind beschränkt abzugsfähig. O

c) Beschränkt abzugsfähig sind die Aufwendungen für gesetzliche und freiwillige Versicherungen, die Beiträge an Bausparkassen und die Spenden. O

358. Welche Sonderausgaben sind unbeschränkt abzugsfähig?

a) Als Sonderausgaben sind unbeschränkt abzugsfähig: Renten, Schuldzinsen, Kirchensteuern, Vermögensteuern, Steuerberatungskosten. O

b) Unbeschränkt abzugsfähig sind Unterstützungsleistungen für mittellose Angehörige sowie Krankheits- und Beerdigungskosten. O

c) Die Aufwendungen für die Unterbringung der in Berufsausbildung befindlichen und vom Steuerpflichtigen unterhaltenen Kinder sind unbeschränkt abzugsfähig. O

359. Was sind außergewöhnliche Belastungen?

a) Als außergewöhnliche Belastungen werden die Verluste aus Spekulationsgeschäften (insbesondere aus Wertpapiergeschäften) bezeichnet. Sie sind unter bestimmten Voraussetzungen voll abzugsfähig. O

b) Außergewöhnliche Belastungen sind Aufwendungen, die 1. der überwiegenden Mehrzahl der Steuerpflichtigen mit vergleichbaren Einkommensverhältnissen nicht erwachsen und 2. die zumutbare Eigenbelastung übersteigen. O

c) Die Aufwendungen des Steuerpflichtigen für Forschungs- und Entwicklungsaufgaben werden als außergewöhnliche Belastungen bezeichnet. Sie sind bis zu einem bestimmten Prozentsatz des Einkommens voll abzugsfähig. O

360. Wie hoch ist der Freibetrag für Nebeneinkünfte?

a) Einkünfte aus Nebentätigkeiten sind steuerfrei, wenn sie den Betrag von 1200 DM pro anno nicht übersteigen. O

b) Ein Nebenerwerb ist steuerfrei, wenn die Einkünfte hieraus den Betrag von 1440 DM pro Jahr (= 120 DM pro Monat) nicht übersteigen. O

c) Nebeneinkünfte, gleich welcher Art, bis zum Betrage von 800 DM pro Jahr unterliegen nicht der Einkommensteuer. O

361. Was bezeichnet man als Körperschaftsteuer?

a) Als Körperschaftsteuer wird die Steuer der natürlichen Personen bezeichnet, soweit sie die persönlichen Verhältnisse des Steuerpflichtigen berücksichtigt (z. B. Vermögen- und Erbschaftsteuer). O

b) Die Körperschaftsteuer ist die Einkommensteuer der juristischen Personen (Kapitalgesellschaften, Genossenschaften) und der gewerblichen Betriebe von Körperschaften des öffentlichen Rechts. O

c) Die Steuern, die direkt an die Körperschaften gezahlt werden und nicht an die Steuerämter der Gemeinden oder an die Finanzämter, bezeichnet man als Körperschaftsteuern. O

362. Welcher Unterschied besteht zwischen der Lohnsteuer und der Einkommensteuer?

a) Die Lohnsteuer betrifft nur die Arbeiter (Lohnempfänger), die Einkommensteuer dagegen die Angestellten (Gehaltsempfänger). O

b) Im Gegensatz zur Einkommensteuer wird die Lohnsteuer nicht veranlagt, sondern auf Grund einer Lohnsteuerkarte vom Arbeitgeber bei jeder Lohnzahlung vom Arbeitsentgelt abgezogen und an das Finanzamt abgeführt. O

c) Bis zu einem steuerpflichtigen Einkommen von 16 000 DM bei Ledigen und 32 000 DM bei Verheirateten wird Lohnsteuer einbehalten, darüber hinaus Einkommensteuer. O

363. Wer ist lohnsteuerpflichtig?

a) Lohnsteuerpflichtig sind alle Arbeiter, Angestellten und Beamten. Unter bestimmten Voraussetzungen werden sie nach Ablauf des Kalenderjahres zur Einkommensteuer veranlagt. O

b) Alle Empfänger von Einkünften aus selbständiger und nichtselbständiger Arbeit sind lohnsteuerpflichtig. O

c) Lohnsteuerpflichtig ist, wer Inländer ist und im Inland Einkünfte aus unselbständiger Arbeit erzielt. O

364. Welchem Zweck dienen die 6 Steuerklassen bei der Lohnsteuer?

a) Die Steuerklassen haben den Zweck, festzustellen, mit welchen Prozentsätzen die Mehrarbeitsvergütungen zu besteuern sind (z. B. mit 25 % Mehrarbeitszuschlag). O

b) Die Steuerklassen berücksichtigen die Zeiträume, für die die Lohnsteuer zu erheben ist (Tages-, Wochen-, Monatslohn usw.) O

c) Die sechs Steuerklassen berücksichtigen die persönlichen Verhältnisse und damit die Leistungsfähigkeit des Steuerpflichtigen (echte Personalsteuer). O

365. Welche Steuern werden außer der Lohnsteuer noch vom Arbeitsentgelt abgezogen?

a) Außer der Lohnsteuer wird noch folgende Steuer vom Arbeitsentgelt in Abzug gebracht:
Kirchensteuer. O

b) Zur Zeit werden außer der Lohnsteuer noch folgende Steuern vom Arbeitsentgelt einbehalten:
1. die Kirchensteuer,
2. die Arbeitslosensteuer und
3. die Körperschaftsteuer. O

c) Neben der Lohnsteuer werden vom Arbeitsentgelt noch einbehalten:
   1. die Kirchensteuer,
   2. die Sozialversicherungsteuer. O

366. Was wird mit der Vermögensteuer besteuert?

a) Mit der Vermögensteuer wird das Vermögen der Einkommensmillionäre besteuert. O

b) Die Vermögensteuer erfaßt das gesamte Vermögen aller natürlichen und juristischen Personen. Für natürliche Personen gibt es persönliche und sachliche Freibeträge. O

c) Vom Firmenwert einer Unternehmung, auch Goodwill genannt, ist Vermögensteuer zu zahlen. O

367. Wer ist vermögensteuerpflichtig?

a) Vermögensteuerpflichtig sind alle Personen, deren Vermögen mehr als eine Million DM beträgt. O

b) Der Vermögensteuerpflicht unterliegen alle Unternehmungen mit einem Jahresumsatz von einer Million DM und mehr. O

c) Vermögensteuerpflichtig sind alle natürlichen und juristischen Personen mit einigen Ausnahmen, wie z. B. die gemeinnützigen Körperschaften. O

368. Wer ist gewerbesteuerpflichtig?

a) Gewerbesteuerpflichtig sind die Betriebe, deren Fabrikation umweltfeindlich ist, wie z. B. Färbereien, Abdeckereien. O

b) Jeder stehende Gewerbebetrieb (mit einigen Ausnahmen) ist gewerbesteuerpflichtig. Die Gewerbesteuer wird von den Gemeinden erhoben und ist verschieden hoch. O

c) Der Gewerbesteuer unterliegen die Betriebe, die im Jahresdurchschnitt mehr als 500 Arbeiter und Angestellte beschäftigen. O

369. Welche Besteuerungsgrundlagen gibt es bei der Gewerbesteuer?

a) Besteuerungsgrundlagen sind der Gewerbeertrag (Reingewinn), das Gewerbekapital (Einheitswert des Gewerbekapitals) und die Lohnsumme (letztere nicht bei allen Gemeinden). O

b) Die Gewerbesteuer wird auf Grund von Schätzungen der Finanzverwaltung über den Firmenwert des Unternehmens ermittelt. O

c) Besteuerungsgrundlagen sind der nachhaltig zu erwirtschaftetende Ertrag und die Eigenkapitalausstattung des Unternehmens. O

370. Was versteht man unter der Umsatzsteuer (Mehrwertsteuer)?

a) Unter Umsatzsteuer versteht man die Besteuerung der Umsätze, die mit einem Gewinn (= Mehrwert) weiterveräußert werden. O

b) Als Umsatzsteuer bezeichnet man die Steuer, die anfällt, wenn eine Ware über den Ladentisch veräußert wird. O

c) Unter der Umsatzsteuer versteht man die Besteuerung des Umsatzes. Alle Lieferungen und Leistungen eines Unternehmens sind zu versteuern. O

371. Wie hoch ist zur Zeit der Mehrwertsteuersatz?

a) Die Mehrwertsteuer beträgt zur Zeit:
   1. bei Lieferungen und Leistungen des Einzelhandels 11 %,
   2. bei Lieferungen und Leistungen des Großhandels und der Industrie 5,5 %. O

b) Zur Zeit beträgt der allgemeine Steuersatz 12 %, der ermäßigte Steuersatz 6 % (z. B. bei landwirtschaftlichen Erzeugnissen, Büchern). O

c) Die Mehrwertsteuer beträgt bei Fremdumsätzen 11 %, beim Eigenverbrauch 5,5 %.

372. Was sind Zölle?

a) Zölle sind Abgaben, die der Staat von Waren erhebt, wenn sie über seine Grenzen gebracht werden. O

b) Als Zölle bezeichnet man die Inkassobeträge des Staates zur Förderung des Im- und Exports. O

c) Zölle sind steuerähnliche Abgaben, die dem wirtschaftlichen Schutz der Grenzen unserer Bundesländer dienen. O

II. Rechnen

1. Flächen und Körper

Aufgabe 1:

Einem Industrieunternehmen wird in einer Großstadt ein Grundstück zum Kauf angeboten. Das Grundstück ist 865 m lang und 94 m breit. Der Kaufpreis soll 120 DM je Quadratmeter betragen. Wie hoch ist der Bodenwert des Grundstücks?

Bezeichnen Sie die richtige Lösung mit einem X!

a) Bodenwert 9 757 200 DM O
b) Bodenwert 9 757 400 DM O
c) Bodenwert 9 757 600 DM O
d) Keine Lösung ist richtig O

Aufgabe 2:

Ein Büro mit einer Bodenfläche von 16,2 m² soll mit quadratischen Teppichfliesen ausgelegt werden. Die Seitenlänge einer Teppichfliese beträgt 30 cm. Wieviel Teppichfliesen werden benötigt?

Bezeichnen Sie die richtige Lösung mit einem X!

a) 90 Teppichfliesen O
b) 146 Teppichfliesen O
c) 180 Teppichfliesen O
d) Keine Lösung ist richtig O

Aufgabe 3:

Für eine besondere Werbeaktion sollen 32 kreisrunde Werbeflächen neu gestrichen werden. Jede Werbefläche hat einen Durchmesser von 120 cm. Wieviel m² Werbefläche sind insgesamt neu zu streichen?

Bezeichnen Sie die richtige Lösung mit einem X!

a) 36,1728 m² Werbefläche O
b) 144,6912 m² Werbefläche O
c) 157,8534 m² Werbefläche O
d) Keine Lösung ist richtig O

Aufgabe 4:

Ein Industrieunternehmen stellt Gartenschwimmbecken her, die einen Durchmesser von 6 m haben und für eine Wassertiefe von 120 cm ausgelegt sind. Wieviel m³ Fassungsvermögen hat ein Gartenschwimmbecken?

Bezeichnen Sie die richtige Lösung mit einem X!

a) 33,912 m³ Fassungsvermögen O
b) 135,648 m³ Fassungsvermögen O
c) 22,608 m³ Fassungsvermögen O
d) Keine Lösung ist richtig O

Aufgabe 5:

Im Zusammenhang mit dem Transport von Halbfertigerzeugnissen ist der Rauminhalt einer Kiste zu ermitteln. Sie ist 1,60 m lang, 1,10 m breit und 0,80 m hoch!

Bezeichnen Sie die richtige Lösung mit einem X!

a) 3,500 m³ Rauminhalt O
b) 2,560 m³ Rauminhalt O
c) 1,408 m³ Rauminhalt O
d) Keine Lösung ist richtig O

Aufgabe 6:

Ein Industrieunternehmen läßt für Werbezwecke Reklamewürfel mit einer Kantenlänge von 160 cm aus Schaumstoff herstellen. Wieviel m³ Schaumstoff werden für die Herstellung eines Würfels benötigt?

Bezeichnen Sie die richtige Lösung mit einem X!

a) 4,960 m³ Schaumstoff O
b) 4,096 m³ Schaumstoff O
c) 0,496 m³ Schaumstoff O
d) Keine Lösung ist richtig O

Aufgabe 7:

Eine rechteckige Truhe soll außen neu lackiert werden. Sie ist 2,75 m lang, 1,80 m breit und 65 cm hoch. Wieviel m² sind zu lackieren.

Bezeichnen Sie die richtige Lösung mit einem X!

a) 8,8464 m² sind zu lackieren O
b) 15,8150 m² sind zu lackieren O
c) 17,3452 m² sind zu lackieren O
d) Keine Lösung ist richtig O

Aufgabe 8:

Eine Industrieangestellte möchte die Außenwand eines selbstgebastelten Papierkorbes mit Folie bekleben. Der Papierkorb hat einen Durchmesser von 50 cm. Die Höhe des Papierkorbes entspricht der Folienbreite. Wieviel m Folie muß sie kaufen?

Bezeichnen Sie die richtige Lösung mit einem X!

a) 0,79 m Folie O

b) 1,57 m Folie O

c) 3,14 m Folie O

d) Keine Lösung ist richtig O

Aufgabe 9:

Die Außenwand eines Papierkorbes soll mit Folie beklebt werden. Der Papierkorb ist 60 cm hoch und hat einen Durchmesser von 50 cm. Wieviel m² Folie werden benötigt?

Bezeichnen Sie die richtige Lösung mit einem X!

a) 0,942 m² Folie O

b) 1,570 m² Folie O

c) 1,884 m² Folie O

d) Keine Lösung ist richtig O

2. Dreisatz

Aufgabe 10:

Wie lautet der richtige Ansatz für folgende Aufgabe?

20 Garagen kosten monatlich 980 DM Miete; wie hoch ist die monatliche Miete für 7 Garagen!

Bezeichnen Sie die richtige Lösung mit einem X!

a) 980 DM kosten 20 Garagen
? DM kosten 7 Garagen O

b) 7 Garagen kosten ? DM
20 Garagen kosten 980 DM O

c) 20 Garagen kosten 980 DM
7 Garagen kosten ? DM O

d) Keine Lösung ist richtig O

Aufgabe 11:

Eine Warensendung besteht aus 7 verschiedenen Posten und hat ein Gesamtgewicht von 224 kg. Die Gesamtfracht hierfür beträgt 62,80 DM. Wieviel DM Fracht entfällt hiervon auf einen Posten mit 56 kg? (Dreisatz)

Bezeichnen Sie die richtige Lösung mit einem X!

a) Fracht 8,97 DM ○

b) Fracht 15,20 DM ○

c) Fracht 15,70 DM ○

d) Keine Lösung ist richtig ○

Aufgabe 12:

An einer kaufmännischen Berufsschule gibt es 72 Klassen mit durchschnittlich 32 Schülern. Wieviel Klassen müssen gebildet werden, wenn die durchschnittliche Schülerzahl auf 24 gesenkt werden soll? (Dreisatz)

Bezeichnen Sie die richtige Lösung mit einem X!

a) 54 Klassen ○

b) 88 Klassen ○

c) 96 Klassen ○

d) Keine Lösung ist richtig ○

Aufgabe 13:

70 m Stoff für die Herstellung von Blue Jeans kosten bei einer Breite von 1,20 m 1080,– DM. Wieviel DM kosten 132 m desselben Stoffs bei einer Breite von 1,40 m?

Bezeichnen Sie die richtige Lösung mit einem X!

a) 2 376,– DM	O
b) 1 963,64 DM	O
c) 1 745,63 DM	O
d) Keine Lösung ist richtig	O

3. Kettensatz

Aufgabe 14:

In einem Unternehmen der Kosmetikbranche werden 150 Paar Augenwimpern nachbestellt. Die letzte Rechnung für 250 Paar Augenwimpern lautete über 3000 DM. Über welchen Betrag lautet die Rechnung für die neue Lieferung, wenn der gleiche Preis zugrunde gelegt wird?

Stellen Sie für diese Aufgabe nur den Kettensatz auf!

Bezeichnen Sie die richtige Lösung mit einem X!

a)	3000 DM	≙	250 Paar	
	150 Paar	≙	? DM	O
b)	? DM	≙	150 Paar	
	250 Paar	≙	3000 DM	O
c)	? DM	≙	3000 DM	
	150 Paar	≙	250 Paar	O
d)	Keine Lösung ist richtig			O

Aufgabe 15:

Bei einem Perückenhersteller werden 75 Langhaarperücken nachbestellt. Die letzte Lieferung von 220 Langhaarperücken kostete 14 300,– DM. Wie hoch ist der Rechnungspreis für die Nachlieferung, wenn der gleiche Preis angesetzt wird?

Lösen Sie die Aufgabe mit einem Kettensatz!

Bezeichnen Sie die richtige Lösung mit einem X!

a) 4 875,– DM O
b) 4 880,– DM O
c) 4 885,– DM O
d) Keine Lösung ist richtig O

Aufgabe 16:

Eine Schokoladenfabrik bezieht aus den Niederlanden 3560 kg Kakaopulver zum Preis von 8785 hfl. Wieviel DM kostet 1 kg, wenn man für 100 hfl 96,50 DM bezahlen muß?

Lösen Sie die Aufgabe mit einem Kettensatz!

Bezeichnen Sie die richtige Lösung mit einem X!

a) 2,37 DM O
b) 2,38 DM O
c) 2,39 DM O
d) Keine Lösung ist richtig O

4. Ausländische Währungen, Maße und Gewichte

Aufgabe 17:

Ein Auszubildender eines Industrieunternehmens möchte seinen Urlaub in Jugoslawien verbringen. Er will bei seiner Bank 500 DM umtauschen; der Kurs beträgt 9,30 DM = 100 jug. Din. Wieviel jug. Din. erhält er?

Lösen Sie die Aufgabe mit einem Kettensatz!

Bezeichnen Sie die richtige Lösung mit einem X!

a) 5 401,14 jug. Din. O
b) 5 376,34 jug. Din. O
c) 5 325,04 jug. Din. O
d) Keine Lösung ist richtig O

Aufgabe 18:

Eine Angestellte möchte ihren Jahresurlaub in Italien verbringen. Deshalb will sie bei ihrer Sparkasse 900 DM in Lire umtauschen. Der Kurs beträgt am Umtauschtage: 100 Lit. = 2,40 DM.

Wieviel Lire erhält sie?

Lösen Sie die Aufgabe mit einem Dreisatz!

Bezeichnen Sie die richtige Lösung mit einem X!

a) 374 000 Lit. O
b) 374 900 Lit. O
c) 375 000 Lit. O
d) Keine Lösung ist richtig O

Aufgabe 19:

Ein Angestellter eines Industrieunternehmens bringt aus seinem Urlaub in Frankreich 40 FF zurück in die BRD. Wieviel DM erhält er hierfür, wenn die Banken am Umtauschtage 43,25 DM für 100 FF zahlen?

Lösen Sie die Aufgabe mit einem Kettensatz!

Bezeichnen Sie die richtige Lösung mit einem X!

a) 17,30 DM O
b) 17,50 DM O
c) 17,75 DM O
d) Keine Lösung ist richtig O

Aufgabe 20:

Ein Industrieunternehmen muß eine Rechnung aus London über 2350 £ begleichen. Mit welchem Betrag (ohne Gebühren) belastet die Bank das Konto des Unternehmens, wenn am Umrechnungstag der Kurs für 1 £ = 3,779 DM beträgt?

Lösen Sie die Aufgabe mit einem Dreisatz!

Bezeichnen Sie die richtige Lösung mit einem X!

a) 8 870,65 DM O
b) 8 880,65 DM O
c) 8 890,65 DM O
d) Keine Lösung ist richtig O

Aufgabe 21:

Ein Textilunternehmen bezieht aus Großbritannien 400 yds. Kammgarnstoff. Für die Überweisung des Rechnungsbetrages belastet die Bank das Konto des Unternehmens mit 1845 DM (ohne Spesen). Wieviel DM kostet 1 m Kammgarnstoff (11 m = 12 yds.)?

Lösen Sie die Aufgabe mit einem Kettensatz!

Bezeichnen Sie die richtige Lösung mit einem X!

a) 5,03 DM O
b) 5,02 DM O
c) 5,01 DM O
d) Keine Lösung ist richtig O

Aufgabe 22:

Die Verkaufsniederlassung eines englischen Textilunternehmens hat noch 3 Stoffballen mit dem gleichen Design auf Lager. Die Stoffballen haben folgende Längen: yds. 14.2.8.; yds. 8.1.3.; yds. 21.2.9. Wieviel yds., ft. und in. sind das zusammen?

Bezeichnen Sie die richtige Lösung mit einem X!

a) yds. 45.2.6. O
b) yds. 41.1.7. O
c) yds. 45.-.8. O
d) Keine Lösung ist richtig O

Aufgabe 23:

Addieren Sie folgende englischen Gewichte: cwts 11.2.19; cwts. 23.3.14; cwts. 9.1.21.

Bezeichnen Sie die richtige Lösung mit einem X!

a) cwts. 44.7.26 O
b) cwts. 44.6.26 O
c) cwts. 44.3.26 O
d) Keine Lösung ist richtig O

Aufgabe 24:

Eine Warensendung aus England wiegt 15 cwts. Das Gewicht ist in kg umzurechnen (1 cwt. = 50,8 kg).

Lösen Sie die Aufgabe mit einem Kettensatz!

Bezeichnen Sie die richtige Lösung mit einem X!

a) 760 kg O
b) 762 kg O
c) 764 kg O
d) Keine Lösung ist richtig O

Aufgabe 25:

Ein Industrieunternehmen bezieht aus den USA eine Warensendung mit einem Gewicht von 36 cwts. Das Gewicht ist in kg umzurechnen (1 amerikan. cwt. = 45,36 kg).

Lösen Sie die Aufgabe mit einem Dreisatz!

Bezeichnen Sie die richtige Lösung mit einem X!

a) 1 632,940 kg O

b) 1 632,960 kg O

c) 1 632,980 kg O

d) Keine Lösung ist richtig O

Aufgabe 26:

Welche der folgenden Aussagen über die Sortenverkaufskurse der Kreditinstitute ist richtig?

1. Kreditinstitute verkaufen Sorten zum Briefkurs.
2. Kreditinstitute verkaufen Sorten zum Sichtkurs.
3. Kreditinstitute verkaufen Sorten zum Geldkurs.

Bezeichnen Sie die richtige Lösung mit einem X!

a) Aussage 1 ist richtig O

b) Aussage 2 ist richtig O

c) Aussage 3 ist richtig O

d) Keine Aussage ist richtig O

Aufgabe 27:

Ein Industriekaufmann will 12 000 DM in US-$ umtauschen. Am Umtauschtage gelten für US-$ folgende Kurse: 1,85 Geld und 1,94 Brief. Wieviel US-$ erhält der Kunde?

Lösen Sie die Aufgabe mit einem Kettensatz!

Bezeichnen Sie die richtige Lösung mit einem X!

a) 6 486,49 US-$ O

b) 6 235,31 US-$ O

c) 6 185,57 US-$ O

d) Keine Lösung ist richtig O

Aufgabe 28:

Ein Industriekaufmann möchte bei seiner Bank 900 hfl kaufen. Die Bank hat in der Schalterhalle folgende hfl-Sortenkurse veröffentlicht:

Niederlande (100 hfl) 91,10 Geld und 93,10 Brief

Lösen Sie die Aufgabe mit einem Dreisatz!

Bezeichnen Sie die richtige Lösung mit einem X!

a) 837,90 DM O
b) 825,90 DM O
c) 819,90 DM O
d) Keine Lösung ist richtig O

5. Verteilungsrechnen

Aufgabe 29:

An einer Offenen Handelsgesellschaft aus der Lebensmittelbranche sind 3 Gesellschafter beteiligt: Brause mit 50 000 DM, Feger mit 30 000 DM und Paschke mit 20 000 DM. Der Jahresreingewinn beträgt 86 000 DM und ist im

Verhältnis der Einlagen zu verteilen. Wieviel DM erhält jeder Gesellschafter?

Bezeichnen Sie die richtige Lösung mit einem X!

a) Brause 38 700 DM; Feger 30 100 DM; Paschke 17 200 DM O
b) Brause 47 300 DM; Feger 25 800 DM; Paschke 12 900 DM O
c) Brause 43 000 DM; Feger 25 800 DM; Paschke 17 200 DM O
d) Keine Lösung ist richtig O

Aufgabe 30:

Drei verschiedene Warenarten werden zusammen angeliefert. Die Bezugskosten von 640 DM sollen entsprechend dem auf sie im einzelnen entfallenden Gewichtsanteil aufgeteilt werden: Ware A wiegt 580 kg, B 530 kg, C 490 kg.

Wieviel hat jeder zu zahlen?

Bezeichnen Sie die richtige Lösung mit einem X!

a) A = 240 DM, B = 208 DM, C = 192 DM O

b) A = 232 DM, B = 212 DM, C = 196 DM O

c) A = 224 DM, B = 216 DM, C = 200 DM O

d) Keine Lösung ist richtig O

Aufgabe 31:

Drei Industriekaufleute wollen eine OHG gründen. A will eine Kapitaleinlage von 11 000 DM leisten, B will 1/4 und C will 1/5 des Gesamtkapitals aufbringen.

Mit welchen Beträgen wären B und C am Gesamtkapital beteiligt?

Bezeichnen Sie die richtige Lösung mit einem X!

a) B = 5 000 DM; C = 4 000 DM O

b) B = 2 750 DM, C = 2 200 DM O

c) B = 2 750 DM, C = 550 DM O

d) Keine Lösung ist richtig O

6. Durchschnitts- und Mischungsrechnen

Aufgabe 32:

Im 1. Halbjahr hatte unser Vertreter Riemer folgende Umsätze: Januar 124 000 DM, Februar 98 000 DM, März 103 000 DM, April 139 000 DM, Mai 243 000 DM und Juni 253 000 DM. Wie hoch war sein durchschnittlicher Monatsumsatz im 1. Halbjahr?

Bezeichnen Sie die richtige Lösung mit einem X!

a) Monatsumsatz 150 000 DM ○
b) Monatsumsatz 160 000 DM ○
c) Monatsumsatz 170 000 DM ○
d) Keine Lösung ist richtig ○

Aufgabe 33:

Stellen Sie die durchschnittlichen Materialeinsatzkosten je kg folgender Mischung fest!

7 kg Sorte I zu 5,20 DM je Pfund
5 kg Sorte II zu 4,60 DM je ½ kg
3 kg Sorte III zu 5,70 DM je 500 g

Bezeichnen Sie die richtige Lösung mit einem X!

a) 10,– DM ○
b) 10,10 DM ○
c) 10,20 DM ○
d) Keine Lösung ist richtig ○

Aufgabe 34:

Aus drei verschiedenen Kaffeesorten will eine Kaffeerösterei eine neue Mischung herstellen.

12 kg Sorte I zu 22,80 DM je kg
28 kg Sorte II zu 20,80 DM je kg
20 kg Sorte III zu 18,40 DM je kg

Wieviel DM kosten 250 g der Mischung?

Bezeichnen Sie die richtige Lösung mit einem X!

a) 5,– DM je 250 g ○
b) 5,10 DM je 250 g ○
c) 5,20 DM je 250 g ○
d) Keine Lösung ist richtig ○

Aufgabe 35:

Eine Bonbonmischung zu 2,80 DM je Pfund soll aus zwei Sorten hergestellt werden:

Sorte I kostet 1,75 DM je ½ kg
Sorte II kostet 3,15 DM je 500 g

Wie lautet das Mischungsverhältnis?

Bezeichnen Sie die richtige Lösung mit einem X!

a) Mischungsverhältnis 3 : 1 O
b) Mischungsverhältnis 3 : 2 O
c) Mischungsverhältnis 1 : 3 O
d) Keine Lösung ist richtig O

Aufgabe 36:

Zwei Sorten Flüssigkeit sollen im Verhältnis 9 : 7 gemischt werden. Von der ersten Sorte stehen 67,5 l zur Verfügung. Wieviel Liter müssen von der zweiten Sorte genommen werden?

Bezeichnen Sie die richtige Lösung mit einem X!

a) 50,0 l O
b) 52,5 l O
c) 55,0 l O
d) Keine Lösung ist richtig O

7. Prozentrechnen

Aufgabe 37:

Eine Angestellte erhält monatlich 840 DM brutto. Sie hat insgesamt 30 % Abzüge. Die Abzüge machen 252,– DM aus. Welchen Namen haben die Zahlen in der Prozentrechnung?

Bezeichnen Sie die richtige Lösung mit einem X!

a) 840 DM = Prozentwert; 30 % = Grundwert; 252 DM = Prozentsatz O
b) 840 DM = Prozentsatz; 30 % = Prozentwert; 252 DM = Grundwert O
·c) 840 DM = Grundwert; 30 % = Prozentsatz; 252 DM = Prozentwert O
d) Keine Lösung ist richtig O

Aufgabe 38:

Ein Lieferer erkennt unsere Mängelrüge an und gewährt uns einen Preisnachlaß von 15 % auf den Nettorechnungsbetrag von 9824 DM. Wieviel DM beträgt der Preisnachlaß?

Bezeichnen Sie die richtige Lösung mit einem X!

a) Preisnachlaß 1 473,20 DM O
b) Preisnachlaß 1 473,40 DM O
c) Preisnachlaß 1 473,60 DM O
d) Keine Lösung ist richtig O

Aufgabe 39:

Ein Lieferer gewährt einem Industrieunternehmen auf den Rechnungsbetrag von 2480 DM 25 % Mengenrabatt und 3 % Skonto. Wieviel muß der Einzelhändler überweisen?

Bezeichnen Sie die richtige Lösung mit einem X!

a) 1 841,40 DM O
b) 1 804,20 DM O
c) 1 785,60 DM O
d) Keine Lösung ist richtig O

Aufgabe 40:

Auf eine Lagereinrichtung im Anschaffungswert von 68 530 DM werden jährlich 8223,60 DM abgeschrieben. Wie hoch ist der Abschreibungsprozentsatz?

Lösen Sie die Aufgabe mit einem Dreisatz!

Bezeichnen Sie die richtige Lösung mit einem X!

a) 12 % Abschreibung O
b) 14 % Abschreibung O
c) 16 % Abschreibung O
d) Keine Lösung ist richtig O

Aufgabe 41:

Ein Baugeschäft hatte für netto 13 750 DM einen neuen Kombiwagen gekauft. Nach einem Jahr betrug der Restbuchwert noch 11 000 DM. Wie hoch war der Abschreibungsprozentsatz?

Lösen Sie die Aufgabe mit einem Dreisatz!

Bezeichnen Sie die richtige Lösung mit einem X!

a) 18 % Abschreibung O
b) 19 % Abschreibung O
c) 20 % Abschreibung O
d) Keine Lösung ist richtig O

Aufgabe 42:

Ein Elektrounternehmen gewährt seinen Angestellten 25 % Personalrabatt auf den Listenpreis. Ein Angestellter kaufte sich ein neues Tonbandgerät und erhielt 87,50 DM Rabatt. Wie hoch war der Listenpreis?

Lösen Sie die Aufgabe mit einem Dreisatz!

Bezeichnen Sie die richtige Lösung mit einem X!

a) Listenpreis 340 DM O

b) Listenpreis 350 DM O

c) Listenpreis 360 DM O

d) Keine Lösung ist richtig O

Aufgabe 43:

Nach einer 8,5 %igen Gehaltserhöhung erhält ein Industrieangestellter 1193,50 DM brutto. Wie hoch war sein Bruttogehalt vorher?

Lösen Sie die Aufgabe mit einem Dreisatz!

Bezeichnen Sie die richtige Lösung mit einem X!

a) 1 080,– DM O

b) 1 090,– DM O

c) 1 100,– DM O

d) Keine Lösung ist richtig O

Aufgabe 44:

Nach einer 8,5 %igen Gehaltserhöhung verdient eine Industrieangestellte brutto 1519 DM. Um wieviel DM erhöhte sich ihr Bruttogehalt?

Lösen Sie die Aufgabe mit einem Dreisatz!

Bezeichnen Sie die richtige Lösung mit einem X!

a) 120 DM O

b) 119 DM O

c) 118 DM O

d) Keine Lösung ist richtig O

Aufgabe 45:

Wegen der allgemeinen Kostensteigerung muß ein Industrieunternehmen den Preis für Halbfertigerzeugnisse, der bisher mit 350 DM kalkuliert wurde, um 5 % erhöhen. Mit welchem Preis werden die Halbfertigerzeugnisse nun kalkuliert? Lösen Sie die Aufgabe mit einem Kettensatz!

Bezeichnen Sie die richtige Lösung mit einem X!

a) 370,– DM O
b) 367,50 DM O
c) 365,– DM O
d) Keine Lösung ist richtig O

Aufgabe 46:

Ein Lieferer erkennt eine Mängelrüge an und gewährt dafür einen Preisnachlaß von 35 %. Dadurch ermäßigt sich der Rechnungsbetrag ohne Mehrwertsteuer auf 2015 DM. Wie hoch war der ursprüngliche Rechnungsbetrag ohne Mehrwertsteuer?

Bezeichnen Sie die richtige Lösung mit einem X!

a) ursprünglicher Rechnungsbetrag 3 000 DM O
b) ursprünglicher Rechnungsbetrag 3 200 DM O
c) ursprünglicher Rechnungsbetrag 3 100 DM O
d) Keine Lösung ist richtig O

Aufgabe 47:

Eine Warensendung hat ein Nettogewicht von 527 kg. Die Tara betrug 15 %. Wie schwer war die Tara?
Lösen Sie die Aufgabe mit einem Kettensatz!

Bezeichnen Sie die richtige Lösung mit einem X!

a) Tara 91 kg O
b) Tara 92 kg O
c) Tara 93 kg O
d) Keine Lösung ist richtig O

8. Zinsrechnen

Aufgabe 48:

Welche Größe aus der Zinsrechnung fehlt in der Prozentrechnung?

Bezeichnen Sie die richtige Lösung mit einem X!

a) Kapital O
b) Zinsen O
c) Zeit O
d) Keine Lösung ist richtig O

Aufgabe 49:

Ein Industrieunternehmen nimmt bei einer Bank ein Darlehen von 128 000 DM für 4 Jahre auf. Wieviel DM Zinsen sind hierfür bei einem Zinssatz von 12,5 % p. a. insgesamt zu zahlen.

Bezeichnen Sie die richtige Lösung mit einem X!

a) Zinsen 63 000 DM ○
b) Zinsen 64 000 DM ○
c) Zinsen 65 000 DM ○
d) Keine Lösung ist richtig ○

Aufgabe 50:

Ein Industriekaufmann erhält von einem Lieferer für einen Rechnungsbetrag von 1620 DM zwei Monate Zahlungsaufschub. Er muß hierfür allerdings 9 % p. a. Verzugszinsen zahlen. Wieviel DM Verzugszinsen sind das?

Bezeichnen Sie die richtige Lösung mit einem X!

a) Verzugszinsen 24,20 DM ○
b) Verzugszinsen 24,30 DM ○
c) Verzugszinsen 24,40 DM ○
d) Keine Lösung ist richtig ○

Aufgabe 51:

Ein Kapital wird bei einer Bank vom 4. 3. bis 19. 7. zinsbringend angelegt. Berechnen Sie die Zinstage!

Bezeichnen Sie die richtige Lösung mit einem X!

a) 136 Zinstage ○
b) 135 Zinstage ○
c) 134 Zinstage ○
d) Keine Lösung ist richtig ○

Aufgabe 52:

Ein Kapital soll vom 16. 8. bis 4. 12. verzinst werden. Berechnen Sie die Zinstage!

Bezeichnen Sie die richtige Lösung mit einem X!

a) 109 Zinstage O
b) 108 Zinstage O
c) 107 Zinstage O
d) Keine Lösung ist richtig O

Aufgabe 53:

Ein Industriekaufmann überzieht vom 9. 6. bis 27. 7. sein Bankkonto mit 1080 DM. Wieviel DM Zinsen muß er hierfür bezahlen, wenn die Bank 13 % p. a. Zinsen berechnet?

Bezeichnen Sie die richtige Lösung mit einem X!

a) Zinsen 18,70 DM O
b) Zinsen 18,71 DM O
c) Zinsen 18,72 DM O
d) Keine Lösung ist richtig O

Aufgabe 54:

Berechnen Sie aus folgenden Angaben die Zinszahl: Ein Kapital von 2343,79 DM soll für 21 Tage verzinst werden.

Bezeichnen Sie die richtige Lösung mit einem X!

a) 492,1959 O
b) 492,03 O
c) 492 X
d) Keine Lösung ist richtig O

Aufgabe 55:

Welcher der folgenden Lösungswege zur Ermittlung des Zinsdivisors ist richtig?

Bezeichnen Sie die richtige Lösung mit einem X!

a) 360 · % p. a. O
b) 360 : % p. a. O
c) % p. a. : 360 O
d) Keine Lösung ist richtig O

Aufgabe 56:

Eine Rechnung über 639,75 DM, die am 16. 5. fällig war, wurde erst am 12. 6. bezahlt. Wieviel DM Verzugszinsen sind zu zahlen, wenn gemäß den Allgemeinen Geschäftsbedingungen 8 % p. a. als vereinbart gelten?

(Kaufmännische Zinsformel)

Bezeichnen Sie die richtige Lösung mit einem X!

a) Verzugszinsen 3,68 DM O

b) Verzugszinsen 3,69 DM O

c) Verzugszinsen 3,70 DM O

d) Keine Lösung ist richtig O

Aufgabe 57:

Ein Betrag von 12 670,49 DM soll für 57 Zinstage mit 7 % p. a. verzinst werden. (Kaufmännische Zinsformel)

Bezeichnen Sie die richtige Lösung mit einem X!

a) Zinsen 140,41 DM O

b) Zinsen 140,42 DM O

c) Zinsen 140,43 DM O

d) Keine Lösung ist richtig O

Aufgabe 58:

Ein Kunde schuldet einem Industriekaufmann folgende Rechnungsbeträge:

3 475,43 DM, fällig am 13. 10.
5 231,59 DM, fällig am 19. 11.
6 292,98 DM, fällig am 2. 12.

Wieviel DM müssen bis zum Jahresende einschließlich 9 % p. a. vereinbarte Verzugszinsen überwiesen werden?

Bezeichnen Sie die richtige Lösung mit einem X!

a) 15 164,58 DM O
b) 15 164,59 DM O
c) 15 164,60 DM O
d) Keine Lösung ist richtig O

Aufgabe 59:

Eine Bank schreibt einem Industriekaufmann für seine private Spareinlage in der Zeit vom 6. 8. bis 31. 12. desselben Jahres bei einem Zinssatz von 5 % p. a. 148,68 DM Zinsen gut. Wie hoch war die Spareinlage?

Bezeichnen Sie die richtige Lösung mit einem X!

a) Spareinlage 7 344 DM O
b) Spareinlage 7 433 DM O
c) Spareinlage 7 434 DM O
d) Keine Lösung ist richtig O

Aufgabe 60:

Ein Darlehen wird für 270 Tage einschließlich 8 % p. a. Zinsen mit 47 700 DM zurückgezahlt. Wieviel DM Zinsen sind in der Rückzahlungssumme enthalten.

Bezeichnen Sie die richtige Lösung mit einem X!

a) Zinsen 2 650 DM O

b) Zinsen 2 675 DM O

c) Zinsen 2 700 DM O

d) Keine Lösung ist richtig O

Aufgabe 61:

Ein Spezialkreditinstitut gewährt einem Kunden ein Darlehen für 60 Tage, bei dem die Auszahlung bereits um die Zinsen von 9 % p. a. gekürzt ist. Die Auszahlung beträgt 2659,50 DM. Der Kunde muß am Ende der Laufzeit den vollen Darlehnsbetrag zurückzahlen. Wie hoch war das Darlehen?

Bezeichnen Sie die richtige Antwort mit einem X!

a) Darlehn 2 690 DM O

b) Darlehn 2 700 DM O

c) Darlehn 2 710 DM O

d) Keine Lösung ist richtig O

9. Diskontrechnen

Aufgabe 62:

Ein Industriekaufmann läßt bei seiner Bank einen Wechsel über 1600 DM diskontieren. Die Bank schreibt ihm hierfür 1560 DM auf seinem Konto gut. Wie nennt man den gutgeschriebenen Betrag?

Bezeichnen Sie die richtige Lösung mit einem X!

a) Nennwert O
b) Zukunftswert O
c) Barwert O
d) Keine Lösung ist richtig O

Aufgabe 63:

Ein Industriekaufmann reicht seiner Bank am 12. 3. einen Kundenwechsel über 840 DM, fällig am 7. 5., ein. Wie hoch ist der Barwert, wenn die Bank 9 % p. a. Diskont berechnet?

Bezeichnen Sie die richtige Lösung mit einem X!

a) Barwert 828,40 DM O
b) Barwert 828,45 DM O
c) Barwert 828,50 DM O
d) Keine Lösung ist richtig O

Aufgabe 64:

Berechnen Sie die Diskonttage:

1. vom 13. 1. bis 25. 3. = ... Tage
2. vom 25. 1. bis 29. 3. Sa = ... Tage
3. vom 11. 4. bis 30. 5. So = ... Tage
4. vom 21. 5. bis 31. 7. = ... Tage
5. vom 28. 6. bis 31. 8. Sa = ... Tage
6. vom 19. 7. bis 30. 9. So = ... Tage
7. vom 22. 1. bis 31. 3. So = ... Tage

Bezeichnen Sie die richtige Lösung mit einem X!

a) 1. 72 Tage; 2. 65 Tage; 3. 50 Tage; 4. 68 Tage; 5. 63 Tage; 6. 71 Tage; 7. 70 Tage O
b) 1. 72 Tage; 2. 65 Tage; 3. 49 Tage; 4. 69 Tage; 5. 64 Tage; 6. 72 Tage; 7. 69 Tage O
c) 1. 72 Tage; 2. 64 Tage; 3. 48 Tage; 4. 70 Tage; 5. 65 Tage; 6. 73 Tage; 7. 68 Tage O
d) Keine Lösung ist richtig O

Aufgabe 65:

Eine Werkzeugmaschinenfabrik diskontiert bei einem Kreditinstitut am 10. August folgende Wechsel zu 9 % p. a.

Betrag DM	Fälligkeit	Tage	Zinszahlen
1346,91	28. 8.	....	....
3981,64	7. 9. So	....	....
4671,45	10. 10.	....	....

.... Summe ....

.... Diskont

.... Gutschrift Wert 10. 8.

Über welchen Betrag lautet die Gutschrift?

Bezeichnen Sie die richtige Lösung mit einem X!

a) Gutschrift 9 896 DM O
b) Gutschrift 10 000 DM O
c) Gutschrift 10 104 DM O
d) Keine Lösung ist richtig O

Aufgabe 66:

Bezeichnen Sie mit einem X, welche der folgenden Aussagen über die Rediskontierung bei der LZB richtig sind!

1. Die LZB berechnet bei der Rediskontierung von Wechseln 5 DM Mindestdiskont je Abschnitt.
2. Die LZB berechnet bei der Rediskontierung von Wechseln für mindestens 5 Zinstage Diskont.
3. Die LZB wendet bei der Rediskontierung von Wechseln die französische Zinsmethode an, d. h. sie rechnet die Tage kalendermäßig genau und das Jahr mit 360 Tagen.
4. Die LZB berechnet bei der Rediskontierung von Wechseln mit einer Restlaufzeit von weniger als 11 Tagen zusätzlich eine Gebühr von 2 DM.

a) Die Aussagen 1 und 3 sind richtig. O
b) Die Aussagen 2 und 4 sind richtig. O
c) Die Aussagen 1 und 4 sind richtig. O
d) Die Aussagen 2 und 3 sind richtig. O

Aufgabe 67:

Die LZB Düsseldorf rediskontiert am 10. August folgende Wechsel zu 6 % p. a. Diskont.

Betrag DM	Fälligkeit	Tage	Zinszahlen	Gebühren
3475,43	13. 8.	....	....	2,–
5231,59	19. 8.	....	....	2,–
6292,98	30. 8. Sa	....	....	....

.... Summe 4,–

.... Diskont

.... Gutschrift

Über welchen Betrag lautet die Gutschrift?

Bezeichnen Sie die richtige Lösung mit einem X!

a) Gutschrift 14 963,21 DM O
b) Gutschrift 14 963,22 DM O
c) Gutschrift 14 963,23 DM O
d) Keine Lösung ist richtig O

Aufgabe 68:

Eine Schuld von 9800 DM soll durch einen 90-Tage-Ausgleichswechsel beglichen werden, in dessen Summe Wechselsteuer und 8 % p. a. Diskont einzurechnen sind.

Über welchen Betrag muß der Ausgleichswechsel lauten?

Bezeichnen Sie die richtige Antwort mit einem X!

a) Wechselsumme 10 015,24 DM O
b) Wechselsumme 10 015,46 DM O
c) Wechselsumme 10 015,63 DM O
d) Keine Lösung ist richtig O

10. Terminrechnen

Aufgabe 69:

Ein Industriekaufmann kauft am 21. 6. einen neuen Pkw für 16 800 DM. Er zahlt 4200 DM an. Für den restlichen Kaufpreis stellt der Verkäufer 4 Wechsel über je 3150 DM, fällig am 15. 7.; 31. 7.; 16. 8. und 1. 9. aus. Welches Verfallfdatum wäre einzusetzen, wenn der Verkäufer nur einen Wechsel über 12 600 DM ausstellen würde?

Bezeichnen Sie die richtige Lösung mit einem X!

a) Verfall 8. 8. O

b) Verfall 9. 8. O

c) Verfall 10. 8. O

d) Keine Lösung ist richtig O

Aufgabe 70:

Ein Kommissionär tätigt für seinen Auftraggeber folgende Verkäufe:

Betrag DM	Fälligkeit	Tage	Zinszahlen
4 217,98	17. 4.	....	....
5 373,74	20. 4.	....	....
6 408,28	28. 4.	....	....
16 000,– Gutschrift			....

mittlerer Verfall ....

Welches ist das mittlere Verfalldatum für diese Verkäufe?

Bezeichnen Sie die richtige Lösung mit einem X!

a) mittlerer Verfall 20. 4. O

b) mittlerer Verfall 22. 4. O

c) mittlerer Verfall 23. 4. O

d) Keine Lösung ist richtig O

Aufgabe 71:

Eine Rohstoffgroßhandlung hat an uns 19 460 DM Forderungen, die am 5. 10. fällig sind. Wir haben hierauf bereits am 2. 9. 4510,– DM und am 28. 9. 6450,– DM durch unsere Bank überwiesen. Wann muß die Restschuld überwiesen werden?

Bezeichnen Sie die richtige Lösung mit einem X!

a) 27. 10. O

b) 28. 10. O

c) 29. 10. O

d) Keine Lösung ist richtig O

11. Kontokorrentrechnen

Aufgabe 72:

Folgende KK-Staffel ist zum 31. 3. abzuschließen.

Ermitteln Sie die Summe der Soll- und Habenzinszahlen zum 31. 3.!

Wert	S/H	Betrag DM	Tage	Soll	Haben
31. 12.	S	4 000,–			
10. 1.	H	1 000,–			
	S	3 000,–			
15. 2.	H	4 000,–			
	H	1 000,–			
25. 2.	S	5 000,–			
	S	4 000,–			
31. 3.					

Bezeichnen Sie die richtige Antwort mit einem X!

a) Sollzinszahlen 2 950; Habenzinszahlen 0 O

b) Sollzinszahlen 2 850; Habenzinszahlen 100 O

c) Sollzinszahlen 1 450; Habenzinszahlen 1 500 O

d) Keine Antwort ist richtig O

Aufgabe 73:

Die folgende KK-Staffel ist zum 30. 6. abzuschließen. Ermitteln Sie die Summe der Soll- und Habenzinszahlen!

Wert	S/H	Betrag DM	Tage	Soll	Haben
31. 3.	S	4000,–	....	....	....
20. 4.	H	7000,–	....	....	....
	H	3000,–	....	....	....
25. 6.	S	8000,–	....	....	....
	S	5000,–	....	....	....
2. 7.	H	2000,–	....	....	....
	S	3000,–	....	....	....
30. 6.					
			....	....	....

Bezeichnen Sie die richtige Lösung mit einem X!

a) Sollzinszahlen 1090; Habenzinszahlen 1950 O
b) Sollzinszahlen 1150; Habenzinszahlen 1890 O
c) Sollzinszahlen 1150; Habenzinszahlen 2010 O
d) Keine Lösung ist richtig O

Aufgabe 74:

Für den Vierteljahresabschluß einer KK-Staffel ist die Kreditprovision zu berechnen.

Provisionssatz:	3 % von eingeräumten, aber nicht beanspruchten Kredit
Kreditlimit:	5000 DM
Kreditlaufzeit:	90 Tage

Der Abschluß der KK-Staffel ergab folgende Zinszahlen:

Sollzinszahlen:	3 748
Habenzinszahlen:	1 321
Überziehungszinszahlen:	381

Wieviel DM beträgt die Kreditprovision?

Bezeichnen Sie die richtige Lösung mit einem X!

a) Die Kreditprovision beträgt 9,42 DM O
b) Die Kreditprovision beträgt 9,43 DM O
c) Die Kreditprovision beträgt 9,44 DM O
d) Keine Lösung ist richtig O

Aufgabe 75:

Ermitteln Sie den Abschlußsaldo für eine Kontokorrentstaffel!

Abschlußblatt	Soll DM	Haben DM
12 % p. a. Sollzinsen (einschl. Kreditprovision) aus 5736 Zinszahlen	....	....
1/2 % p. a. Habenzinsen aus 3415 Zinszahlen	....	....
1 % p. a. Umsatzprovision vom beanspruchten Kredit von 5736 Zinszahlen	....	....
Barauslagen	5,61	
Saldo		....
Summe	....	....

Bezeichnen Sie die richtige Lösung mit einem X!

a) Saldo 207,– DM ○
b) Saldo 208,– DM ○
c) Saldo 212,74 DM ○
d) Keine Lösung ist richtig ○

12. Effektenrechnen

Aufgabe 76:

Für seine Vermögensteuererklärung ermittelt ein Industriekaufmann den Wert seines Wertpapierdepots:

1. 8500 DM 7 %ige Pfandbriefe zu 86 % ....
2. 150 Stück Kaufhaus-Aktien zu 340 DM/Stück ....
3. 20 Investmentzertifikate zu 39,60 DM/Anteil ....

Gesamtwert ....

Bezeichnen Sie die richtige Lösung mit einem X!

a) Gesamtwert 59 102,– DM ○
b) Gesamtwert 58 062,– DM ○
c) Gesamtwert 58 012,– DM ○
d) Keine Lösung ist richtig ○

Aufgabe 77:

Eine Aktiengesellschaft der Elektrobranche erhöht ihr Grundkapital von 20 Mill. DM. auf 24 Mill. DM. Wie lautet das Bezugsverhältnis?

Bezeichnen Sie die richtige Lösung mit einem X!

a) Bezugsverhältnis 5 : 6 O
b) Bezugsverhältnis 6 : 1 O
c) Bezugsverhältnis 5 : 1 O
d) Keine Lösung ist richtig O

Aufgabe 78:

Wie hoch ist der rechnerische Wert des Bezugsrechts bei einem Bezugsverhältnis von 4 : 1?

Kurs der alten Aktie 165,20 DM; Kurs der jungen Aktie 145,20 DM.

Bezeichnen Sie die richtige Lösung mit einem X!

a) 5,– DM O
b) 4,50 DM O
c) 4,– DM O
d) Keine Lösung ist richtig O

Aufgabe 79:

Auf eine Aktie zum Kurs von 198 DM/Stück entfallen 7,42 DM Nettodividende.

Wie hoch ist die Verzinsung? (2 Dezimalstellen)

Lösen Sie die Aufgabe mit einem Kettensatz!

Bezeichnen Sie die richtige Lösung mit einem X!

a) 3,74 % O
b) 3,75 % O
c) 3,76 % O
d) Keine Lösung ist richtig O

Aufgabe 80:

Ein 7 %iger Pfandbrief notiert an der Börse mit 86,50 %. Wie hoch ist die Verzinsung? (2 Dezimalstellen)

Lösen Sie die Aufgabe mit einem Dreisatz!

Bezeichnen Sie die richtige Lösung mit einem X!

a) 8,11 % O
b) 8,10 % O
c) 8,09 % O
d) Keine Lösung ist richtig O

Aufgabe 81:

Ein Industrieunternehmen beantragt bei seiner Bank einen Kredit von 200 000 DM. Als Sicherheit bietet es Aktien mit einem derzeitigen Stückkurs von 132 DM an. Wieviel Stück müssen bei einem Beleihungssatz von 60 % verpfändet werden? (Auf volle Stück aufrunden!)

Bezeichnen Sie die richtige Lösung mit einem X!

a) 2 525,25 Stück O
b) 2 523 Stück O
c) 2 526 Stück O
d) Keine Lösung ist richtig O

Aufgabe 82:

Eine Stahlbau-GmbH möchte einen Kredit von 120 000 DM durch Pfandbriefe, die der Bank verpfändet werden sollen, absichern. Wieviel DM nom. Pfandbriefe sind das bei einem derzeitigen Kurs der Pfandbriefe von 96 %, wenn der Beleihungswert 75 % des Kurswertes beträgt?

Bezeichnen Sie die richtige Antwort mit einem X!

a) nom. 160 000 DM Pfandbriefe O
b) nom. 166 000 DM Pfandbriefe O
c) nom. 166 700 DM Pfandbriefe O
d) Keine Lösung ist richtig O

Aufgabe 83:

Ein Industriekaufmann möchte bei seiner Bank einen Lombardkredit aufnehmen. Als Sicherheit kann er nom. 9500 DM Pfandbriefe zum Kurs von 85 % anbieten. Der Beleihungssatz beträgt 75 % des Kurswertes. (Lombardkredit auf volle 100 DM abrunden!)

Wie hoch ist der Lombardkredit, der ihm gewährt werden kann?

Bezeichnen Sie die richtige Lösung mit einem X!

a) Lombardkredit 6 000 DM O
b) Lombardkredit 6 100 DM O
c) Lombardkredit 6 200 DM O
d) Keine Lösung ist richtig O

Aufgabe 84:

Ein Lebensmittelhersteller möchte bei seiner Sparkasse einen Lombardkredit aufnehmen. Als Sicherheit verpfändet er 250 Stück Aktien zum Kurs von 270 DM/Stück. Der Beleihungssatz beträgt 60 %.

Wie hoch ist der Lombardkredit (abgerundet auf volle 100 DM)?

Bezeichnen Sei die richtige Lösung mit einem X!

a) Lombardkredit 40 000 DM O
b) Lombardkredit 40 500 DM O
c) Lombardkredit 41 000 DM O
d) Keine Lösung ist richtig O

13. Kostenartenrechnen

Aufgabe 85:

Welche Aussage über die Zusammensetzung der Materialkosten ist richtig?

1. Die Materialkosten setzen sich aus dem Einkaufspreis, den planmäßigen Abschreibungen und der Umsatzsteuer zusammen.
2. Die Materialkosten setzen sich aus den Kosten der Materialbeschaffung, den Personalkosten und dem kalkulatorischen Zins zusammen.
3. Die Materialkosten setzen sich aus dem Einkaufspreis und den Kosten der Materialbeschaffung zusammen, wobei die Umsatzsteuer unberücksichtigt bleibt.

Bezeichnen Sie die richtige Lösung mit einem X!

a) Aussage 1 ist richtig O
b) Aussage 2 ist richtig O
c) Aussage 3 ist richtig O
d) Keine Lösung ist richtig O

Aufgabe 86:

Ein Lieferer schickt uns Ware mit einem Bruttogewicht von 750 kg. Die Tara beträgt 10 %. Wie hoch ist der Rechnungsbetrag ohne Mehrwertsteuer, wenn der Lieferer 4,20 DM je kg brutto für netto in Rechnung stellt?

Bezeichnen Sie die richtige Lösung mit einem X!

a) Rechnungspreis 2 835,– DM O
b) Rechnungspreis 3 150,– DM O
c) Rechnungspreis 3 465,– DM O
d) Keine Lösung ist richtig O

Aufgabe 87:

Ein Hersteller liefert uns 7 Fässer Speiseöl mit einem Bruttogesamtgewicht von 1200 kg; die Tara beträgt 5 %. Er gewährt uns 5 % Treuerabatt auf den Listenpreis von 240 DM je 100 kg Nettogewicht. Wie hoch ist der Rechnungsbetrag ohne Mehrwertsteuer?

Bezeichnen Sie die richtige Lösung mit einem X!

a) Rechnungsbetrag 2 488,10 DM O
b) Rechnungsbetrag 2 599,20 DM O
c) Rechnungsbetrag 2 611,20 DM O
d) Keine Lösung ist richtig O

Aufgabe 88:

Ein Industriekaufmann will eine Rechnung über 748,– DM unter Abzug von 3 % Skonto regulieren. Ermitteln Sie den Einkaufspreis!

Bezeichnen Sie die richtige Lösung mit einem X!

a) Einkaufspreis 770,44 DM O
b) Einkaufspreis 725,56 DM O
c) Einkaufspreis 723,32 DM O
d) Keine Lösung ist richtig O

Aufgabe 89:

Auf den Listenpreis von 2500 DM ohne Mehrwertsteuer erhält ein Lebensmittelhersteller 20 % Mengenrabatt und 2 % Skonto. Wie hoch ist der Einkaufspreis ohne Mehrwertsteuer?

Bezeichnen Sie die richtige Lösung mit einem X!

a) Einkaufspreis 1 980,– DM O

b) Einkaufspreis 1 970,– DM O

c) Einkaufspreis 1 960,– DM O

d) Keine Lösung ist richtig O

Aufgabe 90:

Beim Naturalrabatt unterscheidet man Warendraufgabe und Warendreingabe.

Bezeichnen Sie mit einem X, welche Aussage richtig ist!

a) Warendraufgabe heißt: es wird mehr berechnet als geliefert.
Warendreingabe heißt: es wird weniger berechnet als geliefert. O

b) Warendraufgabe heißt: es wird geliefert, aber nicht berechnet.
Warendreingabe heißt: es wird berechnet, aber nicht geliefert. O

c) Warendraufgabe heißt: es wird mehr geliefert als bestellt.
Warendreingabe heißt: es wird geliefert wie bestellt, aber weniger berechnet. O

d) Keine Aussage ist richtig. O

Aufgabe 91:

Ein Artikel kostet im Einkauf (ohne Mehrwertsteuer) 356,23 DM. Die Bezugskosten setzen sich zusammen aus 9,80 DM für Fracht und Rollgeld sowie 26,43 DM für Versicherung. Wie hoch ist der Bezugspreis/Einstandspreis?

Bezeichnen Sie die richtige Lösung mit einem X!

a) Bezugspreis 320,— DM O

b) Bezugspreis 329,80 DM O

c) Bezugspreis 346,43 DM O

d) Keine Lösung ist richtig O

Aufgabe 92:

Ermitteln Sie den Zuschlagssatz für die Bezugskosten!

S	300 Rohstoffe	H
EBK	140 000	
Liefg.	3 150 000	

S	304 Bezugskosten	H
Gesamt	98 000	

S	41 Lieferantenskonti	H
	Gesamt	50 000

Bezeichnen Sie die richtige Lösung mit einem X!

a) Zuschlagsatz 3,16 % O
b) Zuschlagsatz 3,07 % O
c) Zuschlagsatz 3,06 % O
d) Keine Lösung ist richtig O

Aufgabe 93:

Welche der folgenden Zusammenstellungen enthält nur gewichtsabhängige Bezugskosten?

1. Fracht, Versicherungsprämie, Rollgeld, Provision, Lagerkosten.
2. Wiegegebühren, Umschlagskosten, Umsatzsteuer, Bankspesen, Wertzoll.
3. Lagerkosten, Wiegegebühren, Fracht, Rollgeld, Umschlagskosten.

Bezeichnen Sie die richtige Lösung mit einem X!

a) Die erste Zusammenstellung ist richtig O
b) Die zweite Zusammenstellung ist richtig O
c) Die dritte Zusammenstellung ist richtig O
d) Keine Lösung ist richtig O

Aufgabe 94:

Eine Mischung hat folgende Zusammensetzung:

300 kg zu 23,40 DM/kg
40 kg zu 72,25 DM/kg
8 kg zu 28,50 DM/kg

Wie hoch ist der Netto-Materialkosteneinsatz dieser Mischung, wenn ein verwertbarer Abfall von 31 kg zu 24 DM/kg anfällt?

Bezeichnen Sie die richtige Lösung mit einem X!

a) Netto-Materialeinsatzkosten 9 394 DM O
b) Netto-Materialeinsatzkosten 10 138 DM O
c) Netto-Materialeinsatzkosten 10 882 DM O
d) Keine Lösung ist richtig O

Aufgabe 95:

Ein Dreher hat einen Stundentariflohn von 12 DM. Der Akkordzuschlag beträgt 10 %; die durchschnittliche Stundenleistung liegt bei 22 Buchsen. Wie hoch ist das Stückgeld?

Bezeichnen Sie die richtige Lösung mit einem X!

a) Stückgeld 0,50 DM O

b) Stückgeld 0,60 DM O

c) Stückgeld 0,70 DM O

d) Keine Lösung ist richtig O

Aufgabe 96:

Ein Arbeiter erhält einen Stundentariflohn von 12 DM und einen Akkordzuschlag von 10 %. Ermitteln Sie den Minutenfaktor!

a) Minutenfaktor 0,20 DM O

b) Minutenfaktor 0,21 DM O

c) Minutenfaktor 0,22DM O

d) Keine Lösung ist richtig O

Aufgabe 97:

Eine Maschinenfabrik erhält eine neue Spezialdrehbank zum Preis von 80 000 DM zuzüglich 8000 DM Bezugs- und Montagekosten geliefert. Der Schrottwert wird mit 7000 DM, die Demontagekosten werden mit 1000 DM angenommen. Die betriebliche Nutzungsdauer wird auf 5 Jahre veranschlagt. Stellen Sie einen Abschreibungsplan auf! Wie hoch ist der Restbuchwert am Ende des 2. Jahres bei gleichbleibenden Abschreibungsbeträgen?

Bezeichnen Sie die richtige Lösung mit einem X!

a) Restbuchwert 49 200 DM O

b) Restbuchwert 49 400 DM O

c) Restbuchwert 49 600 DM O

d) Keine Lösung ist richtig O

Aufgabe 98:

Eine Industrieanlage mit einem Abschreibungswert von 164 000 DM soll mit 15 % degressiv abgeschrieben werden. Wie hoch ist der Restbuchwert dieser Anlage am Ende des 2. Jahres?

Bezeichnen Sie die richtige Lösung mit einem X!

a) Restbuchwert 114 800 DM O

b) Restbuchwert 116 510 DM O

c) Restbuchwert 118 490 DM O

d) Keine Lösung ist richtig O

Aufgabe 99:

Ein Zuliefererunternehmen aus der Kfz-Branche hatte im Vorjahr einen Jahresumsatz von 18 720 000 DM zu Selbstkosten. Das betriebsnotwendige Kapital wurde mit 2 600 000 DM ausgewiesen. Wie hoch war der Kapitalumschlag in dem betreffenden Geschäftsjahr?

a) Kapitalumschlag 7,1 O

b) Kapitalumschlag 7,2 O

c) Kapitalumschlag 7,3 O

d) Keine Lösung ist richtig O

Aufgabe 100:

Ein Unternehmen hat einen Kapitalumschlag von 7,2. Der Bankzinssatz beträgt 14 % p. a. Wie hoch ist der kalkulatorische Zinszuschlagssatz?

Bezeichnen Sie die richtige Lösung mit einem X!

a) kalkulatorischer Zinszuschlagssatz 0,51 % O

b) kalkulatorischer Zinszuschlagssatz 1,94 % O

c) kalkulatorischer Zinszuschlagssatz 2,34 % O

d) Keine Lösung ist richtig O

Aufgabe 101:

Ein Industrieunternehmen hatte im Vorjahr einen Jahresumsatz von 18 720 000 DM zu Selbstkosten. Das betriebsnotwendige Kapital wurde mit 2 600 000 DM ausgewiesen. Der bankübliche Zinssatz beträgt 14 % p. a. Wie hoch ist der kalkulatorische Zuschlagssatz?

Bezeichnen Sie die richtige Lösung mit einem X!

a) kalkulatorischer Zinszuschlagssatz 1,94 % O
b) kalkulatorischer Zinszuschlagssatz 1,95 % O
c) Kalkulatorischer Zinszuschlagssatz 1,96 % O
d) Keine Lösung ist richtig O

Aufgabe 102:

Der einzige Komplementär einer Bauunternehmung erhält ein Jahresgehalt von 90 000 DM. Wie hoch ist der Zuschlagssatz für den kalkulatorischen Unternehmerlohn bei einem Jahresumsatz zu Selbstkosten von 7 200 000 DM?

Bezeichnen Sie die richtige Lösung mit einem X!

a) Zuschlagssatz 0,80 % O
b) Zuschlagssatz 1,10 % O
c) Zuschlagssatz 1,25 % O
d) Keine Lösung ist richtig O

Aufgabe 103:

Eine Schreinerei hat ein Eigenkapital von 700 000 DM, das mit 9 % verzinst werden soll. Als Risikoprämie werden 2 %, als Unternehmerlohn 83 000 DM angesetzt. Die Jahresselbstkosten betragen 4 000 000 DM. Wie hoch ist der Gewinnzuschlag?

Bezeichnen Sie die richtige Lösung mit einem X!

a) Gewinnzuschlag 4 % O
b) Gewinnzuschlag 5 % O
c) Gewinnzuschlag 6 % O
d) Keine Lösung ist richtig O

14. Kalkulationsrechnen

Aufgabe 104:

Aus welchen Kostenstellen setzen sich die Herstellungskosten zusammen?

1. Kostenstelle Material + Kostenstelle Verwaltung
2. Kostenstelle Fertigung + Kostenstelle Vertrieb
3. Kostenstelle Material + Kostenstelle Fertigung

Bezeichnen Sie die richtige Lösung mit einem X!

a) Die 1. Aussage ist richtig O
b) Die 2. Aussage ist richtig O
c) Die 3. Aussage ist richtig O
d) Keine Aussage ist richtig O

Aufgabe 105:

Für eine Produktion von 600 000 kg Dünger sind in den Kostenstellen folgende Beträge angefallen:

Materialbereich	380 000 DM
Fertigungsbereich	120 000 DM
Verwaltungsbereich	50 000 DM
Vertriebsbereich	80 000 DM

Wie hoch sind die Selbstkosten für die gesamte Düngerproduktion?

Bezeichnen Sie die richtige Lösung mit einem X!

a) Selbstkosten 500 000 DM O
b) Selbstkosten 550.000 DM O
c) Selbstkosten 630 000 DM O
d) Keine Lösung ist richtig O

Aufgabe 106:

Die Selbstkosten für die Produktion von 500 000 kg Kunstdünger betragen 588 000,– DM. Wie hoch ist der Listenverkaufspreis für 1 dz Kunstdünger, wenn 25 % Gewinn, 2 % Skonto und 20 % Rabatt zu berücksichtigen sind?

Bezeichnen Sie die richtige Lösung mit einem X!

a) Listenverkaufspreis 187,50 DM/dz O
b) Listenverkaufspreis 181,20 DM/dz O
c) Listenverkaufspreis 174,25 DM/dz O
d) Keine Lösung ist richtig O

Aufgabe 107:

Der Ziel-Angebotspreis für eine automatische Autoantenne beträgt 48 DM. Wie hoch ist der unverbindliche Richtpreis einschließlich 11 % Mehrwertsteuer, wenn 40 % Wiederverkäuferrabatt einzurechnen sind?

Bezeichnen Sie die richtige Lösung mit einem X!

a) unverbindlicher Richtpreis 74,59 DM O
b) unverbindlicher Richtpreis 88,80 DM O
c) unverbindlicher Richtpreis 88,88 DM O
d) Keine Lösung ist richtig O

Aufgabe 108:

Die Selbstkosten für einen Lippenstift betragen 4,41 DM. Der Wiederverkäuferpreis wird auf 10 DM je Stück festgesetzt. Wie hoch ist der Gewinn in %, wenn in den Wiederverkäuferpreis 25 % Rabatt und 2 % Skonto eingerechnet wurden?

Bezeichnen Sie die richtige Lösung mit einem X!

a) Gewinn 25 % O
b) Gewinn 40 % O
c) Gewinn 66,67 % O
d) Keine Lösung ist richtig O

Aufgabe 109:

Ein Industrieunternehmen produziert ein Gerät in Standard- und Luxusausführung

Standardausführung:	2 000 Stück	Äquivalenzziffer 5
Luxusausführung:	5 000 Stück	Äquivalenzziffer 6

Die ingesamt angefallenen Selbstkosten beziffern sich auf 7 200 000 DM. Wie hoch sind die Selbstkosten je Stück?

Bezeichnen Sie die richtige Lösung mit einem X!

a) Standard 700 DM; Luxus 1 040 DM O
b) Standard 900 DM; Luxus 1 080 DM O
c) Standard 960 DM; Luxus 1 100 DM O
d) Keine Lösung ist richtig O

Aufgabe 110:

Berechnen Sie die Materialgemeinkosten!

Fertigungsmaterial	.... DM	
Materialgemeinkosten 12 %	.... DM	
Materialkosten		644,— DM

Bezeichnen Sie die richtige Lösung mit einem X!

a) Materialgemeinkosten 67,50 DM O
b) Materialgemeinkosten 69,— DM O
c) Materialgemeinkosten 77,28 DM O
d) Keine Lösung ist richtig O

Aufgabe 111:

Berechnen Sie die Fertigungslöhne in DM!

Fertigungslöhne	.... DM	
Fertigungsgemeinkosten 250 %	.... DM	
Fertigungskosten		6 650 DM

Bezeichnen Sie die richtige Lösung mit einem X!

a) Fertigungslöhne 1 900 DM O
b) Fertigungslöhne 2 150 DM O
c) Fertigungslöhne 4 750 DM O
d) Keine Lösung ist richtig O

Aufgabe 112:

Wie hoch ist der Zielverkaufspreis, wenn der Rechnungspreis einschließlich 11 % Mehrwertsteuer 9435 DM beträgt?

Bezeichnen ie die richtige Lösung mit einem X!

a) Zielverkaufspreis 8 300 DM O
b) Zielverkaufspreis 8 400 DM O
c) Zielverkaufspreis 8 500 DM O
d) Keine Lösung ist richtig O

III. Buchführung

1. Aufgaben, gesetzliche Grundlagen und Ordnungsmäßigkeit der Buchführung

1. Prüfen Sie, welche der folgenden Aussagen über die Aufgaben der Buchführung richtig sind!

Bezeichnen Sie die Antwort mit

X, wenn sie richtig ist,

O, wenn sie falsch ist!

a) Feststellung des Vermögens- und Schuldenstandes O

b) Aufzeichnung der Vermögens- und Schuldenveränderungen O

c) Ermittlung des Unternehmenserfolges O

d) Ermittlung der Prozentsätze für die Mehrwertsteuer O

e) Gewinnung von Unterlagen für die Selbstkostenrechnung O

f) Ermöglichung von statistischen Erhebungen O

g) Beweismittel vor Gericht O

h) Lieferung von Zahlenmaterial für die Planung des Unternehmens O

i) Grundlage der Preiskalkulation des Industriebetriebes O

2. Bezeichnen Sie mit einem X, in welchen Gesetzen Vorschriften über die Buchführung zu finden sind!

a) im Bürgerlichen Gesetzbuch O

b) im Handelsgesetzbuch O

c) im Strafgesetzbuch O

d) in der Abgabenordnung O

e) im Einkommensteuergesetz O

f) im Umsatzsteuergesetz O

g) im Gewerbesteuergesetz O

h) im Aktiengesetz O

i) im GmbH-Gesetz O

j) im Genossenschaftsgesetz O

3. Prüfen Sie, welche der folgenden Aussagen über die Grundsätze ordnungsgemäßer Buchführung richtig sind!

Bezeichnen Sie die Antwort mit

X, wenn sie richtig ist,

O, wenn sie falsch ist!

a) Die Handelsbücher dürfen in jeder lebenden und toten Sprache geführt werden. O

b) Alle Aufzeichnungen müssen wahr sein. O

c) Für die einzelnen Buchungen brauchen nicht immer Belege vorhanden zu sein. O

d) Alle Aufzeichnungen müssen zeitlich und sachlich vollständig sein. O

e) Eine Loseblattbuchführung ist zulässig, wenn deren Ordnungsmäßigkeit durch Aufbewahrung der Belege und des Buchungsmaterials gesichert ist. O

f) Falsche Eintragungen sind unleserlich zu machen. O

4. Bezeichnen Sie die richtigen Aussagen über die Aufbewahrungsfristen von Geschäftsunterlagen mit einem X!

a) Handelsbücher müssen 7 Jahre aufbewahrt werden. O

b) Bilanzen müssen 10 Jahre aufbewahrt werden. O

c) Inventare müssen 10 Jahre aufbewahrt werden. O

d) Handelsbriefe müssen 16 Jahre aufbewahrt werden. O

e) Belege müssen 10 Jahre aufbewahrt werden. O

5. Bezeichnen Sie mit einem X, welche Bearbeitungsfolge für Belege richtig ist!

a) Belege sortieren, buchen, vorkontieren, ablegen und aufbewahren. O

b) Belege sortieren, vorkontieren, ablegen, buchen und aufbewahren. O

c) Belege sortieren, vorkontieren, buchen, ablegen und aufbewahren. O

d) Belege aufbewahren, vorkontieren, sortieren, buchen und ablegen. O

2. Inventar und Bilanz

6. Bezeichnen Sie mit einem X, in welcher Reihenfolge ein Inventar gegliedert wird!

a) Anlagevermögen – Umlaufvermögen – Ermittlung des Reinvermögens – Schulden. O

b) Umlaufvermögen – Anlagevermögen – Ermittlung des Reinvermögens – Schulden. O

c) Anlagevermögen – Umlaufvermögen – Schulden – Ermittlung des Reinvermögens. O

d) Anlagevermögen – Schulden – Umlaufvermögen – Ermittlung des Reinvermögens. O

7. Ist folgende Aussage richtig?

Im Inventar ist das Vermögen nach der Fälligkeit geordnet!

ja O

nein O

8. Wodurch unterscheiden sich Inventar und Bilanz?

Bezeichnen Sie die richtigen Aussagen mit einem X!

a) Das Inventar wird in Staffelform aufgestellt, die Bilanz in Kontenform. O

b) Das Inventar enthält Ist-Werte, die Bilanz Soll-Werte. O

c) Beim Inventar stehen die Posten untereinander; die Bilanz hat zwei Seiten, wobei gleichartige Posten zusammengefaßt werden. O

d) Das Inventar muß unterschrieben werden, die Bilanz nicht. O

e) Das Inventar muß 7 Jahre aufbewahrt werden, die Bilanz 10 Jahre. O

9. Wie hoch ist der Reingewinn eines Unternehmens, welches im Vorjahr 98 750 DM Eigenkapital hatte, im laufenden Geschäftsjahr 24 500 DM Privatentnahmen verbucht hat und am Ende des Jahres ein Eigenkapital von 110 250 DM ausweist?

Bezeichnen Sie die richtige Antwort mit einem X!

a) 11 500 DM Reingewinn O

b) 24 500 DM Reingewinn O

c) 36 000 DM Reingewinn O

10. Bei der Erfolgsermittlung durch Kapitalvergleich ergeben sich bei einem Industrieunternehmen folgende Zahlen:

	Eigenkapital am Jahresende	160 000 DM
⁒	Eigenkapital am Jahresanfang	180 000 DM
	Eigenkapitalverminderung	20 000 DM
	Privatentnahmen (Geld, Waren)	18 000 DM
	Verlust	...... DM

Wie hoch ist der Verlust des Industrieunternehmens?

Bezeichnen Sie die richtige Antwort mit einem X!

a) Verlust 38 000 DM O

b) Verlust 20 000 DM O

c) Verlust 2 000 DM O

11. Welche Aussagen über die Bilanzgliederung eines Industrieunternehmens sind richtig?

Bezeichnen Sie die richtigen Aussagen mit einem X!

a) Auf der Aktivseite steht zuerst das Anlagevermögen, dann folgt das Umlaufvermögen. O

b) Auf der Aktivseite steht zuerst das Eigenkapital, dann folgen die Wertberichtigungen und Verbindlichkeiten. O

c) Auf der Passivseite steht zuerst das Eigenkapital, dann folgen die Verbindlichkeiten. O

d) Auf der Passivseite stehen zuerst die Verbindlichkeiten, dann folgt das Eigenkapital. O

12. Was gehört zum Vermögen eines Industrieunternehmens?

Bezeichnen Sie die richtigen Antworten mit einem X!

a) Bebaute Grundstücke O

b) Verbindlichkeiten auf Grund von Warenlieferungen O

c) Maschinen O

d) Schuldwechsel O

e) Betriebs- und Geschäftsausstattung O

f) Sonstige Verbindlichkeiten O

g) Beteiligungen O

h) Rücklagen O

i) Postscheckguthaben O

j) Sonstige Verbindlichkeiten O

k) Werkzeuge O

l) Wertberichtigungen O

m) Kasse O

13. Bezeichnen Sie mit einem X, welche Aussagen über die Veränderungen von Bilanzpositionen richtig sind!

a) Wird ein Aktivkonto um den gleichen Betrag gemindert, um den sich ein anderes Aktivkonto mehrt, so spricht man von Aktivtausch. O

b) Werden ein Aktiv- und ein Passivkonto um den gleichen Betrag gemindert, so spricht man von Aktiv-Passiv-Minderung. O

c) Werden ein Aktiv- und ein Passivkonto um den gleichen Betrag erhöht, so spricht man von Aktiv-Passiv-Mehrung. O

d) Wird ein Passivkonto um den gleichen Betrag erhöht, um den sich ein anderes Passivkonto mindert, so spricht man von Passivtausch. O

14. Bei welchem der folgenden Geschäftsvorfälle handelt es sich

a) um einen Aktivtausch,

b) um einen Passivtausch,

c) um eine Aktiv-Passiv-Mehrung,

d) um eine Aktiv-Passiv-Minderung?

Bezeichnen Sie die Geschäftsvorfälle mit den entsprechenden Buchstaben!

1. Kunden zahlen bar. O
2. Wir kaufen Rohstoffe auf Ziel. O
3. Wir nehmen einen Bankkredit auf, um eine Liefererschuld zu begleichen. O
4. Wir zahlen die Tilgungsrate für ein aufgenommenes Darlehn bar. O

15. Ist die folgende Aussage richtig?

Die Bilanzsumme ändert sich bei einer Aktiv-Passiv-Mehrung oder Aktiv-Passiv-Minderung. Die Bilanzsumme bleibt gleich bei einem Aktiv- oder Passivtausch.

ja O

nein O

3. Konten und Buchungssätze

16. Prüfen Sie, welche der folgenden Aussagen über das Eröffnungsbilanzkonto richtig sind!

Bezeichnen Sie die Antwort mit

X, wenn sie richtig ist,
O, wenn sie falsch ist!

a) Auf dem Eröffnungsbilanzkonto stehen die Aufwandsposten im Soll. O

b) Auf dem Eröffnungsbilanzkonto stehen die Aktivposten im Haben. O

c) Auf dem Eröffnungsbilanzkonto stehen die Passivposten im Soll. O

d) Auf dem Eröffnungsbilanzkonto stehen die Ertragsposten im Haben. O

17. Welche der aufgeführten Konten gehören auf die Sollseite des Eröffnungsbilanzkontos?

Bezeichnen Sie die passiven Bestandskonten mit einem X!

a) 159 Postscheck O

b) 160 Banken O

c) 240 Forderungen auf Grund von Warenlieferungen und Leistungen O

d) 430 Verbindlichkeiten auf Grund von Warenlieferungen und Leistungen O

e) 300 Kapital O

f) 301 Privatkonto O

g) 660 Verbrauchsbedingte Abschreibungen O

18. Bezeichnen Sie mit einem X die Konten, die auf der Sollseite eröffnet werden!

a) 050 Maschinen O

b) 060 Betriebs- und Geschäftsausstattung O

c) 320 freie Rücklagen O

d) 130 Besitzwechsel O

e) 430 Verbindlichkeiten O

f) 301 Privatkonto O

g) 810 Gewinn- und Verlustkonto O

19. Bezeichnen Sie mit einem X, welche der folgenden Aussagen über aktive Bestandskonten richtig sind!

a) Auf aktiven Bestandskonten stehen Vermögenswerte. O
b) Der Anfangsbestand steht bei Aktivkonten im Haben. O
c) Die Mehrungen stehen bei Aktivkonten im Soll. O
d) Der Endbestand steht bei Aktivkonten im Soll. O
e) Die Minderungen stehen bei Aktivkonten im Haben. O

20. Wie wird auf passiven Bestandskonten gebucht?

Bezeichnen Sie die richtigen Aussagen mit einem X!

a) Der Anfangsbestand steht im Haben. O
b) Die Mehrungen stehen im Soll. O
c) Die Minderungen stehen im Haben. O
d) Der Endbestand steht im Soll. O
e) Die Minderungen stehen im Soll. O
f) Die Mehrungen stehen im Haben. O

21. Bezeichnen Sie mit einem X, welche Aussagen über die Erfolgskonten richtig sind!

a) Auf Erfolgskonten stehen die Aufwendungen im Soll, weil sie das Eigenkapital mindern. O
b) Auf Erfolgskonten stehen die Erträge im Soll, weil sie das Vermögen des Unternehmens auf der Aktivseite mehren. O
c) Erfolgskonten werden über das GuV-Konto eröffnet. O
d) Erfolgskonten werden über das GuV-Konto abgeschlossen. O

22. Welche Konten zählen zu den Erfolgskonten?

Bezeichnen Sie die Antwort mit

X, wenn sie richtig ist,
O, wenn sie falsch ist!

a) 159 Postscheck O
b) 200 Rohstoffe O
c) 620 Löhne und Gehälter O
d) 760 Mieten O
e) 710 Steuern O
f) 660 Abschreibung auf Anlagen O
g) 500 Erlöse für Fertigerzeugnisse O
h) 630 Sozialkosten O
i) 770 Sondereinzelkosten des Vertriebs O

23. Über welches Konto werden die folgenden Konten abgeschlossen?

600 Aufwendungen für Rohstoffe

603 Aufwendungen für Hilfsstoffe

604 Aufwendungen für Betriebsstoffe

620 Fertigungslöhne

500 Umsatzerlöse für Fertigerzeugnisse

Bezeichnen Sie das richtige Konto mit einem X!

a) 810 Gewinn- und Verlustkonto O

b) 890 Schlußbilanzkonto O

c) 301 Privatkonto O

24. Ist die folgende Aussage richtig?

Beim IKR werden alle Ertragskonten der Klasse 5 und alle Aufwandskonten der Klassen 6 und 7 über das Konto 810 Gewinn- und Verlustkonto abgeschlossen.

ja O

nein O

25. Bezeichnen Sie die richtigen Aussagen über das GuV-Konto mit einem X!

a) Das GuV-Konto ist ein Unterkonto des Kapitalkontos. O

b) Auf dem GuV-Konto stehen die Erträge im Soll und die Aufwendungen im Haben. O

c) Auf dem GuV-Konto ergibt sich ein Reingewinn, wenn die Erträge höher sind als die Aufwendungen. O

d) Auf dem GuV-Konto ergibt sich ein Reinverlust, wenn die Aufwendungen kleiner sind als die Erträge. O

4. Buchungen auf Bestands- und Erfolgskonten

26. Bezeichnen sie mit einem X, welche Aussagen über den Buchungssatz richtig sind!

a) Im Buchungssatz wird zuerst die Sollbuchung und dann die Habenbuchung genannt. O

b) Im Buchungssatz wird zuerst die Gutschrift und dann die Lastschrift genannt. O

c) Werden in einem Buchungssatz mehr als zwei Konten angesprochen, so nennt man ihn „zusammengesetzter Buchungssatz". O

27. Wie wird der folgende Geschäftsvorfall gebucht?

Bezeichnen Sie die richtige Buchung mit einem X!

Übertrag vom Postscheck- auf das Bankkonto.

a) 160 Bank an 159 Postscheck O

b) 159 Postscheck an 160 Bank O

c) 150 Kasse an 159 Postscheck O

d) 159 Postscheck an 150 Kasse O

28. Bezeichnen Sie den Buchungssatz, der zu dem folgenden Geschäftsvorfall gehört, mit einem X!

150 Kasse an 240 Forderungen

a) Eingang einer Tilgungsrate für ein Darlehn, das wir einem Lieferanten gewährt haben. O

b) Eine Rechnung wird von unserem Kunden bar beglichen. O

c) Wir begleichen eine Liefererrechnung bar. O

d) Wir zahlen eine Tilgungsrate für ein aufgenommenes Darlehn bar. O

29. Wie wird der folgende Geschäftsvorfall gebucht?

Bezeichnen Sie mit einem X, welcher Buchungssatz richtig ist!

Banküberweisung an unseren Lieferer.

a) 240 Forderungen	an 160 Bank	O
b) 160 Bank	an 430 Verbindlichkeiten	O
c) 430 Verbindlichkeiten	an 160 Bank	O
d) 160 Bank	an 240 Forderungen	O

30. Bezeichnen Sie mit einem X, welcher Buchungssatz dem folgenden Geschäftsvorfall entspricht!

Ein Kunde schickt uns zur Begleichung unserer Rechnung einen Verrechnungsscheck.

a) 140 Schecks	an 430 Verbindlichkeiten	O
b) 140 Schecks	an 240 Forderungen	O
c) 430 Verbindlichkeiten	an 160 Bank	O
d) 160 Bank	an 240 Forderungen	O

31. Bezeichnen Sie den Geschäftsvorfall, der zu der folgenden Buchung gehört, mit einem X!

159 Postscheck an 240 Forderungen

a) Überweisung unseres Kunden auf unser Postscheckkonto. O
b) Überweisung unseres Lieferers auf unser Postscheckkonto. O
c) Postschecküberweisung an unseren Lieferer. O
d) Postschecküberweisung an unseren Kunden. O

32. Welcher Buchungssatz entspricht dem angegebenen Geschäftsvorfall?

Bezeichnen Sie den richtigen Buchungssatz mit einem X!

Wir kaufen Büromaterial bar (Nettobuchung, d. h. die Mehrwertsteuer ist gesondert auszuweisen).

a) 750 Büromaterial und 480 Mehrwertsteuer	an 150 Kasse	O
b) 750 Büromaterial und 280 Vorsteuer	an 150 Kasse	O
c) 060 Betriebs- und Geschäftsausstattung und 480 Mehrwertsteuer	an 150 Kasse	O
d) 060 Betriebs- und Geschäftsausstattung und 280 Vorsteuer	an 150 Kasse	O

33. Bezeichnen Sie den richtigen Buchungssatz mit einem X!

Wir überweisen die Vertreterprovision durch unsere Bank (Nettobuchung, d. h. die Mehrwertsteuer ist gesondert auszuweisen).

a) 770 Provisionen und 280 Vorsteuer	an 160 Bank	O
b) 770 Provisionen und 480 Mehrwertsteuer	an 160 Bank	O
c) 621 Gehälter und 280 Vorsteuer	an 160 Bank	O
d) 621 Gehälter und 480 Mehrwertsteuer	an 160 Bank	O

5. Privatkonto

34. Bezeichnen Sie die richtigen Aussagen über das Privatkonto mit einem X!

a) Das Privatkonto ist ein Unterkonto des GuV-Kontos. O

b) Das Privatkonto ist ein Unterkonto des Kapitalkontos. O

c) Privatentnahmen werden auf dem Privatkonto im Soll gebucht. O

d) Privateinlagen werden auf dem Privatkonto im Soll gebucht. O

35. Bezeichnen Sie mit einem X, welcher Geschäftsvorfall zu der folgenden Buchung gehört!

301 Privat an 150 Kasse

a) Der Geschäftsinhaber macht eine Privateinlage in bar. O

b) Eröffnung des Privatkontos zu Beginn des Geschäftsjahres. O

c) Eine Arztrechnung wird für den Inhaber bar bezahlt. O

d) Überweisung der Einkommensteuer durch Postbarscheck. O

36. Bezeichnen Sie den richtigen Buchungssatz mit einem X!

Der Fabrikant Breuer entnimmt seinem Geschäft Fertigerzeugnisse für den privaten Gebrauch.

a)	301 Privat	an 220 Fertigerzeugnisse (FE)	O
b)	301 Privat	an 5000 Umsatzerlöse für FE	O
c)	301 Privat und 280 Vorsteuer	an 5000 Umsatzerlöse für FE	O
d)	301 Privat	an 5000 Umsatzerlöse für FE an 480 Mehrwertsteuer	O

37. Welcher Buchungssatz entspricht dem angegebenen Geschäftsvorfall?

Bezeichnen Sie den richtigen Buchungssatz mit einem X!

Abschluß des Privatkontos, das am Jahresende nur Entnahmen aufweist.

a)	300 Kapital	an 301 Privat	O
b)	301 Privat	an 810 Gewinn- und Verlustkonto	O
c)	890 Schlußbilanzkonto	an 301 Privat	O
d)	301 Privat	an 300 Kapital	O

6. Materialbeschaffung und Materialaufwendungen

38. Welcher Buchungssatz entspricht dem angegebenen Geschäftsvorfall?

Bezeichnen Sie den richtigen Buchungssatz mit einem X!

Wir kaufen Rohstoffe auf Ziel ein (Nettobuchung, d. h. die Mehrwertsteuer wird gesondert ausgewiesen).

a)	2000 Rohstoffe	an 430 Verbindlichkeiten	
		an 480 Mehrwertsteuer	O
b)	2000 Rohstoffe	an 240 Forderungen	
		an 280 Vorsteuer	O
c)	2000 Rohstoffe und		
	480 Mehrwertsteuer	an 240 Forderungen	O
d)	2000 Rohstoffe und		
	280 Vorsteuer	an 430 Verbindlichkeiten	O

39. Bezeichnen Sie die Konten, auf denen die Stoffbestände abgerechnet werden, mit einem X!

a) 2000 Rohstoffe O

b) 600 Rohstoffaufwendungen O

c) 2010 Hilfsstoffe O

d) 603 Hilfsstoffaufwendungen O

e) 2020 Betriebsstoffe O

f) 604 Betriebsstoffaufwendungen O

40. Bezeichnen Sie den Geschäftsvorfall, der zu der folgenden Buchung gehört, mit einem X!

603 Hilfsstoffaufwendungen an 2010 Hilffstoffe

a) Verbrauch von Hilffstoffen im Fertigungsbereich O

b) Verkauf von Hilfsstoffen an Kunden O

c) Zieleinkauf von Hilfsstoffen O

d) Rücksendung von beanstandeten Hilfsstoffen O

41. Bezeichnen Sie die richtige Aussage über die Verbrauchsermittlung von Roh-, Hilfs- und Betriebsstoffen mit einem X!

a) Zugänge + Endbestand lt. Inventur ./. Anfangsbestand
= Verbrauch O

b) Endbestand lt. Inventur + Anfangsbestand ./. Zugänge
= Verbrauch O

c) Anfangsbestand + Zugänge ./. Endbestand lt. Inventur
= Verbrauch O

d) Anfangsbestand ./. Zugänge + Endbestand lt. Inventur
= Verbrauch O

42. Welcher Buchungssatz entspricht dem angegebenen Geschäftsvorfall?

Barzahlung einer Eingangsfracht von Hilfsstoffen (Nettobuchung, d. h. die Mehrwertsteuer ist gesondert auszuweisen).

a) 2011 Bezugskosten für Hilfsstoffe
an 150 Kasse O

b) 2011 Bezugskosten für Hilfsstoffe und
280 Vorsteuer an 150 Kasse
2011 Hilfsstoffe an 2011 Bezugskosten für Hilfsstoffe O

c) 2011 Bezugskosten für Hilfsstoffe und
480 Mehrwertsteuer an 150 Kasse
2011 Hilfsstoffe an 2011 Bezugskosten für Hilfsstoffe O

43. Bezeichnen Sie den Geschäftsvorfall, der zu der folgenden Buchung gehört, mit einem X!

430 Verbindlichkeiten an 2020 Betriebsstoffe
an 280 Vorsteuer

a) Zieleinkauf von Betriebsstoffen (Nettobuchung) O

b) Zielverkauf von Betriebsstoffen (Nettobuchung) O

c) Rücksendung falsch gelieferter Betriebsstoffe an den Lieferer (Nettobuchung) O

d) Gutschrift wegen einer anerkannten Mängelrüge zugunsten des Kunden (Nettobuchung) O

44. Bezeichnen Sie mit einem X, auf welcher Seite des Unterkontos „2002 Einstandspreiskorrekturen Rohstoffe" die Nachlässe gebucht werden!

a) Auf der Sollseite O

b) Auf der Habenseite O

c) Auf keiner Seite O

45. Welcher Buchungssatz entspricht dem angegebenen Geschäftsvorfall?

Bezeichnen Sie den richtigen Buchungssatz mit einem X!

Ein Lieferer gewährt uns auf Grund unserer Mängelrüge einen Preisnachlaß auf den Nettowert der bezogenen Hilfsstoffe.

a) 430 Verbindlichkeiten
an 2012 Einstandspreiskorrekturen Hilfsstoffe
an 280 Vorsteuer
2012 Einstandspreiskorrekturen Hilfsstoffe
an 2010 Hilfsstoffe O

b) 2012 Einstandspreiskorrekturen Hilfsstoffe und
480 Mehrwertsteuer
an 240 Forderungen
2010 Hilfsstoffe an 2012 Einstandspreiskorrekturen Hilfsstoffe O

c) 2012 Einstandspreiskorrekturen Hilfsstoffe
an 2010 Hilfsstoffe O

46. Wie wird der folgende Geschäftsvorfall gebucht?

Kennzeichnen Sie den richtigen Buchungssatz mit einem X!

Postschecküberweisung zum Ausgleich einer Eingangsrechnung:

	Betriebsstoffwert	5 000,– DM
+	Mehrwertsteuer	550,– DM
	Bruttorechnungsbetrag	5 550,– DM
⁒	2 %Skonto	111,– DM
		5 439,– DM

(Nettobuchung, d. h. die Mehrwertsteuer ist gesondert auszuweisen.)

a) 430 Verbindlichkeiten 5550 DM an 159 Postscheck 5439 DM
an 280 Vorsteuer 11 DM
an 2023 Liefererskonti 100 DM O

b) 430 Verbindlichkeiten 5550 DM an 159 Postscheck 5439 DM
an 2023 Liefererskonti 111 DM O

c) 430 Verbindlichkeiten 5550 DM an 159 Postscheck 5439 DM
an 480 Mehrwertsteuer 111 DM O

47. Bezeichnen Sie den Geschäftsvorfall, der zu der folgenden Buchung gehört, mit einem X!

430 Verbindlichkeiten 5550 DM an 159 Postscheck 5439 DM
an 2013 Liefererskonti 111 DM

a) Postschecküberweisung zum Ausgleich einer Eingangsrechnung:

	Hilfsstoffwert	5 000 DM
+	Mehrwertsteuer	550 DM
	Bruttorechnungsbetrag	5 550 DM
⁒	2 % Skonto	111 DM
		5 439 DM

(Bruttobuchung, d. h. die Mehrwertsteuer ist nicht gesondert auszuweisen.) O

b) Postschecküberweisung zum Ausgleich einer Eingangsrechnung:

	Betriebsstoffwert	5 000 DM
+	Mehrwertsteuer	550 DM
	Bruttorechnungsbetrag	5 550 DM
⁒	2 % Skonto	111 DM
		5 439 DM

(Nettobuchung, d. h. die Mehrwertsteuer ist gesondert auszuweisen.) O

c) Postschecküberweisung zum Ausgleich einer Eingangsrechnung:

	Rohstoffwert	5 000 DM
+	Mehrwertsteuer	550 DM
	Bruttorechnungsbetrag	5 550 DM
⁒	2 % Skonto	111 DM
		5 439 DM

(Bruttobuchung, d. h. die Mehrwertsteuer ist nicht gesondert auszuweisen.) O

48. Bezeichnen Sie die Positionen, die auf der Habenseite des Rohstoffkontos gebucht werden, mit einem X!

a) Anfangsbestand O
b) Rücksendungen (netto) O
c) Zieleinkäufe (netto) O
d) Einstandspreiskorrekturen (netto) O
e) Bareinkäufe (netto) O
f) Rohstoffverbrauch O
g) Bezugskosten (netto) O
h) Schlußbestand lt. Inventur O

7. Verkauf von Fertigerzeugnissen und Handelswaren

49. Wie wird der folgende Geschäftsvorfall gebucht?

Bezeichnen Sie den richtigen Buchungssatz mit einem X!

Zielverkauf von Fertigerzeugnissen (Nettobuchung, d. h. die Mehrwertsteuer ist gesondert auszuweisen).

a) 240 Forderungen an 5000 Umsatzerlöse Fertigerzeugnisse
an 480 Mehrwertsteuer O

b) 5000 Umsatzerlöse Fertigerzeugnisse und
280 Vorsteuer an 430 Verbindlichkeiten O

c) 240 Forderungen und
280 Vorsteuer an 5000 Umsatzerlöse Fertigerzeugnisse O

d) 5000 Umsatzerlöse Fertigerzeugnisse und
480 Mehrwertsteuer an 430 Verbindlichkeiten O

50. Bezeichnen Sie den Geschäftsvorfall, der zu der folgenden Buchung gehört, mit einem X!

150 Kasse an 5080 Umsatzerlöse Handelswaren
an 480 Mehrwertsteuer

a) Einkauf von Handelswaren (Nettobuchung) O
b) Einkauf von Handelswaren (Bruttobuchung) O
c) Verkauf von Handelswaren (Nettobuchung) O
d) Verkauf von Handelswaren (Bruttobuchung) O

51. Ist die folgende Aussage richtig?

Auf der Habenseite der Umsatzerlöskonten stehen die Nettorechnungsbeträge einschließlich Fracht und/oder Verpackung.

ja O
nein O

52. Welcher Buchungssatz entspricht dem angegebenen Geschäftsvorfall?

Rücksendung von beanstandeten Fertigerzeugnissen durch unseren Kunden. (Nettobuchung, d. h. die Mehrwertsteuer wird gesondert ausgewiesen.)

a) 5000 Umsatzerlöse Fertigerzeugnisse und
280 Vorsteuer an 240 Forderungen O

b) 430 Verbindlichkeiten und
480 Mehrwertsteuer an 5000 Umsatzerlöse Fertigerzeugnisse O

c) 430 Verbindlichkeiten und
280 Vorsteuer an 5000 Umsatzerlöse Fertigerzeugnisse O

d) 5000 Umsatzerlöse Fertigerzeugnisse und
480 Mehrwertsteuer an 240 Forderungen O

53. Bezeichnen Sie den Geschäftsvorfall, der zu der folgenden Buchung gehört, mit einem X!

5001 Erlöskorrekturen Fertigerzeugnisse und
480 Mehrwertsteuer an 240 Forderungen

a) Ein Lieferer gewährt uns einen Bonus für die bezogenen Fertigerzeugnisse und schickt uns eine Gutschriftsanzeige. O

b) Wir gewähren einem Kunden einen Bonus für die bezogenen Fertigerzeugnisse und schicken ihm eine Gutschriftsanzeige. O

c) Wir nehmen Liefererskonto in Anspruch. O

d) Wir stellen fest, daß ein Kunde eine Rechnung für gelieferte Fertigerzeugnisse mit Skonto reguliert hat. O

54. Welcher Buchungssatz entspricht dem angegebenen Geschäftsvorfall?

Kennzeichnen Sie mit einem X, welcher Buchungssatz richtig ist.

Gutschrift des Postscheckamtes für eine Kundenüberweisung.

	Nettoverkaufspreis FE	5 000 DM
+	Mehrwertsteuer	550 DM
	Bruttorechnungsbetrag	5 550 DM
./.	2 % Skonto	111 DM
	Überweisungsbetrag	5 439 DM

(Nettobuchung, d. h. die Mehrwertsteuer ist gesondert auszuweisen.)

a) 159 Postscheck 5439 DM und
5002 Kundenskonti 111 DM an 240 Forderungen 5550 DM O

b) 159 Postscheck 5439 DM und
5002 Kundenskonti 100 DM und
480 Mehrwertsteuer 11 DM an 240 Forderungen 5550 DM O

c) 159 Postscheck 5439 DM an 240 Forderungen 5000 DM
an 480 Mehrwertsteuer 439 DM O

d) 159 Postscheck 5439 DM an 240 Forderungen 5000 DM
an 280 Vorsteuer 439 DM O

55. Wie wird der folgende Geschäftsvorfall gebucht?

Bezeichnen Sie den richtigen Buchungssatz mit einem X!

Gutschrift einer Bank für eine Kundenüberweisung.

	Nettoverkaufspreis Handelsware	5 000 DM
+	Mehrwertsteuer	550 DM
	Bruttorechnungsbetrag	5 550 DM
./.	2 % Skonto	111 DM
	Überweisungsbetrag	5 439 DM

(Bruttobuchung, d. h. die Mehrwertsteuer ist nicht gesondert auszuweisen.)

a) 160 Bank 5439 DM und
5002 Kundenskonti 111 DM an 240 Forderungen 5550 DM O

b) 160 Bank 5439 DM und
5002 Kundenskonti 111 DM an 240 Forderungen 5550 DM O

c) 160 Bank 5439 DM und
5002 Kundenskonti 111 DM an 430 Verbindlichkeiten 5550 DM O

d) 160 Bank 5439 DM und
5002 Kundenskonti 111 DM an 225 Handelswaren 5550 DM O

56. Über welches Konto wird das Konto „5002 Kundenskonti" abgeschlossen?

Bezeichnen Sie das richtige Konto mit einem X!

a) 2000 Rohstoffe O

b) 5000 Umsatzerlöse Fertigerzeugnisse O

c) 810 Gewinn- und Verlustkonto O

d) 890 Schlußbilanzkonto O

8. Personalaufwendungen

57. Prüfen Sie, welche der folgenden Aussagen über die Konten „620 Löhne" und „621 Gehälter" richtig sind!

Bezeichnen Sie die Antwort mit

X, wenn sie richtig ist,

O, wenn sie falsch ist!

a) Die Konten 620 Löhne und 621 Gehälter sind Erfolgskonten. O

b) Auf den Konten 620 Löhne und 621 Gehälter werden die Nettolöhne bzw. Nettogehälter, d. h. nach Abzug aller Steuern und Abgaben, gebucht. O

c) Auf den Konten 620 Löhne und 621 Gehälter stehen auch die Arbeitgeberanteile zur Sozialversicherung. O

d) Auf den Konten 620 Löhne und 621 Gehälter werden stets die Bruttogehälter gebucht. O

58. Wie wird der folgende Geschäftsvorfall gebucht?

Bezeichnen Sie mit einem X, welcher Buchungssatz richtig ist!

Gehaltszahlung brutto 1650 DM, abzüglich 700 DM Abzüge für Steuer und Sozialversicherung. Das Nettogehalt von 950 DM wird durch unsere Bank überwiesen (ohne Berücksichtigung des Arbeitgeberanteils zur Sozialversicherung).

a) 621 Gehälter an 150 Kasse 950 DM O

b) 621 Gehälter 950 DM und
481 Noch abzuführende Abgaben 700 DM
an 160 Bank 1650 DM O

c) 621 Gehälter 1650 DM
an 481 Noch abzuführende Abgaben 700 DM
an 160 Bank 950 DM O

d) 621 Gehälter an 160 Bank 1650 DM O

59. Bezeichnen Sie mit einem X, welcher Buchungssatz dem angegebenen Geschäftsvorfall entspricht!

Buchung des Arbeitgeberanteils zur Sozialversicherung (Die Gehaltsbuchung ist bereits erfolgt).

a) 630 Soziale Abgaben an 481 Noch abzuführende Abgaben. O

b) 481 Noch abzuführende Abgaben
an 630 Soziale Abgaben. O

c) 481 Noch abzuführende Abgaben
an 720 Sonstige Steuern. O

d) 720 Sonstige Steuern an 481 Noch abzuführende Abgaben. O

60. Wie wird der folgende Geschäftsvorfall gebucht?

Bezeichnen Sie den richtigen Buchungssatz mit einem X!

Wir führen die einbehaltenen Sozialversicherungsbeiträge und Steuern durch Banküberweisung ab.

a) 630 Soziale Abgaben an 160 Bank O

b) 481 Noch abzuführende Abgaben an 160 Bank O

c) 720 Sonstige Steuern an 160 Bank O

d) 620 Löhne an 160 Bank O

61. Welcher Buchungssatz entspricht dem angegebenen Geschäftsvorfall?

Bezeichnen Sie den richtigen Buchungssatz mit einem X!

Eine Angestellte erhält einen Gehaltsvorschuß bar ausgezahlt.

a) 621 Gehälter an 150 Kasse O

b) 284 Forderungen an Belegschaftsmitglieder an 150 Kasse O

c) 481 Noch abzuführende Abgaben an 150 Kasse O

d) 489 Sonstige Verbindlichkeiten an 150 Kasse O

62. Bezeichnen Sie den Geschäftsvorfall, der zu der folgenden Buchung gehört, mit einem X!

621 Gehälter an 284 Forderungen an Belegschaftsmitglieder

a) Ein Gehaltsvorschuß wird bar ausgezahlt. O

b) Buchung des Arbeitgeberanteils zur Sozialversicherung. O

c) Ein Gehaltsvorschuß wird mit einer nachfolgenden Gehaltszahlung verrechnet. O

d) Die einbehaltenen Sozialversicherungsbeiträge werden abgeführt. O

63. Wie wird der folgende Geschäftsvorfall gebucht?

Bezeichnen Sie mit einem X, welcher Buchungssatz richtig ist!

Lohnzahlung brutto 563 DM, abzüglich 150 DM Abzüge für Steuern und Sozialversicherung und 13 DM vermögenswirksame Anlage. Der Nettolohn wird bar ausgezahlt (ohne Berücksichtigung des Arbeitgeberanteils zur Sozialversicherung).

a) 620 Löhne 400 DM und
481 Noch abzuführende Abgaben 163 DM
an 150 Kasse 563 DM O

b) 620 Löhne 563 DM an 150 Kasse 400 DM
an 481 Noch abzuführende Abgaben 163 DM O

c) 620 Löhne 563 DM an 150 Kasse 400 DM
an 484 Verbindlichkeiten gegenüber Betriebsangehörigen 163 DM O

d) 620 Löhne 563 DM an 150 Kasse 400 DM
an 481 Noch abzuführende Abgaben 150 DM
an 484 Verbindlichkeiten gegenüber Betriebsangehörigen 13 DM O

64. Bezeichnen Sie mit einem X, welcher Buchungssatz dem angegebenen Geschäftsvorfall entspricht!

Die Arbeitnehmersparzulage wird bar ausgezahlt.

a) 481 Noch abzuführende Abgaben
an 150 Kasse O

b) 620 Löhne an 150 Kasse O

c) 621 Gehälter an 150 Kasse O

d) 484 Verbindlichkeiten gegenüber Betriebsangehörigen
an 481 Noch abzuführende Abgaben O

9. Wechsel

65. Wann wird auf der Habenseite des Kontos 130 Besitzwechsel gebucht?

Bezeichnen Sie die richtigen Antworten mit einem X!

a) Wenn Wechsel von unseren Kunden eingehen. O

b) Wenn wir eingegangene Wechsel an unseren Lieferer zur Zahlung weitergeben. O

c) Wenn wir auf unseren Kunden Wechsel ziehen. O

d) Wenn wir der Bank Wechsel zum Einzug geben. O

e) Wenn wir der Bank Wechsel zum Diskont geben. O

f) Wenn wir selbst Wechsel einziehen. O

66. Ist die folgende Aussage richtig?

Auf dem Konto 44 Schuldwechsel muß im Soll gebucht werden, wenn unsere Bank oder wir selbst fällige Schuldwechsel einlösen.

ja O
nein O

67. Wie wird der folgende Geschäftsvorfall gebucht?

Kennzeichnen Sie den richtigen Buchungssatz mit einem X!

Ein Kunde gibt uns zur Begleichung unserer Forderung Wechsel in Zahlung.

a) 130 Besitzwechsel	an 430 Verbindlichkeiten	O
b) 130 Besitzwechsel	an 240 Forderungen	O
c) 440 Schuldwechsel	an 430 Verbindlichkeiten	O
d) 440 Schuldwechsel	an 240 Forderungen	O

68. Bezeichnen Sie mit einem X, welcher Buchungssatz zu dem angegebenen Geschäftsvorfall gehört!

Wir lassen einen Kundenwechsel über 10 000 DM unter Abzug von brutto 110 DM Diskont diskontieren.

a) 160 Bank 9890 DM und
701 Diskontaufwendungen 110 DM
an 130 Besitzwechsel 10 000 DM O

b) 160 Bank 10 000 DM an 701 Diskontaufwendungen 110 DM
an 130 Besitzwechsel 9890 DM O

c) 160 Bank 9890 DM und
701 Diskontaufwendungen 110 DM
an 440 Schuldwechsel 10 000 DM O

d) 160 Bank 10 000 DM an 701 Diskontaufwendungen 110 DM
an 440 Schuldwechsel 9890 DM O

69. Welcher Buchungssatz entspricht dem angegebenen Geschäftsvorfall?

Bezeichnen Sie den richtigen Buchungssatz mit einem X!

Wir belasten unseren Kunden mit 110 DM Diskont brutto nach.

a) 289 Sonstige Forderungen
an 782 Kosten des Geldverkehrs 110 DM O

b) 289 Sonstige Forderungen
an 701 Diskontaufwendungen 110 DM O

c) 782 Kosten des Geldverkehrs
an 289 Sonstige Forderungen O

d) 701 Diskontaufwendungen
an 289 Sonstige Forderungen O

70. Wie wird der folgende Geschäftsvorfall gebucht?

Kennzeichnen Sie den richtigen Buchungssatz mit einem X!

Wir geben einen Besitzwechsel zum Ausgleich eigener Verbindlichkeiten an den Lieferer weiter.

a) 430 Verbindlichkeiten	an	130 Besitzwechsel	O
b) 440 Schuldwechsel	an	130 Besitzwechsel	O
c) 240 Forderungen	an	440 Schuldwechsel	O
d) 130 Besitzwechsel	an	430 Verbindlichkeiten	O

71. Welcher Buchungssatz entspricht dem angegebenen Geschäftsvorfall?

Bezeichnen Sie den richtigen Buchungssatz mit einem X!

Unser Lieferer belastet uns mit Diskont brutto, d. h. einschließlich Mehrwertsteuer.

a) 701 Diskontaufwand	an	240 Forderungen	O
b) 701 Diskontaufwand	an	289 Sonstige Forderungen	O
c) 701 Diskontaufwand	an	489 Sonstige Verbindlichkeiten	O
d) 541 Diskontertrag	an	489 Sonstige Verbindlichkeiten	O

72. Wie wird der folgende Geschäftsvorfall gebucht?

Bezeichnen Sie den richtigen Buchungssatz mit einem X!

Ein von uns vorgelegter Kundenwechsel geht zu Protest.

a) 139 Protestwechsel	an	440 Schuldwechsel	O
b) 139 Protestwechsel	an	130 Besitzwechsel	O
c) 440 Schuldwechsel	an	139 Protestwechsel	O
d) 130 Besitzwechsel	an	139 Protestwechsel	O

73. Wie wird der folgende Geschäftsvorfall gebucht?

Kennzeichnen Sie mit einem X, welcher Buchungssatz richtig ist!

Ein Gerichtsvollzieher möchte folgende Protestabrechnung bar beglichen haben:

Protestkosten	50,— DM
Wegegeld	10,— DM
Umsatzsteuer	3,60 DM
zusammen	63,60 DM

(Nettobuchung, d. h. die Mehrwertsteuer ist gesondert auszuweisen.)

a) 139 Protestwechsel 60,— DM und
280 Vorsteuer 3,60 DM an 150 Kasse 63,60 DM

b) 784 Beiträge und Gebühren 60,— DM und
280 Vorsteuer 3,60 DM an 150 Kasse 63,60 DM

c) 782 Kosten des Geldverkehrs 60,— DM und
280 Vorsteuer 3,60 DM an 150 Kasse 63,60 DM

d) 782 Kosten des Geldverkehrs 60,— DM und
480 Umsatzsteuer 3,60 DM an 150 Kasse 63,60 DM

74. Bezeichnen Sie mit einem X, welcher Geschäftsvorfall zu der angegebenen Buchung gehört!

289 Sonstige Forderungen an 139 Protestwechsel
an 782 Kosten des Geldverkehrs
an 540 Zinserträge
an 480 Umsatzsteuer

a) Ein Vormann nimmt uns aus einem protestierten Wechsel in Anspruch. O

b) Wir nehmen einen Vormann aus einem protestierten Wechsel in Anspruch. O

10. Wertpapiere

75. Wie wird der folgende Geschäftsvorfall gebucht?

Kennzeichnen Sie den richtigen Buchungssatz mit einem X!

Kauf von 50 Stück Aktien zum Gesamtkurswert von 4000 DM zuzüglich 54 DM für Maklergebühr, Provision und Börsenumsatzsteuer gegen Belastung auf unserem Bankkonto. Es handelt sich um eine kurzfristige Anlage, bei der die Aufwendungen nicht aktiviert werden.

a) 170 Wertpapiere des UV an 160 Bank 4000 DM O

b) 110 Wertpapiere des AV an 160 Bank 4000 DM O

c) 170 Wertpapiere des UV 4000 DM und
787 Verschiedene sonst. Aufwendungen 54 DM
an 160 Bank 4054 DM O

d) 110 Wertpapiere des AV 4000 DM und
787 Verschiedene sonst. Aufwendungen 54 DM
an 160 Bank 4054 DM O

76. Bezeichnen Sie den Geschäftsvorfall, der zu der folgenden Buchung gehört, mit einem X!

110 Wertpapiere des AV an 160 Bank 9740 DM

a) Kauf von Industrieobligationen einschließlich Stückzinsen und Beschaffungskosten zur langfristigen Anlage, wobei Stückzinsen und Beschaffungskosten aktiviert werden. O

b) Kauf von Wandelschuldverschreibungen zur kurzfristigen Anlage. O

c) Verkauf von Aktien abzüglich Maklergebühr, Provision und Börsenumsatzsteuer. O

d) Verkauf von Kommunalobligationen zuzüglich Stückzinsen, abzüglich Maklergebühr, Provision und Börsenumsatzsteuer. O

77. Welcher Buchungssatz entspricht dem angegebenen Geschäftsvorfall?

Kennzeichnen Sie mit einem X, welcher Buchungssatz richtig ist!

Verkauf von Aktien, die der kurzfristigen Anlage dienten, mit Gewinn. Der Gesamtkurswert abzüglich der Verkaufskosten wird unserem Bankkonto gutgeschrieben.

a) 160 Bank und
787 Verschiedene sonst. Aufwendungen
an 170 Wertpapiere des UV
170 Wertpapiere des UV an 591 Verschiedene sonst. Erträge O

b) 160 Bank und
787 Verschiedene sonst. Aufwendungen
an 110 Wertpapiere des AV
110 Wertpapiere des AV an 591 Verschiedene sonst. Erträge O

c) 170 Wertpapiere des UV und
787 Verschiedene sonst. Aufwendungen
an 160 Bank
591 Verschiedene sonst. Erträge
an 170 Wertpapiere des UV O

78. Prüfen Sie, welcher der folgenden Buchungssätze richtig ist!

Bezeichnen Sie den richtigen Buchungssatz mit einem X!

Verkauf von Industrieobligationen, die der Vermögensanlage dienten.

Bankabrechnung:

	Kurswert	9 700 DM
+	Stückzinsen	600 DM
	ausmachender Betrag	10 300 DM
./.	Verkaufskosten	60 DM
	Kontogutschrift	10 240 DM

a) 160 Bank 10 240 DM und
787 Verschiedene sonst. Aufwendungen 60 DM
an 170 Wertpapiere des UV 9700 DM
an 532 Erträge 600 DM O

b) 160 Bank 10 240 DM und
787 Verschiedene sonst. Aufwendungen 60 DM
an 110 Wertpapiere des AV 9700 DM
an 532 Erträge 600 DM O

c) 160 Bank 10 240 DM und
787 Verschiedene sonst. Aufwendungen 60 DM
an 110 Wertpapiere des AV 10 300 DM O

79. Bezeichnen Sie die Wertpapiererträge, die Zinscharakter haben, mit einem X!

a) 532 Erträge aus anderen Finanzanlagen ○

b) 531 Erträge aus Beteiligungen ○

c) 540 Zinserträge ○

d) 543 Dividendenerträge aus Wertpapieren des UV ○

e) 591 Verschiedene sonstige Erträge ○

11. Abschreibung

80. Welche der folgenden Gründe rechtfertigen eine Abschreibung?

Bezeichnen Sie die Antwort mit

X, wenn sie richtig ist,
O, wenn sie falsch ist!

a) Technischer Fortschritt O
b) Gleichzeitige Herstellung durch die Konkurrenz O
c) Alterung von Maschinen und Werkzeugen O
d) Verschleiß von Maschinen und Werkzeugen O
e) zu hohes Betriebsergebnis O
f) Zerstörung O

81. Ist die folgende Aussage richtig?

Geringwertige Wirtschaftsgüter mit einem Anschaffungs- oder Herstellungswert bis 800 DM (ohne Mehrwertsteuer) können sofort voll abgeschrieben werden.

ja O
nein O

82. Durch welches Wort drückt man aus, daß der Abschreibungsbetrag auf dem Anlagekonto gebucht werden soll?

Kennzeichnen Sie mit einem X, welche Antwort richtig ist!

a) direkt O
b) indirekt O
c) linear O
d) degressiv O

83. Was könnte man auch sagen statt „20 % vom Restbuchwert"?

Bezeichnen Sie die richtige Antwort mit einem X!

a) 20 % direkt O
b) 20 % indirekt O
c) 20 % linear O
d) 20 % degressiv O

84. Welcher Buchungssatz entspricht dem angegebenen Geschäftsvorfall?

Kennzeichnen Sie mit einem X, welcher Buchungssatz richtig ist!

Direkte Abschreibung auf Maschinen

a) 050 Maschinen
an 664 Abschreibungen auf sonst. Sachanlagen O

b) 664 Abschreibungen auf sonstige Sachanlagen
an 050 Maschinen O

c) 664 Abschreibungen auf sonstige Sachanlagen
an 354 Wertberichtigungen auf sonst. Sachanlagen O

d) 354 Wertberichtigungen zu sonst. Sachanlagen
an 664 Abschreibungen auf sonst. Sachanlagen O

85. Wie wird der folgende Geschäftsvorfall gebucht?

Kennzeichnen Sie mit einem X, welche Buchung richtig ist!

Die Betriebs- und Geschäftsausstattung im Anschaffungswert von 500 000 DM soll mit 10 % linear direkt abgeschrieben werden.

a) 660 Abschreibungen auf Geschäfts- und Fabrikbauten
an 350 Wertberichtigungen zu Geschäfts- und Fabrikbauten 50 000 DM O

b) 660 Abschreibungen auf Geschäfts- und Fabrikbauten
an 010 Grundstücke mit Geschäfts- und Fabrikbauten 50 000 DM O

c) Abschreibungen auf sonstige Sachanlagen
an 354 Wertberichtigungen zu sonstigen Sachanlagen 50 000 DM O

d) 664 Abschreibungen auf sonstige Sachanlagen
an 060 Betriebs- und Geschäftsausstattung 50 000 DM O

86. Über welches Konto wird das Konto 664 Abschreibungen auf sonstige Sachanlagen abgeschlossen?

a) 060 Betriebs- und Geschäftsausstattung O

b) 810 Gewinn- und Verlustkonto O

c) 890 Schlußbilanzkonto O

d) 354 Wertberichtigungen zu sonstigen Sachanlagen O

87. Prüfen Sie, welcher der folgenden Buchungssätze richtig ist!

Bezeichnen Sie den richtigen Buchungssatz mit einem X!

Ein Lieferwagen mit einem Anschaffungswert von 18 000 DM netto soll mit 20 % linear indirekt abgeschrieben werden.

a) 064 Fuhrpark
an 664 Abschreibungen auf sonst. Sachanlagen 3600 DM O

b) 664 Abschreibungen auf sonst. Anlagen
an 354 Wertberichtigungen zu sonstigen Sachanlagen 3600 DM O

c) 772 Reisekosten
an 064 Fuhrpark 3600 DM O

d) 664 Abschreibungen auf sonst. Sachanlagen
an 064 Fuhrpark 3600 DM O

88. Über welches Konto wird das Konto 354 Wertberichtigungen zu sonstigen Sachanlagen abgeschlossen?

Bezeichnen Sie die richtige Antwort mit einem X!

a) 664 Abschreibungen auf sonstige Sachanlagen O
b) 810 Gewinn- und Verlustkonto O
c) 890 Schlußbilanzkonto O
d) 050 Maschinen und maschinelle Anlagen O

89. Wie wird der folgende Geschäftsvorfall gebucht?

Kennzeichnen Sie mit einem X, welcher Buchungssatz richtig ist!

Wir verkaufen einen Lieferwagen, der noch mit 1700 DM zu Buche steht, gegen Barzahlung:

	2 000 DM	netto
+	240 DM	Umsatzsteuer
	2 240 DM	brutto

(Nettobuchung, d. h. die Mehrwertsteuer ist gesondert auszuweisen.)

a) 064 Fuhrpark an 150 Kasse 2240 DM O

b) 150 Kasse 2000 DM und
280 Vorsteuer 240 DM an 064 Fuhrpark 2240 DM O

c) 150 Kasse 2240 DM
an 064 Fuhrpark 1700 DM
an 480 Umsatzsteuer 240 DM
an 550 Erträge aus der Abgabe von Gegenständen des AV 300 DM O

d) 150 Kasse 2240 DM
an 064 Fuhrpark 1700 DM
an 480 Umsatzsteuer 240 DM
an 690 Verluste aus dm Abgang von Gegenständen des AV 300 DM O

90. Welcher Buchungssatz entspricht dem angegebenen Geschäftsvorfall?

Wir verkaufen einen Lieferwagen, der noch mit 2700 DM zu Buche steht, gegen Barzahlung:

	2 200 DM	netto
+	240 DM	Umsatzsteuer
	2 240 DM	brutto

(Nettobuchung, d. h. die Mehrwertsteuer ist gesondert auszuweisen.)

a) 150 Kasse an 064 Fuhrpark 2000 DM O

b) 150 Kasse 2240 DM an 064 Fuhrpark 2000 DM
an 480 Umsatzsteuer 240 DM O

c) 150 Kasse 2240 DM und
690 Verluste aus dem Abgang von Gegenständen des AV 700 DM
an 064 Fuhrpark 2700 DM
an 480 Umsatzsteuer 240 DM O

d) 150 Kasse 2240 DM und
690 Verluste aus dem Abgang von Gegenständen des AV 480 DM
an 064 Fuhrpark 2720 DM O

91. Ist die folgende Aussage richtig?

Ist ein Anlagegegenstand indirekt abgeschrieben worden, dann muß beim Verkauf zuerst die Wertberichtigung aufgelöst werden:

35 Wertberichtigung zu Sachanlagen an Anlagekonto.

Die folgenden Buchungen entsprechen denen bei direkter Abschreibung.

ja O
nein O

92. Bezeichnen Sie den Geschäftsvorfall, der zu der folgenden Buchung gehört, mit einem X!

249 Zweifelhafte Forderungen an 240 Forderungen

a) Wir verzichten auf das Eintreiben einer Kundenforderung. O
b) Eine zweifelhafte Forderung wird uneinbringlich. O
c) Eine zweifelhafte Forderung wird wider Erwarten ganz bezahlt. O
d) Eine Forderung wird zweifelhaft. O

93. Ist die folgende Aussage richtig!

Wird das Konkursverfahren mangels Masse eingestellt, dann wird eine Forderung uneinbringlich.

ja O
nein O

94. Prüfen Sie, welcher Buchungssatz richtig ist!

Bezeichnen Sie den richtigen Buchungssatz mit einem X!

Eine zweifelhafte Forderung über 110 DM (Nettopreis 1000 DM + 120 DM Umsatzsteuer) wird uneinbringlich.

a) 689 Abschreibung auf Forderungen 1000 DM und
280 Vorsteuer 120 DM an 249 Zweifelhafte Forderungen 1120 DM O

b) 689 Abschreibung auf Forderungen 1000 DM und
480 Umsatzsteuer 120 DM
an 249 Zweifelhafte Forderungen 1120 DM O

c) 689 Abschreibung auf Forderungen 1120 DM
an 280 Vorsteuer 120 DM
an 249 Zweifelhafte Forderungen 1000 DM O

d) 689 Abschreibung auf Forderungen 1120 DM
an 480 Umsatzsteuer 120 DM
an 249 Zweifelhafte Forderungen 1000 DM O

95. Wie wird der folgende Geschäftsvorfall gebucht?

Kennzeichnen Sie mit einem X, welcher Buchungssatz richtig ist!

Von einer zweifelhaften Forderung von 1120 DM gehen 336 DM über unser Postscheckkonto ein, die restlichen 784 DM werden uneinbringlich.

a) 159 Postscheck an 249 Zweifelhafte Forderungen 336 DM
689 Abschreibung auf Forderungen 700 DM und
480 Umsatzsteuer 84 DM
an 249 Zweifelhafte Forderungen 784 DM O

b) Postscheck an 249 Zweifelhafte Forderungen 336 DM
689 Abschreibung auf Forderungen 700 DM und
280 Vorsteuer 84 DM an 249 Zweifelhafte Forderungen 784 DM O

c) 159 DM Postscheck 300 DM und
280 Vorsteuer 36 DM an 249 Zweifelhafte Forderungen 336 DM O

d) 159 Postscheck an 249 Zweifelhafte Forderungen 336 DM O

96. Bezeichnen Sie den Geschäftsvorfall, der zu der folgenden Buchung gehört, mit einem X!

159 Postscheck 336 DM an 591 Verschiedene sonstige Erträge 300 DM
an 480 Umsatzsteuer 36 DM

a) Der Forderungsausfall war zu hoch geschätzt und gebucht worden. Es gehen unerwartet 336 DM auf unserem Postscheckkonto ein. O

b) Der Forderungsausfall war zu niedrig gebucht worden. Es gehen nur 336 DM auf unserem Postscheckkonto ein. O

c) Ein Kunde überweist 336 DM für gelieferte Handelsware auf unser Postscheckkonto. O

97. Ist die folgende Aussage richtig?

Bemessungsgrundlage für die Pauschalwertberichtigung ist immer der Bruttoforderungsbetrag.

ja O
nein O

98. Wie wird der folgende Geschäftsvorfall gebucht?

Kennzeichnen Sie mit einem X, welcher Buchungssatz richtig ist!

Wir bilden eine Pauschalwertberichtigung auf unsere Wechselforderungen und Forderungen aus Warenlieferungen.

a) 249 Zweifelhafte Forderungen
an 240 Forderungen O

b) 689 Abschreibung auf Forderungen
an 370 Pauschalwertberichtigung
auf Forderungen O

c) 689 Abschreibung auf Forderungen
an 240 Forderungen O

d) 689 Abschreibung auf Forderungen
an 249 Zweifelhafte Forderungen O

99. Über welches Konto wird das Konto 370 Pauschalwertberichtigungen auf Forderungen abgeschlossen?

Bezeichnen Sie das richtige Konto mit einem X!

a) 240 Forderungen O

b) 249 Zweifelhafte Forderungen O

c) 810 Gewinn- und Verlustkonto O

d) 890 Schlußbilanzkonto O

12. Steuern

100. Welche der folgenden Steuern werden über das Privatkonto gebucht?

a) Kfz-Steuer für einen Lkw O
b) Wechselsteuer für Handelswechsel O
c) Lohnsteuer O
d) Einkommensteuer für den Fabrikanten O
e) Gewerbesteuer O
f) Kirchensteuer für den Fabrikanten O

101. Bezeichnen Sie die Steuern, die als Aufwand in der Kontenklasse 7 stehen, mit einem X!

a) Grunderwerbsteuer (Unternehmen) O
b) Grundsteuer (Unternehmen) O
c) einbehaltene Lohnsteuer der Arbeitnehmer O
d) Körperschaftsteuer O
e) einbehaltene Kirchensteuer der Arbeitnehmer O
f) Gewerbesteuer O
g) Erbschaftsteuer O
h) Lohnsummensteuer O
i) Gewerbekapitalsteuer O

102. Welcher Buchungssatz entspricht dem angegebenen Geschäftsvorfall?

Kennzeichnen Sie mit einem X, welcher Buchungssatz richtig ist!

Wir überweisen die fällige Vermögensteuer durch unsere Bank.

a) 720 Sonstige Steuern	an 160 Bank	O
b) 301 Privat	an 160 Bank	O
c) 716 Vermögensteuer	an 160 Bank	O
d) 160 Bank	an 716 Vermögensteuer	O

103. Bezeichnen Sie den Geschäftsvorfall, der zu der folgenden Buchung gehört, mit einem X!

301 Privat an 159 Postscheck

a) Überweisung der einbehaltenen Lohnsteuer durch Postscheck O
b) Postschecküberweisung der Gewerbesteuer O
c) Postschecküberweisung der Lohnsummensteuer O
d) Postschecküberweisung der Erbschaftsteuer O

104. Ist die folgende Aussage richtig?

Die Grunderwerbsteuer ist auf den Konten

010 Grundstücke mit Geschäfts- oder Fabrikbauten oder
020 Grundstücke mit Wohnbauten oder
030 Grundstücke ohne Bauten

aktivierungspflichtig.

ja O
nein O

105. Bezeichnen Sie die richtigen Aussagen über die Mehrwertsteuer und Vorsteuer mit einem X!

a) Die Umsatzsteuer ist eine Forderung gegenüber dem Finanzamt. O
b) Die Umsatzsteuer ist eine Verbindlichkeit gegenüber dem Finanzamt. O
c) Die Vorsteuer ist eine Forderung gegenüber dem Finanzamt. O
d) Die Vorsteuer ist eine Verbindlichkeit gegenüber dem Finanzamt. O

106. Bezeichnen Sie die Kostenarten, die mit Mehrwertsteuer belastet sind, mit einem X!

a) Energiekosten O
b) Briefmarken O
c) Werbungskosten O
d) Reisekosten O
e) Wechselsteuermarken O
f) Büromaterialien O

107. Wie wird die Zahllast bei der Mehrwertsteuer ermittelt?

Bezeichnen Sie die richtige Antwort mit einem X!

a) Zahllast = Umsatzsteuer + Vorsteuer O
b) Zahllast = Umsatzsteuer ./. Vorsteuer O
c) Zahllast = Vorsteuer ./. Umsatzsteuer O
d) Zahllast = Umsatzsteuer : Vorsteuer O

108. Wie wird der folgende Geschäftsvorfall gebucht?

Kennzeichnen Sie mit einem X, welche Buchung richtig ist!

Wir überweisen die Mehrwertsteuer-Zahllast durch unsere Bank an das Finanzamt.

a) 480 Umsatzsteuer	an 280 Vorsteuer	O
b) 280 Vorsteuer	an 160 Bank	O
c) 480 Umsatzsteuer	an 160 Bank	O
d) 480 Umsatzsteuer	an 150 Kasse	O

13. Rückstellungen und Jahresabgrenzungen

109. Wie wird der folgende Geschäftsvorfall gebucht?

Bezeichnen Sie die richtige Buchung mit einem X!

Wir bilden eine Rückstellung für die Gewerbesteuer.

a) 715 Gewerbesteuer	an 380 Pensionsrückstellungen	O
b) 715 Gewerbesteuer	an 390 Andere Rückstellungen	O
c) 390 Andere Rückstellungen	an 715 Gewerbesteuer	O
d) 380 Pensionsrückstellungen	an 715 Gewerbesteuer	O

110. Prüfen Sie, welche Buchung richtig ist!

Kennzeichnen Sie die richtige Buchung mit einem X!

Auflösung einer Rückstellung über unser Postscheckkonto. Wir haben den Aufwand zu hoch geschätzt.

a) 390 Andere Rückstellungen	an 159 Postscheck	O
b) 159 Postscheck	an 390 Andere Rückstellungen	O
c) 390 Andere Rückstellungen	an 159 Postscheck an 570 Erträge aus der Auflösung von Rückstellungen	O
d) 390 Andere Rückstellungen und 570 Erträge aus der Auflösung von Rückstellungen	an 159 Postscheck	O

111. Bezeichnen Sie den Geschäftsvorfall, welcher der folgenden Buchung entspricht, mit einem X!

390 Andere Rückstellungen und
715 Gewerbesteuer an 160 Bank

a) Auflösung einer Rückstellung für Gewerbesteuer.
Wir haben den Gewerbesteueraufwand richtig geschätzt. O

b) Auflösung einer Rückstellung für Gewerbesteuer.
Wir haben den Gewerbesteueraufwand zu hoch geschätzt. O

c) Auflösung einer Rückstellung für Gewerbesteuer.
Wir haben den Gewerbesteueraufwand zu niedrig geschätzt. O

112. Ist die folgende Aussage richtig?

Wird ein Aufwand, der in der neuen Abrechnungsperiode anfällt, schon in der alten Abrechnungsperiode bezahlt, so wird dieser Aufwand über das Konto 290 Aktive Rechnungsabgrenzungsposten in der alten Rechnungsperiode abgegrenzt.

ja O
nein O

113. Bezeichnen Sie das Konto mit einem X, über das Erträge der neuen Rechnungsperiode, die im voraus bezahlt wurden, abgegrenzt werden!

a) 290 Aktive Rechnungsabgrenzungsposten O
b) 490 Passive Rechnungsabgrenzungsposten O
c) 289 Sonstige Forderungen O
d) 489 Sonstige Verbindlichkeiten O

114. Wie wird der folgende Geschäftsvorfall gebucht?

Bezeichnen Sie den richtigen Buchungssatz mit einem X!

Am Ende der Abrechnungsperiode stellen wir fest, daß unser Mieter die Miete noch nicht bezahlt hat.

a) 590 Haus- und Grundstückserträge
an 289 Sonstige Forderungen O
b) 590 Haus- und Grundstückserträge
an 490 Passive Rechnungsabgrenzungsposten O
c) 590 Haus- und Grundstückserträge
an 489 Sonstige Verbindlichkeiten O
d) 289 Sonstige Forderungen
an 590 Haus- und Grundstückserträge O

115. Prüfen Sie, wie der folgende Geschäftsvorfall gebucht wird!

Bezeichnen Sie die richtige Buchung mit einem X!

Am Ende der Abrechnungsperiode stellen wir fest, daß wir die fälligen Beiträge zur Berufsgenossenschaft noch nicht überwiesen haben.

a) 784 Beiträge und Gebühren
an 489 Sonstige Verbindlichkeiten O
b) 290 Aktive Rechnungsabgrenzungsposten
an 784 Beiträge und Gebühren O
c) 289 Sonstige Forderungen
an 784 Beiträge und Gebühren O
d) 784 Beiträge und Gebühren
an 490 Passive Rechnungsabgrenzungsposten O

14. Gewinnverteilung

116. Bezeichnen Sie die Unternehmensform, um die es sich hier handeln muß, mit einem X!

810 Gewinn- und Verlustkonto an 300 Eigenkapital Gesellschafter A
an 310 Eigenkapital Gesellschafter B

a) Gewinnverteilung einer Personenhandelsgesellschaft O

b) Gewinnverteilung einer Kapitalgesellschaft O

117. Wie wird der folgende Geschäftsvorfall gebucht?

Bezeichnen Sie den richtigen Buchungssatz mit einem X!

Banküberweisung des Gewinnanteils an einen Kommanditisten.

a) 310 Kapital Kommanditist
an 160 Bank O

b) 310 Kapital Kommanditist
an 810 Gewinn- und Verlustkonto O

c) 491 Gewinnanteilkonto Kommanditist
an 160 Bank O

d) 810 Gewinn- und Verlustkonto
an 491 Gewinnanteilkonto Kommanditist O

118. Bezeichnen Sie die Konten, die bei einer GmbH nicht vorkommen und demzufolge nicht abgeschlossen werden, mit einem X!

a) 490 Bilanzgewinn O

b) 301 Privatkonto O

c) 310 Gesetzliche Rücklagen O

d) 320 Freie Rücklagen O

119. Welcher Buchungssatz entspricht dem angegebenen Geschäftsvorfall?

Bezeichnen Sie den richtigen Buchungssatz mit einem X!

Bei einer GmbH soll nach Feststellung des Reingewinns ein Teil davon der freien Rücklage zugeführt und der Rest satzungsgemäß an die beiden Gesellschafter ausgeschüttet werden.

a) 320 Freie Rücklagen und
4910 Gewinnanteilkonto Gesellschafter A und
4911 Gewinnanteilkonto Gesellschafter B
an 872 Gewinnverwendung O

b) 499 Bilanzgewinn
an 872 Gewinnverwendung O

c) 872 Gewinnverwendung
an 320 freie Rücklagen
an 4910 Gewinnanteilkonto Gesellschafter A
an 4911 Gewinnanteilkonto Gesellschafter B O

d) 872 Gewinnverwendung
an 499 Bilanzgewinn O

120. Wie wird der folgende Geschäftsvorfall gebucht?

Kennzeichnen Sie die richtige Buchung mit einem X!

Der Gewinnrest ist auf neue Rechnung vorzutragen.

a) 872 Gewinnverwendung	an 820 Gewinnvortrag	O
b) 820 Gewinnvortrag	an 872 Gewinnverwendung	O
c) 872 Gewinnverwendung	an 320 freie Rücklagen	O
d) 320 Freie Rücklagen	an 872 Gewinnverwendung	O

15. Kosten- und Leistungsrechnung

121. Ist die folgende Aussage richtig?

Aus der Gewinn- und Verlustrechnung ergibt sich das Gesamtergebnis eines Unternehmens.

ja O
nein O

122. Welche Gegenüberstellung ergibt das Betriebsergebnis?

Bezeichnen Sie die richtige Aussage mit einem X!

a) Aufwendungen und Erträge O
b) Aufwendungen und Kosten O
c) Leistungen und Erträge O
d) Kosten und Leistungen O

123. Bezeichnen Sie die richtige Aussage mit einem X!

a) Kalkulatorische Abschreibungen erfassen nur das nicht betriebsnotwendige Vermögen. O
b) Kalkulatorische Abschreibungen erfassen das nicht betriebsnotwendige und das betriebsnotwendige Vermögen. O
c) Kalkulatorische Abschreibungen erfassen nur das betriebsnotwendige Vermögen. O

124. Welches Kapital ist die Grundlage für die Errechnung der kalkulatorischen Zinsen?

Bezeichnen Sie die richtige Aussage mit einem X!

a) Eigenkapital O
b) Fremdkapital O
c) Eigen- und Fremdkapital O
d) Betriebsnotwendiges Kapital O

125. Ist die folgende Aussage richtig?

Beim IKR werden die Kosten und Leistungen in der Kontengruppe 92 erfaßt!

ja O
nein O

126. Welche der folgenden Aussagen ist richtig?

Bezeichnen Sie die richtigen Aussagen mit einem X!

a) In der Kostenstellenrechnung werden die Kostenarten auf die Kostenträger verteilt. O

b) In der Kostenstellenrechnung werden die Kostenarten auf die Betriebsbereiche verteilt. O

c) In der Kostenstellenrechnung werden die Kosten nach dem Verursachungsprinzip verteilt. O

127. Ist die folgende Aussage richtig?

In der Kostenträgerrechnung werden die Kostenarten den Erzeugnissen zugeordnet.

ja O

nein O

128. Welche Kosten werden in der Deckungsbeitragsrechnung den Kostenträgern zugerechnet?

Bezeichnen Sie die richtige Antwort mit einem X!

a) fixe Kosten O

b) direkte Kosten O

c) fixe und direkte Kosten O

129. Welche Kosten umfassen die direkten Kosten bei der Deckungsbeitragsrechnung?

Kennzeichnen Sie die richtige Aussage mit einem X!

a) nur Einzelkosten O

b) Einzelkosten und Sondereinzelkosten O

c) Einzelkosten, Sondereinzelkosten und den Kostenträgern zurechenbare Gemeinkosten O

130. Bezeichnen Sie die Aussage mit

X, wenn sie richtig ist,
O, wenn sie falsch ist!

a) Die Kosten- und Leistungsrechnung wird in der Kontenklasse 9 des IKR durchgeführt. O

b) Die Kosten- und Leistungsrechnung wird in der Kontenklasse 9 nicht buchhalterisch, sondern tabellarisch durchgeführt. O

c) Die Kontenklasse 9 ist nach dem Prozeßgliederungsprinzip aufgebaut. O

Aufgabe 131:

Ist die folgende Aussage richtig?

Für die Auswertung von Jahresabschlüssen wird die Bilanz aufbereitet. Dabei herden Bilanzpositionen wie

Wertberichchtigungen zu Posten des Sachanlagevermögens,
Pauschalwertberichtigungen zu Forderungen,
Ausstehende Einlagen auf das Grundkapital und
Bilanzverlust

mit den entsprechenden Bilanzposten der gegenüberliegenden Seite saldiert.

ja O
nein O

Aufgabe 132:

Bezeichnen Sie das richtige Grundschema einer aufbereiteten Bilanz mit einem X!

a) Anlagevermögen — Eigenkapital O
Umlaufvermögen — Fremdkapital O
– Monetäres Umlaufvermögen (davon Liquide Mittel) — – Langfristiges Fremdkapital O
– Sonstiges Umlaufvermögen — – Kurzfristiges Fremdkapital O

b) Umlaufvermögen — Fremdkapital
– Monetäres Umlaufvermögen — – Langfristiges Fremdkapital O
– Sonstiges Umlaufvermögen — – Kurzfristiges Fremdkapital O
Anlagevermögen — Eigenkapital O

c) Anlagevermögen — Eigenkapital O
Umlaufvermögen — Fremdkapital O
– Sonstiges Umlaufvermögen — – Kurzfristiges Fremdkapital O
– Monetäres Umlaufvermögen — – Langfristiges Fremdkapital O

Aufgabe 133:

Welche Positionen faßt man unter dem Begriff „liquide Mittel" zusammen?

Bezeichnen Sie die richtige Aussage mit einem X!

a) 24 Forderungen aus Lieferungen und Leistungen O
25 Forderungen an verbundenen Unternehmungen O
26 Forderungen aus Krediten gemäß §§ 89 und 115 AktG O
28 Sonstige Forderungen und Vermögensgegenstände O

b) 17 Wertpapiere des Umlaufvermögens O
18 Eigene Aktien O
19 Anteile an einer herrschenden Gesellschaft O

c) 13 Besitzwechsel O
14 Schecks O
15 Kassenbestand, Bundesbank- und Postscheckguthaben O
16 Guthaben bei Kreditinstituten O

Aufgabe 134:

Wie ermittelt man das Eigenkapital einer Kapitalgesellschaft?
Bezeichnen Sie die richtige Antwort mit einem X!

a) 30 Grund- oder Stammkapital O
\+ 31 Gesetzliche Rücklagen O
./. 32 Andere Rücklagen O
\+ 82 Gewinnvortrag O
./. 00 Ausstehende Einlagen auf das Grund- oder Stammkapital O
\+ 87 Bilanzverlust O

b) 30 Grund- oder Stammkapital O
\+ 31 Gesetzliche Rücklagen O
\+ 32 Andere Rücklagen O
\+ 82 Gewinnvortrag O
./. 00 Ausstehende Einlagen auf das Grund- oder Stammkapital O
./. 87 Bilanzverlust O

c) 30 Grund- oder Stammkapital O
\+ 31 Gesetzliche Rücklagen O
\+ 32 Andere Rücklagen O
\+ 82 Gewinnvortrag O
\+ 00 Ausstehende Einlagen auf das Grund- oder Stammkapital O
./. 87 Bilanzverlust O

d) 30 Grund- oder Stammkapital O
./. 31 Gesetzliche Rücklagen O
./. 32 Andere Rücklagen O
\+ 82 Gewinnvortrag O
./. 00 Ausstehende Einlagen auf das Grund- oder Stammkapital O
\+ 87 Bilanzverlust O

Aufgabe 135:

Bezeichnen Sie die richtige Lösung für die Berechnung der Umschlagshäufigkeit des Anlagevermögens mit einem X!

a) $\frac{\text{Abschreibungen auf das Anlagevermögen}}{\text{Durchschnittlicher Bestand des Anlagevermögens}}$

b) $\frac{\text{Durchschnittlicher Bestand des Anlagevermögens}}{\text{Abschreibungen auf das Anlagevermögen}}$

c) $\frac{\text{Umsatzerlöse}}{\text{Durchschnittlicher Bestand des Anlagevermögens}}$

d) $\frac{\text{Durchschnittlicher Bestand des Anlagevermögens}}{\text{Umsatzerlöse}}$

Aufgabe 136:

Wie ermittelt man die Investitionsdeckung?
Bezeichnen Sie die richtige Lösung mit einem X!

a) Abschreibungen auf Sachanlagen mit Nettoinvestitionen bei Sachanlagen

b) $\frac{\text{Abschreibungen auf Sachanlagen}}{\text{Nettoinvestitionen bei Sachanlagen}}$

c) $\frac{\text{Abschreibungen auf Sachanlagen}}{\text{Anfangsbestand der Sachanlagen}}$

d) $\frac{\text{Abschreibungen auf Sachanlagen}}{\text{Endbestand der Sachanlagen}}$

Aufgabe 137:

Bezeichnen Sie die Formel, nach der man den Verschuldungsgrad ermittelt, mit einem X!

a) Fremdkapital mal 100 mal Gesamtkapital

b) $\frac{\text{Fremdkapital}}{\text{100 mal Gesamtkapital}}$

c) $\frac{\text{Fremdkapital mal 100}}{\text{Gesamtkapital}}$

d) $\frac{\text{Fremdkapital mal Gesamtkapital}}{100}$

Aufgabe 138:

Wie ermittelt man den Bilanzkurs?
Bezeichnen Sie den richtigen Bruchstrich mit einem X!

a) $\frac{\text{Eigenkapital mal 100}}{\text{Grundkapital}}$

b) $\frac{\text{Grundkapital mal 100}}{\text{Eigenkapital}}$

c) $\frac{\text{Eigenkapital}}{\text{Grundkapital mal 100}}$

d) $\frac{\text{Grundkapital}}{\text{Eigenkapital mal 100}}$

Aufgabe 139:

Nach welcher Formel berechnet man den Deckungsgrad II?
Bezeichnen Sie die richtige Formel mit einem X!

a) $\frac{\text{Eigenkapital + langfristiges Fremdkapital}}{\text{Umlaufvermögen}}$

b) $\frac{\text{Eigenkapital + langfristiges Fremdkapital}}{\text{Anlagevermögen}}$

c) $\frac{\text{Langfristiges Fremdkapital}}{\text{Umlaufvermögen}}$

d) $\frac{\text{Langfristiges Fremdkapital}}{\text{Anlagevermögen}}$

Aufgabe 140:

Bezeichnen Sie den Bruchstrich, der die Liquidität 1. Grades angibt mit einem X!

a) $\frac{\text{Liquide Mittel}}{\text{Kurzfristiges Fremdkapital}}$

b) $\frac{\text{Liquide Mittel}}{\text{Langfristiges Fremdkapital}}$

c) $\frac{\text{Kurzfristiges Fremdkapital}}{\text{Liquide Mittel}}$

d) $\frac{\text{Langfristiges Fremdkapital}}{\text{Liquide Mittel}}$

Ist die folgende Aussage richtig?

Die Eigenkapitalrentabilität wird ermittelt, indem man den Brutto-Cash-Flow mit 100 multipliziert und das Ergebnis durch das Eigenkapital dividiert?

ja O

Nein O

IV. Lösungen zu den Fragen

I. Wirtschaftslehre

1. c)
2. a)
3. b)
4. b)
5. b)
6. c)
7. a)
8. c)
9. b)
10. b)
11. a)
12. b)
13. c)
14. b)
15. a)
16. b)
17. c)
18. a)
19. b)
20. c)
21. b)
22. c)

23. a)
24. c)
25. b)
26. b)
27. c)
28. a)
29. c)
30. a)
31. c)
32. b)
34. b)
33. b)
35. c)
36. a)
37. c)
38. a)
39. b)
40. c)
41. b)
42. a)
43. c)
44. c)

45. b)
46. a)
47. a)
48. c)
49. a)
50. c)
51. b)
52. b)
53. a)
54. a)
55. b)
56. b)
57. c)
58. b)
59. a)
60. c)
61. c)
62. c)
63. b)
64. a)
65. b)
66. a)

67. c)
68. b)
69. a)
70. c)
71. b)
72. a)
73. c)
74. b)
75. b)
76. a)
77. c)
78. b)
79. a)
80. b)
81. c)
82. b)
83. a)
84. a)
85. c)
86. c)
87. c)
88. a)
89. a)
90. b)
91. b)
92. c)
93. a)
94. c)
95. b)
96. b)
97. c)
98. b)
99. a)
100. c)
101. b)
102. c)
103. b)
104. b)
105. c)
106. a)
107. b)
108. a)
109. c)
110. b)
111. a)
112. a)
113. c)
114. b)
115. c)
116. b)
117. a)
118. c)
119. b)
120. a)
121. b)
122. b)
123. c)
124. c)
125. a)
126. b)
127. b)
128. c)
129. b)
130. c)
131. a)
132. c)
133. b)
134. a)
135. c)
136. a)
137. c)
138. b)
139. a)
140. c)
141. b)

142. b)
143. c)
144. a)
145. b)
146. a)
147. a)
148. c)
149. b)
150. a)
151. b)
152. a)
153. c)
154. b)
155. a)
156. c)
157. b)
158. a)
159. c)
160. b)
161. c)
162. b)
163. c)
164. c)
165. a)
166. b)
167. a)
168. a)
169. c)
170. c)
171. a)
172. b)
173. b)
174. a)
175. c)
176. b)
177. a)
178. b)
179. c)
180. a)
181. b)
182. c)
183. c)
184. a)
185. b)
186. a)
187. b)
188. b)
189. c)
190. a)
191. b)
192. a)
193. a)
194. b)
195. a)
196. c)
197. b)
198. c)
199. c)
200. a)
201. b)
202. c)
203. c)
204. b)
205. c)
206. a)
207. b)
208. c)
209. c)
210. b)
211. a)
212. a)
213. a)
214. b)
215. c)
216. c)

217. a)
218. a)
219. b)
220. b)
221. c)
222. b)
223. c)
224. b)
225. a)
226. a)
227. b)
228. c)
229. b)
230. b)
231. a)
232. c)
233. a)
234. b)
235. a)
236. b)
237. c)
238. a)
239. a)
240. c)
241. b)
242. c)
243. a)
244. b)
245. b)
246. c)
247. a)
248. b)
249. c)
250. b)
251. a)
252. b)
253. c)
254. a)
255. c)
256. b)
257. c)
258. b)
259. a)
260. b)
261. c)
262. a)
263. a)
264. b)
265. c)
266. b)
267. b)
268. a)
269. b)
270. c)
271. a)
272. c)
273. b)
274. a)
275. b)
276. c)
277. b)
278. c)
279. c)
280. b)
281. a)
282. a)
283. c)
284. c)
285. c)
286. b)
287. b)
288. a)
289. c)
290. a)
291. a)

292. c)
293. c)
294. b)
295. a)
296. c), d)
297. c)
298. b)
299. a)
300. c)
301. b)
302. b)
303. a)
304. a)
305. b)
306. c)
307. b)
308. a)
309. a)
310. c)
311. b)
312. b)
313. b)
314. a)
315. a)
316. b)

317. c)
318. b)
319. b)
320. a)
321. a)
322. b)
323. c)
324. a)
325. a)
326. c)
327. a)
328. c)
329. b)
330. a)
331. c)
332. b)
333. a)
334. c)
335. c)
336. a)
337. c)
338. b)
339. c)
340. b)
341. a)

342. c)
343. b)
344. b)
345. a)
346. c)
347. b)
348. c)
349. a)
350. b)
351. a)
352. b)
353. c)
354. b)
355. a), d)
356. c)
357. c)
358. a)
359. b)
360. c)
361. b)
362. b)
363. a)
364. c)
365. a)
366. b)

367. c)

368. b)

369. a)

370. c)

371. b)

372. a)

II. Rechnen

Lösung 1 a)

Lösungsweg:

Das Grundstück hat eine rechteckige Grundfläche. Der Flächeninhalt eines Rechtecks wird nach der folgenden Formel berechnet:

Flächeninhalt	= Länge · Breite
Grundstück	= 865 m · 94 m = 81 310 m²
Bodenwert	= Grundstücksfläche · Quadratmeterpreis

$$\frac{81\,310 \text{ m}^2 \cdot 120 \text{ DM}}{\text{m}^2} = 9\,757\,200 \text{ DM}$$

Lösung 2 c)

Lösungsweg:

Man berechnet zuerst den Flächeninhalt einer Teppichfliese. Die Teppichfliese ist quadratisch. Der Flächeninhalt eines Quadrates wird nach der folgenden Formel berechnet:

Flächeninhalt = Seite · Seite

Teppichfliese = 30 cm · 30 cm = 900 cm²

Vor der Division müssen die 900 cm² in m² umgewandelt werden:

$1 \text{ cm}^2 = 0{,}0001 \text{ m}^2$

$900 \text{ cm}^2 = 0{,}0900 \text{ m}^2$

Nun kann man die Anzahl der Teppichfliesen berechnen:

Bodenfläche	: Fliesenfläche	= Fliesenanzahl
16,2 m²	: 0,09 m²	= 180

Lösung 3 a)

Lösungsweg:

Man berechnet den Flächeninhalt einer kreisrunden Werbefläche. Der Flächeninhalt eines Kreises wird nach der folgenden Formel berechnet:

Flächeninhalt	= Halbmesser	· Halbmesser	· 3,14
Werbefläche	= 60 cm	· 60 cm	· 3,14
	= 3 600 cm²	· 3,14 = <u>11 304 cm² = 1,1304 m²</u>	

Die Gesamtfläche der 32 Werbeflächen beträgt:

$$1{,}1304 \text{ m}^2 \cdot 32 = 36{,}1728 \text{ m}^2$$

Lösung 4 a)

Lösungsweg:

Man berechnet den Rauminhalt des Gartenschwimmbeckens. Das Schwimmbecken ist ein Zylinder. Der Rauminhalt eines Zylinders wird nach der folgenden Formel berechnet:

Rauminhalt = Halbmesser · Halbmesser · 3,14 · Höhe
Gartenschwimmbecken = 3 m · 3 m · 3,14 · 1,2 m
= 9 m² · 3,14 · 1,2 m
= 28,26 m² · 1,2 m = 33,912 m³

Lösung 5 c)

Lösungsweg:

Die Kiste ist ein Quader (Rechtecksäule). Man berechnet den Rauminhalt eines Quaders nach der folgenden Formel:

Rauminhalt = Länge · Breite · Höhe
Kiste = 1,60 m · 1,10 m · 0,80 m
= 1,76 m² · 0,80 m = 1,408 m³

Lösung 6 b)

Lösungsweg:

Der Rauminhalt eines Würfels wird nach der folgenden Formel berechnet:

Rauminhalt = Seite · Seite · Seite
Würfelinhalt = 160 cm · 160 cm · 160 cm
= 4 096 000 cm³ = 4,096 m³

Lösung 7 b)

Lösungsweg:

Die Truhe ist ein Quader (Rechtecksäule). Die Oberfläche eines Quaders berechnet man nach der folgenden Formel:

Quader = 2 · (Länge · Breite + Länge · Höhe + Breite · Höhe)
Truhe = 2 · (2,75 · 1,80 m + 2,75 m · 0,65 m + 1,80 m · 0,65 m)
= 2 · (4,95 m² + 1,7875 m² + 1,17 m²)
= 2 · 7,9075 = 15,8150 m²

Merke: Punktrechnung geht vor Strichrechnung!

Lösung 8 b)

Lösungsweg:

Der Papierkorb hat eine kreisrunde Grundfläche. Der Umfang eines Kreises wird nach der folgenden Formel berechnet:

Kreisumfang	= Durchmesser · 3,14
Papierkorb	= 50 cm · 3,14
	= 157 cm = 1,57 m

Lösung 9 a)

Lösungsweg:

Die zu beklebende Fläche des Papierkorbes ist ein Zylindermantel. Man berechnet die Fläche des Zylindermantels nach der folgenden Formel:

Zylindermantel	= Durchmesser · 3,14 · Höhe
	= 0,5 m · 3,14 · 0,6 m
	= 1,57 m · 0,6 m = 0,942 m^2

Lösung 10 c)

Lösungsweg:

Beim einfachen Dreisatz besteht der Ansatz aus zwei Sätzen:

erste Zeile = Aussagesatz

zweite Zeile = Fragesatz

Am einfachsten beginnt man mit dem Fragesatz (zweite Zeile), wobei die Frage am Schluß stehen muß.

Über den Fragesatz schreibt man den Aussagesatz (erste Zeile), wobei die Maßgrößen untereinander stehen müssen.

Aussagesatz:	20 Garagen kosten 980 DM Miete
Fragesatz:	7 Garagen kosten ? DM Miete

Lösung 11 c)

Lösungsweg:

Ansatz siehe Aufgabe 10!

Aussagesatz:	224 kg kosten 62,80 DM Fracht
Fragesatz:	56 kg kosten ? DM Fracht

Je w e n i g e r kg, desto w e n i g e r DM Fracht!
Je m e h r kg, desto m e h r DM Fracht!

Es handelt sich um einen einfachen Dreisatz mit geradem Verhältnis.

Bruchstrich:

Auf den Bruchstrich kommt beim Dreisatz mit geradem Verhältnis immer die Zahl, die über der Frage steht (62,80) und die Zahl, die neben der Frage steht (56).

Unter dem Bruchstrich steht beim Dreisatz mit geradem Verhältnis immer die erste Zahl des Aussagesatzes (224).

$$\frac{62{,}80 \cdot 56}{224} = 15{,}70 \text{ DM Fracht}$$

Lösung 12 c)

Lösungsweg:

Anleitung zum Ansatz siehe Aufgabe 10!

Aussagesatz:	32 Schüler entsprechen 72 Klassen
Fragesatz:	24 Schüler entsprechen ? Klassen

Je w e n i g e r Schüler, desto m e h r Klassen!
Je m e h r Schüler, desto w e n i g e r Klassen!

Es handelt sich um einen einfachen Dreisatz mit u n g e r a d e m Verhältnis.

Bruchstrich:
Auf den Bruchstrich kommt immer die Zahl, die über der Frage steht (72) und die erste Zahl des Aussagesatzes (32).

Unter dem Bruchstrich steht immer die Zahl, die neben der Frage steht (24).

$$\frac{72 \cdot 32}{24} = 96 \text{ Klassen}$$

Merke: Dreisätze mit ungeradem Verhältnis können nicht mit einem Kettensatz gelöst werden!

Lösung 13 a)

Lösungsweg:

Diese Aufgabe löst man mit einem zusammengesetzten Dreisatz. Der Ansatz besteht wieder aus dem Aussagesatz und dem Fragesatz (siehe Aufgabe 10!). Beim zusammengesetzten Dreisatz sind beide Sätze nur länger. Im Fragesatz ist die Reihenfolge beliebig, jedoch muß die Frage am Schluß stehen.

Ansatz:

70 m Stoff mit einer Breite von 1,20 m kosten 1 080 DM
132 m Stoff mit einer Breite von 1,40 m kosten ? DM

Bruchstrich:

Man bildet in Gedanken zwei Dreisatzaufgaben und überlegt, ob sie ein gerades oder ungerades Verhältnis haben (siehe Aufgaben 10 und 12!).

Der erste Dreisatz enthält m Stoff und DM.

Der zweite Dreisatz enthält m Breite und DM.

Die Zahlen aus beiden Dreisätzen werden auf einen Bruchstrich geschrieben. Auf dem Bruchstrich steht die Zahl über der Frage (1080) nur einmal.

$$\frac{1080 \cdot 132 \cdot 1{,}40}{70 \cdot 1{,}20} = 2376{,}\text{– DM}$$

Lösung 14 b)

Lösungsweg:

Bei der Aufstellung des Kettensatzes muß folgendes beachtet werden:

1. Man fängt immer mit der Frage an (? DM).
2. Jede folgende Zeile fängt mit der Maßgröße an, mit der die vorherige Zeile aufhört (Paar Augenwimpern).
3. Der Kettensatz schließt mit der Maßgröße, nach der auch gefragt wird (DM).

Kettensatz:

? DM ≙ 150 Paar

250 Paar ≙ 3000 DM

Merke: Nur Dreisätze mit geradem Verhältnis können auch durch Kettensätze gelöst werden!

Lösung 15 a)

Lösungsweg:

Kettensatz (siehe Aufgabe 14!):

? DM	≙	75 Langhaarperücken
220 Langhaarperücken	≙	14 300 DM

Bruchstrich:

Die rechte Seite des Kettensatzes kommt in den Zähler und die linke in den Nenner des Bruches.

$$\frac{75 \cdot 14\,300}{220} = 4875,\text{– DM}$$

Merke: Der Kettensatz liefert nur dann ein sinnvolles Ergebnis, wenn es sich bei der Aufgabe um einen oder mehrere Dreisätze mit geradem Verhältnis handelt!

Lösung 16 b)

Lösungsweg:

Die Arbeitsschritte für die Aufstellung des Kettensatzes und den Bruchstrich erfolgen wie in den Aufgaben 14 und 15 beschrieben.

Kettensatz:

? DM	≙	1 kg
3560 kg	≙	8785 hfl
100 hfl	≙	96,50 DM

Bruchstrich:

$$\frac{8785 \cdot 96{,}50}{3560 \cdot 100} = \frac{847\,752{,}50}{356\,000} = 2{,}38 \text{ DM}$$

Merke: Um Rundungsfehler zu begrenzen, multipliziert man zuerst und dividiert dann.

Lösung 17 b)

Lösungsweg:

Kettensatz siehe Aufgaben 14 und 15!

? jug. Din.	≙	500,– DM
9,30 DM	≙	100 jug. Din.

Bruchstrich:

$$\frac{500 \cdot 100}{9{,}30} = 5376{,}344$$

aufgerundet = jug. Din. 5376,34

Lösung 18 c)

Lösungsweg:

Dreisatz mit geradem Verhältnis siehe Aufgabe 10!

Aussagesatz:	2,40 DM ≙ 1000 Lit.
Fragesatz:	900,– DM ≙ ? Lit.

Bruchstrich: $\frac{1000 \cdot 900}{2{,}40} = 375\,000$

Lösung 19 a)

Lösungsweg:

Für die Aufstellung des Kettensatzes siehe Aufgaben 14 und 15!

Kettensatz:	? DM ≙ 40,– FF
	100 FF ≙ 43,25 DM

Bruchstrich: $\frac{40 \cdot 43{,}25}{100} = 17{,}30$ DM

Lösung 20 b)

Lösungsweg:

Dreisatz mit geradem Verhältnis siehe Aufgabe 10!

Aussagesatz:	1 £ ≙ 3,779 DM
Fragesatz:	2350 £ ≙ ? DM

Bruchstrich: $\frac{3{,}779 \cdot 2350}{1} = 8880{,}65$ DM

Lösung 21 a)

Lösungsweg:

Kettensatz siehe Aufgaben 14 und 15!

? DM	≙	1 m
11 m	≙	12 yds.
400 yds.	≙	1845 DM

Bruchstrich: $\frac{12 \cdot 1845}{11 \cdot 400} = \frac{22\,140}{4400} = 5{,}031$

abgerundet = 5,03 DM

Lösung 22 c)

Lösungsweg:

1 yard = 3 feet
1 feet = 12 inches

  yds. 14.2.8.
+ yds. 8.1.3.
+ yds. 21.2.9.

yds. 43.5.20 = yds. 43.6.8 = yds. 45.-8.

Lösung 23 c)

Lösungsweg:

1 cwt. = 4 qrs = 112 lbs.
1 qr. = 28 lbs.

  cwts. 11.2.19
+ cwts. 23.3.14
+ cwts. 9.1.21

cwts. 43.6.54 = cwts. 43.7.26 = cwts. 44.3.26

Lösung 24 b)

Lösungsweg:

Kettensatz siehe Aufgaben 14 und 15!

? kg	≙	15 cwts.
1 cwt.	≙	50,8 kg

Bruchstrich: $\frac{15 \cdot 50{,}8}{1} = 762$ kg

Lösung 25 b)

Lösungsweg:

Einfacher Dreisatz mit geradem Verhältnis siehe Aufgabe 10!

Aussagesatz:	1 cwt. ≙ 45,36 kg
Fragesatz:	36 cwts. ≙ ? kg

Bruchstrich: $\frac{45{,}36 \cdot 36}{1} = 1632{,}96 = 1632{,}960$ kg

Lösung 26 a)

Lösungshinweis:

Kreditinstitute kaufen Sorten zum niedrigeren Geldkurs an und verkaufen sie zum höheren Briefkurs an die Kundschaft.

Lösung 27 c)

Lösungsweg:

Beim Verkauf von Sorten und Devisen legt die Bank den Briefkurs zugrunde, beim Ankauf den Geldkurs.

Kettensatz siehe Aufgabe 14 und 15!

? US-$ ≙ 12 000 DM
1,94 DM ≙ 1 US-$

Bruchstrich: $\frac{12\,000}{1{,}94} = 6185{,}567$

abgerundet = 6185,57 US-$

Lösung 28 a)

Lösungsweg:

Beim Kauf von Sorten und Devisen muß der Briefkurs vom Kunden gezahlt werden.

Dreisatz siehe Aufgabe 10!

100 hfl ≙ 93,10 DM
900 hfl ≙ ? DM

Bruchstrich: $\frac{93{,}10 \cdot 900}{100} = 837{,}90 \text{ DM}$

Lösung 29 c)

Lösungsweg:

Beim Verteilungsrechnen bietet sich folgender Lösungsweg an:

1. Man schreibt die Schlüsselzahlen (Einlagen) untereinander und addiert sie.
2. Die Schlüsselzahlen (Einlagen) werden solange gekürzt, bis kleinstmögliche ganze Zahlen entstehen.
3. Diese gekürzten Zahlen werden neben die zugehörigen Schlüsselzahlen geschrieben und ebenfalls addiert.
4. Aus der Verteilungssumme (Gewinn) und den gekürzten Anteilzahlen kann man den Wert für einen Anteil errechnen.
5. Nun multipliziert man den Wert für einen Anteil mit den gekürzten Anteilzahlen.

Gesellschafter	Schlüsselzahlen (Einlagen)	gekürzte Schlüsselzahlen	Anteile
Brause	50 000 DM	5	43 000 DM
Feger	30 000 DM	3	25 800 DM
Paschke	20 000 DM	2	17 200 DM
	100 000 DM	10 = 86 000 DM	86 000 DM
		1 = 8 600 DM	

Lösung 30 b)

Lösungsweg:

Lösungsschritte für das Verteilungsrechnen siehe Aufgabe 29!

Warenart	Schlüsselzahlen (Gewicht)	gekürzte Schlüsselzahlen		Anteile
A	580 kg	58		232 DM
B	530 kg	53		212 DM
C	490 kg	49		196 DM
	1600 kg	160 =	640 DM	640 DM

$$1 = \frac{640}{160}\text{ DM}$$

$$1 = 4\text{ DM}$$

Lösung 31 a)

Lösungsweg:

Einer von mehreren Lösungswegen wäre folgender:

1. Man bringt die Kapitalanteile von B und C auf einen Hauptnenner

$$B = \frac{1}{4} = \frac{5}{20} \qquad C = \frac{1}{5} = \frac{4}{20}$$

2. B und C bringen zusammen $\frac{5}{20} + \frac{4}{20} = \frac{9}{20}$ des Kapitals auf.

3. Dann verbleiben für A noch $\frac{11}{20} = 11\,000$ DM.

4. Dann muß $\frac{1}{20} = 1000$ DM sein.

5. B zahlt 5000 DM, C zahlt 4000 DM.

a l g e b r a i s c h e L ö s u n g :

1. Das Gesamtkapital sei x

2. B hat einen Kapitalanteil $\frac{x}{4}$; C hat einen Kapitalanteil $\frac{x}{5}$

3. Suchgleichung: $x = 11\,000 + \frac{x}{4} + \frac{x}{5} = 11\,000 + \frac{5x + 4x}{20}$

$$x = 11\,000 + \frac{9x}{20}$$

$$\frac{11x}{20} = 11\,000$$

$$x = 20\,000$$

$$B = \frac{x}{4} = 5000\text{ DM} \qquad C = \frac{x}{5} = 4000\text{ DM}$$

Lösung 32 b)

Lösungsweg:

Der einfache Durchschnitt wird in zwei Arbeitsschritten berechnet:

1. Man addiert zuerst die einzelnen Posten:
   124 000 DM + 98 000 DM + 103 000 DM + 139 000 DM + 243 000 DM + 253 000 DM = 960 000 DM
2. Nun dividiert man die erhaltene Summe durch die Anzahl der Posten:
   960 000 DM : 6 = 160 000 DM

Lösung 33 c)

Lösungsweg:

Aufgaben zum gewogenen Durchschnitt können in folgenden Arbeitsschritten einfach gelöst werden:

1. Man berechnet zunächst für jede Einzelmenge den Einzelwert:

Sorten	Einzelmengen	DM/kg	Einzelwerte
I	7 kg	10,40	72,80 DM
II	5 kg	9,20	46,– DM
III	3 kg	11,40	34,20 DM

2. Nun addiert man die Einzelmengen und die Einzelwerte:
   7 kg + 5 kg + 3 kg = 15 kg
   72,80 DM + 46,– DM + 34,20 DM = 153,– DM
3. Danach dividiert man den Gesamtwert durch die Gesamtmenge und erhält so den Wert für eine Einheit der Gesamtmenge: 153,– DM : 15 = 10,20 DM

Lösung 34 b)

Lösungsweg:

Lösungsweg zu Aufgaben über den gewogenen Durchschnitt siehe Aufgabe 33!

1. Sorten	Einzelmengen	DM/kg	Einzelwerte
I	12 kg	22,80	273,60 DM
II	28 kg	20,80	582,40 DM
III	20 kg	18,40	368,– DM
2.	60 kg		1224,– DM

3. 1224,– DM : 60 = 20,40 DM je kg
4. In der Aufgabe wird nach dem Preis für 250 g = ¼ kg gefragt:
   20,40 DM : 4 = 5,10 DM je 250 g

Lösung 35 c)

Lösungsweg:

Das Mischungsverhältnis kann in folgenden Lösungsschritten errechnet werden:

1. Man errechnet die Preisabstände der Sortenpreise zum Mischungspreis: 105/35
2. Man kürzt die Preisabstände soweit wie möglich: 3 und 1
3. Man setzt die Preisabstände ins Verhältnis: 3 : 1
4. Man mischt die Sorten im umgekehrten Verhältnis: 1 : 3

Lösung 36 b)

Lösungsweg:

Je mehr Teile, desto mehr Liter!

Je weniger Teile, desto weniger Liter!

Es handelt sich um einen einfachen Dreisatz mit geradem Verhältnis (siehe Aufgabe 10!).

Aussagesatz:	9 Teile ≙ 67,5 l
Fragesatz:	7 Teile ≙ ? l
Bruchstrich:	$\frac{67{,}5 \cdot 7}{9} = 52{,}5$ l

Lösung 37 c)

Lösungshinweis:

1. Der Grundwert ist immer 100 %.
2. Der Prozentsatz ist ein Teil des Grundwertes in %.
3. Der Prozentwert ist ein Teil des Grundwertes in einer anderen Maßeinheit als in %. Der Prozentwert entspricht immer dem Prozentsatz, allerdings in einer anderen Maßeinheit.

Lösung 38 c)

Lösungsweg:

Der Prozentwert wird gesucht.

$$\text{Prozentwert} = \frac{\text{Grundwert}}{100} \cdot \text{Prozentsatz}$$

$$\text{Preisnachlaß} = \frac{9824}{100} \cdot 15 = 98{,}24 \cdot 15 = 1473{,}60 \text{ DM}$$

Lösung 39 b)

Lösungsweg:

Der Prozentwert wird gesucht.

1. Man berechnet den um den Mengenrabatt gekürzten Rechnungsbetrag (= 75 %):

$$\text{Prozentwert} = \frac{\text{Grundwert}}{100} \cdot 75$$

$$= 24{,}80 \text{ DM} \cdot 75 = 1860 \text{ DM}$$

2. Um den Betrag ermitteln zu können, der nach Skontoabzug zu überweisen ist, setzt man zunächst 1860 DM = 100 %.
   Der gesuchte Betrag muß dann 97 % von 1860 DM sein.

$$\text{Prozentwert} = \frac{\text{Grundwert}}{100} \cdot 97$$

$$= 18{,}60 \text{ DM} \cdot 97 = 1804{,}20 \text{ DM}$$

Lösung 40 a)

Lösungsweg:

Der Prozentsatz wird gesucht.
Die Aufgabe kann mit einem Dreisatz gelöst werden (siehe Aufgabe 10!).

Aussagesatz:	68 530,– DM ≙ 100 %
Fragesatz:	8 223,60 DM ≙ ? %

Bruchstrich: $$\frac{100 \cdot 8223{,}60}{68\,530} = 12\,\%$$

Lösung 41 c)

Lösungsweg:

Der Prozentsatz wird gesucht.
Die Aufgabe kann mit einem Dreisatz gelöst werden (siehe Aufgabe 10!).

Abschreibung im ersten Jahr: 13 750 DM ./. 11 000 DM = 2 750 DM

Aussagesatz:	13 750 DM ≙ 100 %
Fragesatz:	2 750 DM ≙ ? %

Bruchstrich: $$\frac{100 \cdot 2750}{13\,750} = 20\,\%$$

Lösung 42 b)

Lösungsweg:

Der Grundwert wird gesucht.

Die Aufgabe kann mit einem Dreisatz gelöst werden (siehe Aufgabe 10!)

Aussagesatz:	25 % ≙ 87,50 DM
Fragesatz:	100 % ≙ ? DM

Bruchstrich: $\frac{87{,}50 \cdot 100}{25} = 350$ DM

Lösung 43 c)

Lösungsweg:

Der reine Grundwert wird gesucht. (Vermehrter Grundwert und Prozentsatz sind gegeben.)

Die Aufgabe kann mit einem Dreisatz gelöst werden (siehe Aufgabe 10!).

Aussagesatz:	108,5 % ≙ 1 193,50 DM
Fragesatz:	100,0 % ≙ ? DM

Bruchstrich: $\frac{1193{,}50 \cdot 100{,}0}{108{,}5} = 1100{,}–$ DM

Lösung 44 b)

Lösungsweg:

Der Prozentwert wird gesucht. (Vermehrter Grundwert und Prozentsatz sind gegeben). Die Aufgabe kann mit einem Dreisatz gelöst werden (siehe Aufgabe 10!).

Aussagesatz:	108,5 % ≙ 1519 DM
Fragesatz:	8,5 % ≙ ? DM

Bruchstrich: $\frac{1519 \cdot 8{,}5}{108{,}5} = 119{,}–$ DM

Lösung 45 b)

Lösungsweg:

Kettensatz siehe Aufgaben 14 und 15!

$$\begin{array}{rcl} ?\ \text{DM} & \triangleq & 105\ \% \\ 100\ \% & \triangleq & 350\ \text{DM} \\ \hline \end{array}$$

Bruchstrich: $$\frac{105 \cdot 350}{100} = 367{,}50\ \text{DM}$$

Lösung 46 b)

Lösungsweg:

Der reine Grundwert wird gesucht. (Verminderter Grundwert und Prozentsatz sind gegeben.) Die Aufgabe kann mit einem Kettensatz gelöst werden (siehe Aufgaben 14 und 15!).

$$\begin{array}{rcl} ?\ \text{DM} & \triangleq & 100\ \% \\ 65\ \% & \triangleq & 2015\ \text{DM} \\ \hline \end{array}$$

Bruchstrich: $$\frac{100 \cdot 2015}{65} = 3100,\!-\ \text{DM}$$

Lösung 47 c)

Lösungsweg:

Der Prozentwert wird gesucht. (Verminderter Grundwert und Prozentsatz sind gegeben.) Die Aufgabe kann mit einem Kettensatz gelöst werden (siehe Aufgaben 14 und 15!)

$$\begin{array}{rcl} ?\ \text{kg} & \triangleq & 15\ \% \\ 85\ \% & \triangleq & 527\ \text{kg} \\ \hline \end{array}$$

Bruchstrich: $$\frac{15 \cdot 527}{85} = 93\ \text{kg}$$

Lösung 48 c)

Lösungshinweis:

Zinsrechnung		**Prozentrechnung**
Kapital	=	Grundwert
Zinsen	=	Prozentwert
Zinsfuß	=	Prozentsatz
Zeit	=	fehlt

Lösung 49 b)

Lösungsweg:

Jahreszinsen berechnet man nach der Formel:

$$\text{Zinsen} = \frac{\text{Kapital} \cdot \text{Zinsfuß} \cdot \text{Jahre}}{100}$$

$$\text{Zinsen} = \frac{128\,000 \cdot 12{,}5 \cdot 4}{100} = 64\,000 \text{ DM}$$

Lösung 50 b)

Lösungsweg:

Monatszinsen berechnet man nach der folgenden Formel:

$$\text{Zinsen} = \frac{\text{Kapital} \cdot \text{Zinsfuß} \cdot \text{Monate}}{100 \cdot 12}$$

$$\text{Verzugszinsen} = \frac{1620 \cdot 9 \cdot 2}{100 \cdot 12} = 24{,}30 \text{ DM}$$

Lösung 51 b)

Lösungsweg:

1. Grundsätzlich wird die Differenz zwischen zwei Zinsdaten verzinst.
2. Jeder Kalendermonat hat nach der deutschen Zinsmethode 30 Zinstage.
3. Am einfachsten schreibt man die Daten untereinander und subtrahiert das erste Datum vom zweiten.

	Tag	Monat
	19.	7.
./.	4.	3.
	15	4

also 15 Tage und 4 Monate
= 15 Tage und 4 · 30 Tage
= 135 Tage

Lösung 52 b)

Lösungsweg:

Berechnung der Zinstage siehe Aufgabe 51! Bei der Subtraktion muß in diesem Falle allerdings 1 Monat in 30 Zinstage umgewandelt werden.

	Tag	Monat		
	4.	12.		
./.	16.	8.		
	18	3	also	18 Tage und 3 Monate
				= 18 Tage und 3 · 30 Tage
				= 108 Tage

Lösung 53 c)

Lösungsweg:

Tageszinsen berechnet man nach der folgenden Formel:

$$\text{Zinsen} = \frac{\text{Kapital} \cdot \text{Zinsfuß} \cdot \text{Tage}}{100 \cdot 360}$$

$$\text{Zinsen} = \frac{1080 \cdot 13 \cdot 48}{100 \cdot 360} = 18{,}72 \text{ DM}$$

Lösung 54 c)

Lösungsweg:

Beim DM-Betrag werden die Pfennige ersatzlos gestrichen. Dann wird der um die Pfennige gekürzte Betrag mit den Zinstagen multipliziert und durch 100 dividiert.

$$\frac{2343 \cdot 21}{100} = 492{,}03$$

Die Zinszahl hat niemals Dezimalstellen. Deshalb muß das Multiplikationsergebnis auf- bzw. abgerundet werden.

492,03 = abgerundet 492

Lösung 55 b)

Lösungsweg:

Bei der Ermittlung des Zinsdivisors teilt man 360 durch den Jahres-Prozentsatz. Als Ergebnis erhält man in vielen Fällen einen bequemen Teiler.

Beispiel bei 4 %:

$$\text{Zinsdivisor} = \frac{360}{4} = 90$$

Lösung 56 b)

Lösungsweg:

1. Berechnung der Tage:

$$\begin{array}{r} 12.\ 6. \\ ⁒\ 16.\ 5. \\ \hline 26\ \ 0 \end{array} \quad \text{also 26 Tage}$$

2. Berechnung der Zinszahl (siehe Aufgabe 54!):

$$\text{Zinszahl} = \frac{639 \cdot 26}{100} = 166{,}14 \text{ abgerundet } 166$$

3. Berechnung des Zinsdivisors (siehe Aufgabe 55!):

$$\text{Zinsdivisor} = \frac{360}{8} = 45$$

4. Kaufmännische Zinsformel:

$$\text{Zinsen} = \frac{\text{Zinszahl}}{\text{Zinsdivisor}}$$

$$\text{Zinsen} = \frac{166}{45} = 3{,}688 \text{ aufgerundet } 3{,}69 \text{ DM}$$

Lösung 57 c)

Lösungsweg:

1. Berechnung der Zinszahl (siehe Aufgabe 54!):

$$\text{Zinszahl} = \frac{12\,670 \cdot 57}{100} = 7221{,}9 \text{ aufgerundet } 7222$$

2. Zerlegung des Zinsfußes:

   7 % ist kein bequemer Zinsdivisor. Deshalb zerlegt man ihn in zwei Bestandteile, wobei ein Bestandteil ein bequemer Zinsdivisor sein muß.

   7 % = 6 % + 1/6 (3 Dezimalstellen) [Zinsdivisor 60]

   7222 : 60 = 120,367
   120,367 + 20,061 = 140,428 = 140,43 DM

Lösung 58 a)

Lösungsweg:

Die Aufgabe kann mit der summarischen Zinsrechnung gelöst werden. (Zinsdivisor für 9 % p. a. = 40)

Betrag DM	fällig	Tage	Zinszahlen
3 475,43	13. 10.	77	2676
5 231,59	19. 11.	41	2145
6 292,98	2. 12.	28	1762
15 000,–			6583
+ 164,58			
15 164,58			

$$\text{Verzugszinsen} = \frac{6583}{40} = 164{,}575$$

Lösung 59 c)

Lösungsweg:

Man errechnet das gesuchte Kapital nach der folgenden Formel:

$$\text{Kapital} = \frac{\text{Zinsen} \cdot 100 \cdot 360}{\text{Tage} \cdot \text{Zinssatz}}$$

$$\text{Spareinlage} = \frac{148{,}68 \cdot 100 \cdot 360}{144 \cdot 5}$$

$$= \frac{14\,868 \cdot 72}{144} = 7434{,}\text{– DM}$$

Lösung 60 c)

Lösungsweg:

Man berechnet zunächst den „angepaßten Zinssatz", d. h. der Jahreszinssatz wird auf die tatsächliche Laufzeit umgerechnet:

360 Tage ≙ 8 %
270 Tage ≙ x %

$$x = \frac{8 \cdot 270}{360} = 6\,\%$$

Der angepaßte Zinssatz ist 6 %.

Das Darlehen ist 100 %.

Die Rückzahlungssumme ist 106 %.

Jetzt kann man die Zinsen mit einem Dreisatz ermitteln:

106 % ≙ 47 700 DM
6 % ≙ x DM

$$x = \frac{47\,700 \cdot 6}{106} = 2700 \text{ DM}$$

Lösung 61 b)

Lösungsweg:

Man ermittelt zunächst den „angepaßten Zinssatz", d. h. der Jahreszinssatz wird auf die tatsächliche Laufzeit umgerechnet:

360 Tage ≙ 9 %
60 Tage ≙ x %

$$x = \frac{9 \cdot 60}{360} = 1{,}5\,\%$$

Der angepaßte Zinssatz ist 1,5 %.

Die Darlehnssumme ist 100 %.

Die Auszahlungssumme ist:

Darlehn (100 %) ./. Zinsen (1,5 %) = 98,5 %

98,5 % ≙ 2 659,50 DM
100,0 % ≙ x DM

$$x = \frac{2659{,}50 \cdot 100}{98{,}5} = 2700 \text{ DM}$$

Lösung 62 c)

Lösungshinweis:

1. Die Wechselsumme bezeichnet man als Nennwert oder Zukunftswert.
2. Wechselsumme ⁒ Diskont = Barwert

Lösung 63 b)

Lösungsweg:

1. Zukunftswert = 840 DM
2. Diskont (siehe Aufgaben 54 und 55!):

$$\text{Diskont} = \frac{\text{Diskontzahl}}{\text{Diskontdivisor}}$$

$$= \frac{8{,}40 \cdot 55}{40} = \frac{462}{40} = 11{,}55 \text{ DM}$$

3.

Zukunftswert	840,– DM
⁒ Diskont	11,55 DM
Barwert	828,45 DM

Lösung 64 b)

Lösungsweg:

1. 72 Tage – jeder Monat wird mit 30 Zinstagen gerechnet;
2. 65 Tage – der Wechsel kann frühestens am 31. 3. zur Zahlung vorgelegt werden;
3. 49 Tage – der Wechsel kann frühestens am 31. 5. zur Zahlung vorgelegt werden;
4. 69 Tage – jeder Monat wird mit 30 Zinstagen gerechnet;
5. 64 Tage – der Wechsel kann frühestens am 2. 9. zur Zahlung vorgelegt werden;
6. 72 Tage – der Wechsel kann frühestens am 1. 10. zur Zahlung vorgelegt werden;
7. 69 Tage – der Wechsel kann frühestens am 1. 4. zur Zahlung vorgelegt werden.

Merke: Nicht der Verfalltag ist für die Berechnung der Diskonttage entscheidend, sondern der Tag, an dem der Wechsel frühestens zur Zahlung vorgelegt werden kann.

Lösung 65 a)

Lösungsweg:

28. 8. $\triangleq$ 18 Tage $\triangleq$ 242 Zinszahlen

7. 9. So $\triangleq$ 28 Tage $\triangleq$ 1115 Zinszahlen
Der Wechsel kann erst am 8. 9. zur Zahlung vorgelegt werden.

10. 10. $\triangleq$ 60 Tage $\triangleq$ 2803 Zinszahlen

242 + 1115 + 2803 = 4160 Zinszahlen

4160 : 40 = 104 DM Diskont
10 000 DM ./. 104 DM = 9896 DM

Lösung 66 b)

Lösungshinweis:

Siehe die „Allgemeinen Geschäftsbedingungen der Deutschen Bundesbank“, Abschnitt V, Ankauf von Inlandswechseln.

Lösung 67 c)

Lösungsweg:

13. 8. ≙ 5 Tage ≙ 174 Zinszahlen und 2 DM Gebühr. Die LZB berechnet mindestens 5 Zinstage.

19. 8. ≙ 9 Tage ≙ 471 Zinszahlen und 2 DM Gebühr. Die LZB berechnet bei einer Restlaufzeit von weniger als 11 Tagen 2 DM Gebühr pro Abschnitt.

30. 8. Sa ≙ 21 Tagen ≙ 1321 Zinszahlen. Der Wechsel kann erst am Montag, den 1. 9., zur Zahlung vorgelegt werden.

174 + 471 + 1321 = 1966 Zinszahlen ≙ 32,77 DM Diskont
15 000 DM ./. 32,77 DM Diskont ./. 4 DM Gebühren = 14 963,23 DM.

Lösung 68 b)

Lösungsweg:

In der kaufmännischen Praxis geht man davon aus, daß die gesuchte Wechselsumme 100 % ist.

Die Aufgabe kann nach folgendem Schema einfach gelöst werden.

	Prozent	Betrag
Wechselsumme	100	.... DM
Diskont für 90 Tage	2	.... DM
Schuld	98	9 800,– DM
Wechselsteuer		15,15 DM
		9 815,15 DM

Für die Wechselsteuer muß die Wechselsumme geschätzt werden.

? DM ≙ 100 %
98 % ≙ 9815,15 DM

$$x = \frac{9815{,}15 \cdot 100}{98} = 10\,015{,}459 = \text{aufgerundet } 10\,015{,}46 \text{ DM}$$

Lösung 69 a)

Lösungsweg:

Am besten gliedert man die Lösung in folgende Schritte:

1. Stichtag für die Berechnung des mittleren Verfalls ist stets der 1. Verfalltag (15. 7).

2. Man berechnet die Tagesabstände der übrigen Verfalldaten zum Stichtag.
   15. 7. bis 31. 7. = 15 Zinstage
   15. 7. bis 16. 8. = 31 Zinstage
   15. 7. bis 1. 9. = 46 Zinstage

3. Danach addiert man die Zinstage und dividert die Summe durch die Anzahl der Verfalltage (einschließlich Stichtag).

$$\frac{15 + 31 + 46}{4} = \frac{92}{4} = 23 \text{ Zinstage}$$

4. Die so gefundenen Zinstage addiert man zum Stichtag.
   15. 7. + 23 Zinstage = 8. 8.

Lösung 70 c)

Lösungsweg:

Für die Ermittlung des mittleren Verfalltages ist grundsätzlich der älteste Fälligkeitstag der Stichtag, hier der 17. 4. Dem Stichtag entsprechen 0 Tage und 0 Zinszahlen.

Vom Stichtag ausgehend errechnet man den Abstand der folgenden Fälligkeiten in Tagen.

17. 4. bis 20. 4. = 3 Tage ≙ 161 Zinszahlen
17. 4. bis 28. 4. = 11 Tage ≙ 705 Zinszahlen
161 + 705 = 866 Zinszahlen

$$\text{Zinszahl} = \frac{\text{Kapital}}{100} \cdot \text{Tage; daraus folgt}$$

$$\text{Tage} = \frac{\text{Zinszahlen}}{\frac{\text{Kapital}}{100}} = \frac{866}{160} = 5{,}412 \text{ Zinstage}$$

Die Zinstage werden immer auf volle Tage aufgerundet, hier also 6 Zinstage, und zum Stichtag addiert.

Stichtag 17. 4. + 6 Zinstage = 23. 4.

Lösung 71 b)

Lösungsweg:

Man löst die Aufgabe am einfachsten durch Gegenüberstellung von Forderungen und Zahlungen in Kontoform.

Wir sollen zahlen:	Tage	Zinszahlen	Wir haben gezahlt:	Tage	Zinszahlen
19 460 DM am 5. 10.	....	....	4 510 DM am 2. 9.	....	....
			6 450 DM am 28. 9.	....	....
			8 500 DM am	....	....
19 460 DM		....	19 460 DM		....

1. Man saldiert die DM-Beträge (8500 DM).
2. Der 1. Fälligkeitstag wird zum Stichtag gemacht (2. 9.) ≙ 0 Tage und 0 Zinszahlen.
3. Man rechnet vom Stichtag aus die Abstände zu den übrigen Fälligkeiten (egal auf welcher Kontoseite) und die zugehörigen Zinszahlen
   6450 DM am 28. 9. ≙ 26 Tage und 1677 Zinszahlen
   19 460 DM am 5. 10. ≙ 33 Tage und 6422 Zinszahlen
4. Die Zinszahlen werden saldiert:
   6422 Zinszahlen ./. 1677 Zinszahlen = 4745 Zinszahlen
5. Dem DM-Saldo von 8500 DM entspricht ein Zinszahlensaldo von 4745 Zinszahlen. Aus diesen Angaben lassen sich die gesuchten Zinstage berechnen.

$$\text{Tage} = \frac{\text{Zinszahlen}}{\frac{\text{Kapital}}{100}} = \frac{4745}{\frac{8500}{100}} = \frac{4745}{85} = 55{,}8 = \text{aufgerundet 56 Tage}$$

6. Stichtag 2. 9. + 56 Zinstage = 28. 10.

Lösung 72 b)

Lösungsweg:

Verzinsen Sie die Salden. Ermitteln Sie die Zeitdifferenz zwischen zwei aufeinanderfolgenden Salden in Tagen. Schreiben Sie die Tageszahl hinter den jeweils älteren Saldo. Addieren Sie die Tageszahlen zur Probe. Bei Vierteljahresabschlüssen muß die Addition der Tage 90 ergeben.

Salden	Tage	Sollzinszahlen	Habenzinszahlen
S 4000,–	10	400	
S 3000,–	35	1050	
H 1000,–	10		100
S 4000,–	35	1400	
	90	2850	100

Lösung 73 a)

Lösungsweg:

Der Posten H 2000,– vom 2. 7 ist nachfällig, weil er außerhalb der Abrechnungsperiode liegt.

Folgender Arbeitsweg bietet sich an:

1. Man berechnet zuerst die Zeitdifferenz vom 25. 6. bis zum 2. 7. und setzt in die Spalte „Tage" hinter den Saldo S 5000 7 Tage ein; berücksichtigt also zunächst nicht, daß der 2. 7. außerhalb der Abrechnungsperiode liegt.
2. Dann berechnet man die Zeitdifferenz vom nachfälligen Posten bis zum Schlußdatum der Abrechnungsperiode – in diesem Fall also 2 Tage. Diese 2 Tage werden in die Spalte „Tage" hinter den Saldo S 3000,– mit einem Minuszeichen eingesetzt.
3. Da der Saldo 3000,– ein Sollsaldo ist, werden auch für 2 Tage Sollzinszahlen abgezogen, also 30 · 2 = 60 Sollzinszahlen.

Wert	S/H	Betrag DM	Tage	Soll	Haben
31. 3.	S	4000,–	20	800	
20. 4.	H	7000,–			
	H	3000,–	65		1950
25. 6.	S	8000,–			
	S	5000,–	7	350	
2. 7.	H	2000,–			
	S	3000,–	·/· 2	·/· 60	
			90	1090	1950

Lösung 74 c)

Lösungsweg:

Man berechnet zuerst die bereinigten Sollzinszahlen (= Sollzinszahlen ·/· Überziehungszinszahlen):

3748 ·/· 381 = 3367 bereinigte Sollzinszahlen.

Die Normzinszahl beträgt $\frac{\text{Limit}}{100} \cdot \text{Laufzeit}$

50 · 90 = 4500 Zinszahlen.

Normzinszahl ·/· bereinigte Sollzinszahlen ergibt die Zinszahl für den eingeräumten, aber nicht beanspruchten Kredit.

4500 ·/· 3367 = 1133
1133 : 120 = 9,44 DM Kreditprovision
(120 ist der Zinsdivisor für 3 % p. a.)

Lösung 75 b)

Lösungsweg:

Sollzinsen:	5736 : 30 (Zinsdivisor) =	191,20 DM
Habenzinsen:	3415 : 720 (Zinsdivisor) =	4,74 DM
Umsatzprovision:	5736 : 360 (Zinsdivisor) =	15,93 DM

Abschlußblatt	Soll DM	Haben DM
Sollzinsen (einschl. Kreditprovision)	191,20	
Habenzinsen		4,74
Umsatzprovision	15,93	
Barauslagen	5,61	
Saldo		208,–
Summe	212,74	212,74

Lösung 76 a)

Lösungsweg:

Zu 1: Kurswert bei Prozentnotierung

$$= \frac{\text{Nennwert} \cdot \text{\%-Kurs}}{100}$$

$$= \frac{8500 \cdot 86}{100} = 7310 \text{ DM}$$

Zu 2: Kurswert bei Stücknotierung

$$= \text{Stückzahl} \cdot \text{Stückkurs}$$
$$= 150 \cdot 340 = 51\,000 \text{ DM}$$

Zu 3: Gesamtpreis = Anteile · Anteilpreis

$$= 20 \cdot 3960 = 792 \text{ DM}$$

7310 DM + 51 000 DM + 792 DM = 59 102 DM

Lösung 77 c)

Lösungsweg:

Das Bezugsverhältnis wird wie folgt berechnet:

bisheriges Grundkapital : Kapitalerhöhung in kleinstmöglichen ganzen Zahlen.

Die Kapitalerhöhung ist die Differenz zwischen dem alten und dem neuen Grundkapital.

Kapitalerhöhung: 24 Mill. DM ./. 20 Mill. DM = 4 Mill. DM.

Bezugsverhältnis: 20 Mill. DM : 4 Mill. DM = 5 : 1

Lösung 78 c)

Lösungsweg:

Man berechnet den rechnerischen Wert des Bezugsrechts mit Hilfe folgender Formel:

$$\text{Bezugsrecht} = \frac{\text{Kursdifferenz zwischen der alten und jungen Aktie}}{\text{Bezugsverhältnis} + 1}$$

$$\text{Bezugsrecht} = \frac{20}{\frac{4}{1} + 1} = \frac{20}{5} = 4 \text{ DM}$$

Lösung 79 b)

Lösungsweg:

Kettensatz siehe Aufgaben 14 und 15!

? DM Zinsen	≙	100	DM Kapitaleinsatz
198 DM Kapitaleinsatz	≙	7,42	DM Zinsen

Bruchstrich: $\frac{7{,}42 \cdot 100}{198} = 3{,}747$

= aufgerundet 3,75 %

Lösung 80 c)

Lösungsweg:

Dreisatz siehe Aufgabe 10!

Aussagesatz: 86,50 DM Kapitaleinsatz ≙ 7 % Zinsen

Fragesatz: 100,– DM Kapitaleinsatz ≙ ? % Zinsen

Bruchstrich: $\frac{7 \cdot 100}{86{,}50} = \frac{700}{86{,}5} = 8{,}092$ = abgerundet 8,09 %

Lösung 81 c)

Lösungsweg:

Zuerst berechnet man den Beleihungswert einer Aktie:

100 % $\triangleq$ 132 DM
60 % $\triangleq$ x DM

$$x = \frac{132 \cdot 60}{100} = 79{,}20 \text{ DM Beleihungswert}$$

Nun dividert man die beantragte Kreditsumme durch den Beleihungswert einer Aktie und erhält als Ergebnis die erforderliche Stückzahl:

200 000 DM : 79,20 DM = 2525,25
aufgerundet auf volle Stück = 2526

Lösung 82 c)

Lösungsweg:

Man berechnet zunächst den Beleihungswert eines Pfandbriefes:

100 % $\triangleq$ 96 DM
75 % $\triangleq$ x DM

$$x = \frac{96 \cdot 75}{100} = 72 \text{ DM Beleihungswert}$$

Danach dividiert man die gewünschte Kreditsumme durch den Beleihungswert eines Pfandbriefes und erhält somit die erforderliche Anzahl von Pfandbriefen:

120 000 DM : 72 = 1 666,66 aufgerundet 1 667
1 667 Pfandbriefe im Nennwert von 100 DM = nom. 166 700 DM

Lösung 83 a)

Lösungsweg:

Zuerst berechnet man den Kurswert der gesamten Pfandbriefe:

$$KW = \frac{\text{Nennwert} \cdot \text{\%-Kurs}}{100}$$

$$KW = \frac{9500 \cdot 85}{100} = 8075$$

Anschließend berechnet man den Beleihungswert:

100 % $\triangleq$ 8 075 DM
75 % $\triangleq$ x DM

$$x = \frac{8075 \cdot 75}{100} = 6056{,}25$$

Mithin kann ein Lombardkredit (abgerundet auf volle 100 DM) von 6000 DM gewährt werden.

Lösung 84 b)

Lösungsweg:

Zuerst ermittelt man den Beleihungswert einer Aktie:

100 % ≙ 270 DM
60 % ≙ x DM

$$x = \frac{270 \cdot 60}{100} = 162 \text{ DM Beleihungswert}$$

Dann berechnet man den Beleihungswert aller zur Sicherheit angebotenen Aktien:

162 DM · 250 = 40 500 DM

Lösung 85 c)

Lösungshinweis:

Die Materialkosten setzen sich zusammen aus dem Einkaufspreis (unter Berücksichtigung von Gewichts- und Wertabzügen) und den Kosten der Materialbeschaffung wie Provisionen, Fracht, Rollgeld, Verpackungskosten, Lagerkosten, Umschlagskosten, Versicherungsprämien, Zöllen usw.

Lösung 86 b)

Lösungsweg:

1. Bei der Preisangabe 4,20 DM je kg brutto für netto erfolgt die Berechnung des Rechnungspreises nach dem Bruttogewicht.
2. Berechnung des Rechnungspreises:

   750 · 4,20 DM = 3150,– DM

Lösung 87 b)

Lösungsweg:

1. Berechnung des Nettogewichtes:

$$\frac{\begin{array}{rcl} ?\ \text{kg} & \triangleq & 95\ \% \\ 100\ \% & \triangleq & 1\,200\ \text{kg} \end{array}}{}$$

Bruchstrich: $\frac{95 \cdot 1200}{100} = 1140\ \text{kg}$

2. Berechnung des Listenpreises:

$$11{,}40 \cdot 240\ \text{DM} = 2736{,}\text{–}\ \text{DM}$$

3. Berechnung des Treuerabatts:

$$\frac{\begin{array}{rcl} ?\ \text{DM} & \triangleq & 5\ \% \\ 100\ \% & \triangleq & 2736{,}\text{–}\ \text{DM} \end{array}}{}$$

Bruchstrich: $\frac{5 \cdot 2736}{100} = 136{,}80\ \text{DM}$

4. Berechnung des Rechnungsbetrages:

	Listenpreis	2 736,– DM
./.	Treuerabatt	136,80 DM
	Rechnungsbetrag	2 599,20 DM

Lösung 88 b)

Lösungsweg:

1. Skonto: 7,48 DM · 3 = 22,44 DM

2. Einkaufspreis:

	748,– DM	Rechnungsbetrag
./.	22,44 DM	Skonto
	725,56 DM	Einkaufspreis

Lösung 89 c)

Lösungsweg:

Grundsätzlich wird zuerst der Liefererrabatt und dann das Liefererskonto abgezogen.

1. Mengenrabatt des Lieferers:
   20 % von 2500 DM = 500 DM

2. Rechnungspreis:

Listenpreis	2 500,– DM
./. 20 % Rabatt	500,– DM
Rechnungspreis	2 000,– DM

3. Liefererskonto:
   2 % von 2000 DM = 40 DM

4. Einkaufspreis:

Rechnungspreis	2 000,– DM
./. Liefererskonto	40,– DM
Einkaufspreis	1 960,– DM

Lösung 90 c)

Lösungshinweis:

Man spricht von Warendraufgabe, wenn man beispielsweise 1000 Kacheln bestellt hat und diese auch berechnet bekommt, jedoch 1100 Kacheln geliefert werden.

Man spricht von Warendreingabe, wenn man beispielsweise 1000 Kacheln bestellt und geliefert bekommt, aber nur 910 Kacheln berechnet werden.

Lösung 91 a)

Lösungsweg:

Einkaufspreis		356,23 DM
./. Fracht und Rollgeld	9,80 DM	
./. Versicherungskosten	26,43 DM	36,23 DM
Bezugspreis/Einstandspreis		320,– DM

Lösung 92 a)

Lösungsweg:

1. Ermittlung des Bareinkaufwertes:

Gesamtwert der Lieferungen	3 150 000 DM
./. Lieferantenskonti	50 000 DM
Bareinkaufswert	3 100 000 DM

2. Errechnen des Zuschlagsatzes:

Kettensatz siehe Aufgabe 15!

? %	≙	98 000 DM
3 100 000 DM	≙	100 %

Bruchstrich: $\frac{98\,000 \cdot 100}{3\,100\,000} = 3{,}161\ \%$

$= \text{abgerundet } 3{,}16\ \%$

Lösung 93 c)

Lösungshinweis:

Gewichtsabhängige Kosten: Fracht, Rollgeld, Umschlagskosten, Lagerkosten, Wiegegebühren u. a.

Wertabhängige Kosten: Versicherungsprämien, Wertzölle, Provisionen, Umsatzsteuer, Bankspesen u. a.

Lösung 94 a)

Lösungsweg:

1. Ermittlung der Brutto-Materialeinsatzkosten:

300 kg · 23,40 DM/kg =	7 020 DM
+ 40 kg · 72,25 DM/kg =	2 890 DM
+ 8 kg · 28,50 DM/kg =	228 DM
Brutto-Materialeinsatzkosten	10 138 DM

2. Ermittlung des Abfallwertes:

31 kg · 24 DM/kg = 744 DM

3. Ermittlung der Netto-Materialeinsatzkosten:

Brutto-Materialeinsatzkosten	10 138 DM
./. Abfallwert	744 DM
Netto-Materialeinsatzkosten	9 394 DM

Lösung 95 b)

Lösungsweg:

Man berechnet das Stückgeld nach folgender Formel:

$$\text{Stückgeld} = \frac{\text{Stundentariflohn} + \text{Akkordzuschlag}}{\text{durchschnittliche Stundenleistung}}$$

$$\text{Stückgeld} = \frac{12\text{ DM} + 10\,\%\text{ (von 12 DM)}}{22} = \frac{13{,}20\text{ DM}}{22} = 0{,}60\text{ DM}$$

Lösung 96 c)

Lösungsweg:

Man ermittelt den Minutenfaktor nach folgender Formel:

$$\text{Minutenfaktor} = \frac{\text{Stundentariflohn} + \text{Akkordzuschlag}}{60\text{ Minuten}}$$

$$\text{Minutenfaktor} = \frac{12\text{ DM} + 10\,\%\text{ (von 12 DM)}}{60} = \frac{13{,}20}{60} = 0{,}22\text{ DM}$$

Lösung 97 a)

Lösungsweg:

1. Ermittlung des Abschreibungswertes:

Einkaufspreis		80 000 DM
+ Bezugs- u. Montagekosten		8 000 DM
Anschaffungswert		88 000 DM
./. Schrotterlös		
Schrottwert	7 000 DM	
./. Demontagekosten	1 000 DM	6 000 DM
Abschreibungswert		82 000 DM

2. Ermittlung des Abschreibungsbetrages:

? % ≙ 1 Jahr

5 Jahre ≙ 100 %

Bruchstrich: $\frac{100}{5} = 20\,\%$

20 % von 82 000 DM = 16 400 DM Abschreibungsbetrag

3. Abschreibungsplan:

Abschreibungswert	82 000 DM
./. 1. Jahr: Abschreibungsbetrag	16 400 DM
Restbuchwert	65 600 DM
./. 2. Jahr: Abschreibungsbetrag	16 400 DM
Restbuchwert	49 200 DM

Lösung 98 c)

Lösungsweg:

Bei degressiver Abschreibung muß der Abschreibungsbetrag immer vom Restbuchwert berechnet werden.

	Abschreibungswert	164 000 DM
./.	1. Jahr: 15 % von 164 00 DM	24 600 DM
	Restbuchwert	139 400 DM
./.	2. Jahr: 15 % von 139 400 DM	20 910 DM
	Restbuchwert	118 490 DM

Lösung 99 b)

Lösungsweg:

Man berechnet den Kapitalumschlag nach folgender Formel:

$$\text{Kapitalumschlag} = \frac{\text{Umsatz zu Selbstkosten}}{\text{betriebsnotwendiges Kapital}}$$

$$\text{Kapitalumschlag} = \frac{18\,720\,000}{2\,600\,000} = 7{,}2$$

Lösung 100 b)

Lösungsweg:

Man berechnet den kalkulatorischen Zinszuschlagssatz nach folgender Formel:

$$\text{Zuschlagssatz} = \frac{\text{Bankzinssatz}}{\text{Kapitalumschlag}}$$

$$\text{Zuschlagssatz} = \frac{14\,\%}{7{,}2} = 1{,}944$$

$$= \text{abgerundet } 1{,}94\,\%$$

Lösung 101 a)

Lösungsweg:

1. Ermittlung der kalkulatorischen Zinsen:

$$100\ \% \mathrel{\hat{=}} 2\,600\,000\ \text{DM}$$
$$14\ \% \mathrel{\hat{=}} ?\ \text{DM}$$

Bruchstrich: $\frac{2\,600\,000 \cdot 14}{100} = 364\,000$ DM kalkulatorische Zinsen

2. Ermittlung des kalkulatorischen Zinszuschlagssatzes:

$$\text{Zuschlagssatz} = \frac{\text{kalkulatorische Zinsen} \cdot 100}{\text{Umsatz zu Selbstkosten}}$$

$$\text{Zuschlagssatz} = \frac{364\,000 \cdot 100}{18\,720\,000} = 1{,}944$$

$$= \text{abgerundet } 1{,}94\ \%$$

Lösung 102 c)

Lösungsweg:

Kettensatz siehe Aufgaben 14 und 15!

$$?\ \% \mathrel{\hat{=}} 90\,000\ \text{DM}$$
$$7\,200\,000\ \text{DM} \mathrel{\hat{=}} 100\ \%$$

Bruchstrich: $\frac{90\,000 \cdot 100}{7\,200\,000} = 1{,}25\ \%$

Lösung 103 a)

Lösungsweg:

1. Ermittlung des Gesamtgewinns in DM:

	Eigenkapitalverzinsung 9 % (von 700 000 DM)	≙	63 000 DM
+	Risikoprämie 2 % (von 700 000 DM)	≙	14 000 DM
+	Unternehmerlohn		83 000 DM
	Gesamtgewinn		160 000 DM

2. Ermittlung des Gewinnzuschlagssatzes nach folgender Formel:

$$\text{Gewinnzuschlagssatz} = \frac{\text{Gesamtgewinn} \cdot 100}{\text{Jahresselbstkosten}}$$

$$\text{Gewinnzuschlagssatz} = \frac{160\,000 \cdot 100}{4\,000\,000} = 4\ \%$$

Lösung 104 c)

Lösungshinweis:

	Kostenstelle Material
+	Kostenstelle Fertigung
=	Herstellungskosten

	Herstellungskosten
+	Kostenstelle Verwaltung
+	Kostenstelle Vertrieb
=	Selbstkosten

Lösung 105 c)

Lösungsweg:

Schema der Selbstkostenberechnung siehe Lösungshinweis zu Aufgabe 104!

	380 000 DM
+	120 000 DM
+	50 000 DM
+	80 000 DM
	630 000 DM

Lösung 106 a)

Lösungsweg:

	Selbstkostenpreis	588 000,– DM	(100 %)	
+	Gewinn 25 % (vom Selbstkostenpreis)	147 000,– DM	(25 %)	
	Barverkaufspreis	735 000,– DM	(125 %)	(98 %)
+	Skonto 2 % (vom Zielverkaufspreis)	15 000,– DM		(2 %)
	Zielverkaufspreis	750 000,– DM	(80 %)	(100 %)
+	Rabatt 20 % (vom Listenverkaufspreis)	187 500,– DM	(20 %)	
	Listenverkaufspreis für 500 000 kg	937 500,– DM	(100 %)	

Ermittlung des Listenverkaufspreises für 1 dz (= 100 kg)

? DM ≙ 100 kg
500 000 kg ≙ 937 500 DM

Bruchstrich: $\frac{937\,500 \cdot 100}{500\,000}$ = 187,50 DM/100 kg

= 187,50 DM/dz

Lösung 107 b)

Lösungsweg:

	Zielangebotspreis	48,— DM
+	Wiederverkäuferrabatt 40 % (v. Listenangebotspreis)	32,— DM
	Listenangebotspreis	80,— DM
+	Mehrwertsteuer 11 % (v. Listenangebotspreis)	8,80 DM
	unverbindlicher Richtpreis	88,80 DM

Lösung 108 c)

Lösungsweg:

	Wiederverkäuferpreis	10,— DM	(100 %)	
⁒	Rabatt 25 % (v. Wiederverkäuferpreis)	2,50 DM	(25 %)	
	Zielverkaufspreis	7,50 DM	(75 %)	(100 %)
⁒	Skonto 2 % (v. Zielverkaufspreis)	0,15 DM		(2 %)
	Barverkaufspreis	7,35 DM		
⁒	Gewinn	2,94 DM		
	Selbstkosten	4,41 DM	(100 %)	

Ermittlung des Gewinns in %:

? % ≙ 2,94 DM
4,41 DM ≙ 100 %

Bruchstrich: $\frac{2{,}94 \cdot 100}{4{,}41} = 66{,}666$

$=$ aufgerundet 66,67 %

Lösung 109 b)

Lösungsweg:

Ausführung	Stück	Äquivalenzziffer	Rechnungseinheiten	Selbstkosten je Ausführung	Selbstkosten je Stück
Standard	2000	5	10 000	1 800 000 DM	900 DM
Luxus	5000	6	30 000	5 400 000 DM	1 080 DM
			40 000 =	7 200 000 DM	
			1 =	180 DM	

Lösung 110 b)

Lösungsweg:

1. Berechnung des Prozentsatzes für die Materialkosten:

Fertigungsmaterial	100 %
Materialgemeinkosten	12 %
Materialkosten	112 %

2. Ermittlung der Materialgemeinkosten in DM:

? DM ≙ 12 %
112 % ≙ 644 DM

Bruchstrich: $\frac{644 \cdot 12}{112} = 69$ DM

Lösung 111 a)

Lösungsweg:

1. Ermittlung des Prozentsatzes für die Fertigungskosten.

Fertigungslöhne	100 %
Fertigungsgemeinkosten	250 %
Fertigungskosten	350 %

2. Ermittlung der Fertigungslöhne in DM:

? DM ≙ 100 %
350 % ≙ 6650 DM

Bruchstrich: $\frac{100 \cdot 6650}{350} = 1900$ DM

Lösung 112 c)

Lösungsweg:

1. Berechnung des Zielverkaufspreises in %:

	Zielverkaufspreis	100 %
+	Mehrwertsteuer	11 %
	Rechnungspreis	111 %

2. Berechnung des Zielverkaufspreises in DM:

? DM ≙ 100 %
111 % ≙ 9435 DM

Bruchstrich: $\frac{9435 \cdot 100}{111} = 8500$ DM

III. Buchführung

1. a) X
   b) X
   c) X
   d) O
   e) X
   f) X
   g) X
   h) X
   i) X

2. a)
   b) X
   c)
   d) X
   e) X
   f) X
   g) X
   h) X
   i) X
   j) X

3. a) O
   b) X
   c) O
   d) X
   e) X
   f) O

4. a) (Richtig: 10 Jahre)
   b) X
   c) X
   d) X
   e) (Richtig: 7 Jahre)

5. a)
b)
c) X
d)

6. a)
b)
c) X
d)

7. nein
Richtig: Das Vermögen ist nach der Flüssigkeit geordnet. Die Schulden sind nach der Fälligkeit geordnet.

8. a) X
b)
c) X
d)
e)

9. a)
b)
c) X

Lösungsweg:

Reingewinn = neues Eigenkapital ⁒ altes Eigenkapital + Privatentnahmen

10. a)
b)
c) X

Lösungsweg Aufgabe 10

Privatentnahmen sind von der Kapitalverminderung abzuziehen, aber der Kapitalverminderung abzuziehen, aber der Kapitalvermehrung hinzuzurechnen.

11. a) X
b)
c) X
d)

12. a) X
b)
c) X
d)
e) X
f)
g) X
h)
i) X
j)
k) X
l)
m) X

13. a) X
b) X
c) X
d) X

14. 1) a
b) c
3) b
4) d

15. ja

16. a) O
b) X
c) X
d) O

17. a)
b)
c)
d) X
e) X
f)
g)

18. a) X
b) X
c)
d) X
e)
f)
g)

19. a) X
b)
c) X
d)
e) X

20. a) X
b)
c)
d) X
e) X
f) X

21. a) X
b)
c)
d) X

22. a) O
b) O
c) X
d) X
e) X
f) X
g) X
h) X
i) X

23. a) X
b)
c)

24. ja

25. a) X
b)
c) X
d)

26. a) X
b)
c) X

27. a) X
b)
c)
d)

28. a)
b) X
c)
d)

29. a)
b)
c) X
d)

30. a)
b) X
c)
d)

31. a) X
b)
c)
d)

32. a)
b) X
c)
d)

33. a) X
b)
c)
d)

34. a)
b) X
c) X
d)

35. a)
b)
c) X
d)

36. a)
b)
c)
d) X

37. a) X
b)
c)
d)

38. a)
b)
c)
d) X

39. a) X
b)
c) X
d)
e) X
f)

40. a) X
b)
c)
d)

41. a)
b)
c) X
d)

42. a)
b) X
c)

43. a)
b)
c) X
d)

44. a)
b) X
c)

45. a) X
b)
c)

46. a) X
b)
c)

47. a) X
b)
c)

48. a)
b) X
c)
d) X
e)
f) X
g)
h) X

49. a) X
b)
c)
d)

50. a)
b)
c) X
d)

51. ja

52. a)
b)
c)
d) X

53. a)
b) X
c)
d)

54. a)
b) X
c)
d)

55. a) X
b) X
c)
d)

56. a)
b) X
c)
d)

57. a) X
b)
c)
d) X

58. a)
b)
c) X
d)

59. a) X
b)
c)
d)

60. a)
b) X
c)
d)

61. a)
b) X
c)
d)

62. a)
b)
c) X
d)

63. a)
b)
c)
d) X

64. a) X
b)
c)
d)

65. a)
b) X
c)
d) X
e) X
f) X

66. ja

67. a)
b) X
c)
d)

68. a) X
b)
c)
d)

69. a)
b) X
c)
d)

70. a) X
b)
c)
d)

71. a)
b)
c) X
d)

72. a)
b) X
c)
d)

73. a)
b)
c) X
d)

74. a)
b) X

75. a)
b)
c) X
d)

76. a) X
b)
c)
d)

77. a) X
b)
c)

78. a)
b) X
c)

79. a) X
b)
c) X
d) X
e)

80. a) X
b) O
c) X
d) X
e) O
f) X

81. ja

82. a) X
b)
c)
d)

83. a)
b)
c)
d) X

84. a)
b) X
c)
d)

85. a)
b)
c)
d) X

86. a)
b) X
c)
d)

87. a)
b) X
c)
d)

88. a)
b)
c) X
d)

89. a)
b)
c) X
d)

90. a)
b) X
c)
d)

91. ja

92. a)
b)
c)
d) X

93. ja

94. a)
b) X
c)
d)

95. a) X
b)
c)
d)

96. a) X
b)
c)

97. nein

98. a)
b) X
c)
d)

99. a)
b)
c)
d) X

100. a)
b)
c)
d) X
e)
f) X

101. a)
b) X
c)
d) X
e)
f) X
g)
h) X
i) X

102. a)
b)
c) X
d)

103. a)
b)
c)
d) X

104. ja

105. a)
b) X
c) X
d)

106. a) X
b)
c) X
d) X
e)
f) X

107. a)
b) X
c)
d)

108. a)
b)
c) X
b)

109. a)
b) X
c)
d)

110. a)
b)
c) X
d)

111. a)
b)
c) X

112. ja

113. a)
b) X
c)
d)

114. a)
b)
c)
d) X

115. a) X
b)
c)
d)

116. a) X
b)

117. a)
b)
c) X
d)

118. a)
b) X
c) X
d)

119. a)
b)
c) X
d)

120. a) X
b)
c)
d)

121. ja

122. a)
b)
c)
d) X

123. a)
b)
c) X

124. a)
b)
c)
d) X

125. ja

126. a)
b) X
c) X

127. ja

128. a)
b) X
c)

129. a)
b)
c) X

130. a) X
b) X
c) X

131. ja

132. a) X
b)
c)

133. a)
b)
c) X

134. a)
b) X
c)
d)

135. a) X
b)
c)
d)

136. a)
b) X
c)
d)

137. a)
b)
c) X
d)

138. a) X
b)
c)
d)

139. a)
b) X
c)
d)

140. a) X
b)
c)
d)

141. ja

Stichwortverzeichnis